交科智丛·技术类

农村物流创新发展典型案例

萧　赓　主　编

李彦林　董　娜　副主编

人民交通出版社股份有限公司

北　京

内 容 提 要

本书系统梳理总结了交通运输部公布的60个农村物流服务品牌项目经验,提出"交通运输+"邮政快递、"连锁商超+"货运班线、"电子商务+"邮政快递、"特色产业+"快递等典型农村物流发展模式及实施路径。同时,围绕加强统筹规划、理顺体制机制、加大政府扶持、制定标准规范、拓展服务网络、推进节点体系建设、促进资源整合等方面总结了地方政府推进农村物流发展的具体工作举措,为全国各地探索推进农村物流发展的有效路径,为提升农村物流服务水平,更好服务支撑乡村振兴提供参考借鉴。

本书可作为相关行业了解农村物流发展经验的基本读物,亦可作为农村物流运营企业、农业农村工作人员的参考用书。

图书在版编目(CIP)数据

农村物流创新发展典型案例/萧赓主编. —北京:人民交通出版社股份有限公司,2022.7

ISBN 978-7-114-17897-9

Ⅰ.①农… Ⅱ.①萧… Ⅲ.①农村—物流管理—案例—中国 Ⅳ.①F259.22

中国版本图书馆CIP数据核字(2022)第047626号

交科智丛·技术类

Nongcun Wuliu Chuangxin Fazhan Dianxing Anli

书　　名: 农村物流创新发展典型案例

著 作 者: 萧　赓

责任编辑: 郭　跃

责任校对: 赵媛媛

责任印制: 张　凯

出版发行: 人民交通出版社股份有限公司

地　　址: (100011)北京市朝阳区安定门外外馆斜街3号

网　　址: http://www.ccpcl.com.cn

销售电话: (010)59757973

总 经 销: 人民交通出版社股份有限公司发行部

经　　销: 各地新华书店

印　　刷: 北京交通印务有限公司

开　　本: 787×1092　1/16

印　　张: 17.75

字　　数: 286千

版　　次: 2022年7月　第1版

印　　次: 2023年3月　第2次印刷

书　　号: ISBN 978-7-114-17897-9

定　　价: 70.00元

《交 科 智 丛》

编 委 会

《农村物流创新发展典型案例》

编　委　会

丛书前言

PREFACE

科技是国家强盛之基，创新是民族进步之魂。党的“十九大”站在全球发展和民族复兴高度，科学研判世界科技革命和产业变革走向，提出创新是引领发展的第一动力，是建设现代化经济体系的战略支撑，要加快建设创新型国家。交通运输部高度重视科技创新工作，围绕交通强国建设深化创新工作部署，明确科技创新支撑引领交通运输发展的主攻方向和目标任务，着力推进交通运输科技创新体系建设，大力推动以科技创新为核心的全面创新。

交通运输部科学研究院作为部直属科研事业单位，多年来坚持围绕中心、服务大局，取得了一大批政策研究和技术创新成果，为交通运输行业科技创新与技术进步作出了重要贡献。《交科智丛》丛书立足近年来院有关政策研究、技术研发等方面的科研成果，有计划地组织出版专著，注重专著的学术价值和应用价值，以展示科研精品、传播科学知识、培树高端人才、打造优质品牌，助力一流综合性科研院所建设，致力为交通强国建设做出新的更大贡献！

编委会

二〇一七年十二月

前　言

FOREWORD

党的十八大以来，中国特色社会主义进入新时代，党领导全国人民决战脱贫攻坚，如期全面建成小康社会，实现了第一个百年奋斗目标。站在“两个一百年”奋斗目标历史交汇点上，党中央总揽全局、高瞻远瞩，把稳住农业基本盘、做好“三农”工作，接续全面推进乡村振兴作为建设社会主义现代化强国、实现共同富裕目标的战略重心和重大任务，对各行业、各领域、各部门提出新的要求。

交通运输是促进城乡双向流通、提升农村地区循环效率、实现基本公共服务均等化的重要基础和服务保障。多年来，交通运输行业认真贯彻落实党中央、国务院决策部署，立足新发展阶段、贯彻新发展理念、构建新发展格局，围绕职责定位，积极实施交通强国战略，坚决打赢交通脱贫攻坚战，加快“四好农村路”建设，不断完善农村地区交通基础设施网络，强化干支衔接，丰富延伸县乡村三级物流服务网络，建立健全标准规范体系，着力促进农村物流资源整合，大力推广农村物流服务品牌，构筑农产品和农村生产生活物资高效便捷双向流通渠道，取得了积极成效，积累了丰富经验，对构建城乡现代流通体系、助力乡村产业振兴发挥了重要作用。

交通运输部科学研究院作为交通运输综合性科研院所和高端专业智库，长期致力于农村物流发展战略规划和政策研究，先后支撑交通运输部出台《交通运输部办公厅关于进一步加强农村物流网络节点体系建设的通知》（交办运〔2016〕139 号）、《交通运输部办公厅关于推进乡镇运输服务站建设加快完善农村物流网络节点体系的意见》(交办运〔2018〕181号)、《交通运输部 国家邮政局 中国邮政集团公司关于深化交通运输与邮政快递融合推进农村物流高质量发展的意见》(交运发〔2019〕107号)等政策文件,制定乡镇运输服务站运营服务规范等行业标准,研究构建农村物流服务评价指标体系,积极推广农村物流服务品牌,积极总结农村物流发展典型经验,为交通运输行业推进农村物流发展提供智力支持。

工作中我们也清醒的认识到,长期以来由于对农村物流的公益服务属性认识不到位,支持政策和保障机制缺失,再加上农村物流市场点多、面广、量小,对市场吸引力不强,造成农村物流发展基础仍十分薄弱,网络节点覆盖率不高、功能不完善,配送资源整合效率低、运营成本高,标准规范缺失、服务品质不高,市场主体高度分散、可持续发展能力不强,"开的通、留不住"的问题还普遍存在,在一定程度上制约和影响了现代化农业产业体系构建和乡村振兴,成为我国现代物流体系的结构性短板,亟需聚焦重点难点,研究寻找推进农村物流发展的新路径、新方法。

下一步,我院将围绕交通强国建设的目标任务,厚植家国情怀、勇担社会责任,立足"高端专业智库、一流创新基地、重要服务平台"的发展定位,聚焦乡村振兴发展和农业农村现代化重大需求,在农村物流理论体系与经济属性、发展政策与标准规范、运营模式与资源整合等方面持续深入开展相关研究,力争在建设"多站合一"物流节点体系、畅通"多方共用"物流配送网络、健全物流配送服务规范、发展农村物流新业态,以及打造产销运一体化农村物流服务体系等方面取得突破性进展,为交通运输行业系统推进农村物流高质量发展、加快建设交通强国做出应有贡献,以优异的成绩迎接党的二十大召开。

交通运输部科学研究院院长

目　录

CONTENTS

第一章　河北省农村物流服务品牌

案例 1-1　隆化县“农村物流＋电子商务”服务品牌

隆化县位于河北省承德市中部,处在冀北丘陵山区,京通铁路、承隆铁路贯通南北,承赤高速、承张高速和承围、隆郭、隆凤、张隆等多条国、省公路干线密集成网,北接辽蒙,南通京津,为隆化县经济社会发展提供了良好的交通基础条件。

一、隆化县主要做法

1. 加强宣传指导

各相关部门建立完善信息沟通机制,定期通报农村快递物流项目进展情况,及时研究解决遇到的新情况、新问题。利用互联网、电视台、电台、报刊等宣传媒介,宣传推广适应农村发展需求的农村物流发展模式。

2. 加大资金支持

县政府设立专项资金,以资金入股的方式投入农村物流三级网络节点建设运营。根据个人创业和企业吸纳的就业情况,按规定给予新增就业补贴、创业补贴、社会保险补贴、岗位补贴等,符合条件的相关企业还可享受小额担保贷款和企业贴息贷款。

3. 构建县乡村三级物流网络节点体系

建成县级仓储配送中心 1 个,乡镇仓储配送分拣中心 6 个,农村配送网点 600 个,实现县乡村农村物流节点体系100%全覆盖的物流网络和“当日下单,48小时送达”的配送标准。经过村级服务站、乡镇分拣中心、县级仓储中心的逐级运输,将农产品快速、保质保量地运往销售网点,共同配送率超过55%。乡镇物流配送中心如图1-1所示。

图1-1　乡镇物流配送中心

4.促进资源整合

仓储配送中心与百世快递、安能物流等达成合作协议,整合供应商670家,农村快速发件首重价格由10元降低至6元,续重由3元降低至1元。

二、典型企业做法

承德鸿兆物流有限公司统筹运作隆化县农村物流业务,其主要做法有如下方面。

1.建设网络节点

建设电商产业园,占地规模80000m^2,打造集区域农产品展示、商家入驻、线上运营、创客孵化为一体的电商功能产业园;建设20000m^{2}的现代化常温仓储库,为全县各乡镇零售终端及357家村级服务站进行工业品下行和农产品上行仓储配送工作;建设7500m^{2}的鸿兆食品加工扶贫中心,目前主要是对当地农副产品、蔬菜进行初加工,形成营养餐配送到全县乡镇的各个学校;建设12000m^{2}的生鲜农产品冷链配送中心,分农副产品存储区、农副产品分拣区、生鲜储藏和冷冻储藏区,对当地大宗农产品冷藏储存错季或反季销售,冷链储存肉制品(猪肉、牛羊肉);建设18000m^{2}的堆货场,吞吐量可达30万t,为第三方物流大型商品存放提供有力保障。

2. 配备专业设施设备

公司现有配送车辆 50 余辆，其中常温配送车 40 辆、冷藏车 10 辆，储藏在常温、低温、冷冻仓库中的物资品种达到 30000 多种，实现年发货量 500 万件、75 万 t，实现配送额 5 亿元。配送范围可达隆化区域内 25 个乡镇、357 个行政村，实现县、乡、村三级全覆盖，辐射承德市所属各县区和赤峰、北京、唐山、张家口等周边城市。

3. 线上线下融合发展

公司自建电商平台和自营实体店，开展线上线下融合销售，将县域特色农产品包装后在线上销售，结合自身物流、仓储现状，开展快递资源整合，利用公司县域店、全县各乡镇直营店、加盟店、便利店，开展快递业务、物流配送业务，实现同仓、同网、同车统配业务，大大提升工作效率，节省资金。

4. 开发物流项目信息系统

公司开发仓储管理系统（WMS）、进销存系统（ERP）及供应商结算系统等物流项目信息系统，利用信息化手段管理车辆、仓储、驾驶员等生产要素，实现自动排车、自动调度，实时监控车辆出车、装车、回车等作业过程，同时可记录车辆使用过程中的里程数、油耗、违章、车辆保险、事故、理赔、维护等，以及记录车辆在维护等作业中的配件消耗数量、配件费用、人工消耗等。

5. 加强技术应用

对标准化仓储中心采用高位立体货架、叉车、RFID 手持扫描枪、升降卸货平台等机械及自动补货系统。冷链仓储采用全程温度监控技术，保证所有商品的品质。在区域内推广标准托盘，周转箱循环使用。所有门店基本都推广和使用：农产品从产地全程不倒筐，直接上架销售，减少损耗；对配送车辆进行更新，采购标准化运输车、冷链车。

三、取得成效

1. 带动农村地区就业

采取多层次、长短班电商培训 5553 人次，普及农村电商知识，加深村民对电子商务概念认知，了解网络营销策略和技巧。培训学员涵盖政府各级领导干部、村级电商服务站站长、未就业大学生、农村贫困户、创业青年等。项目带动就业创业人员2378人,包含培训孵化529人,贫困户45户。农村电子商务培训投入金额1007280元,截至2019年底共培训各类人员7850人次,带动700多人就业创业。

2.提高农村居民收入

357个行政村(包括77个贫困村、8个深度贫困村)均建有农村电商服务站点,重点培育村级服务站200个,做到电商服务站点100%全覆盖。村级服务站为农民提供代买代卖、缴费、农资供应等服务。目前,村级服务站的运营者负责日常电商培训、指导。各村级服务站运营良好,月均交易额达2000元以上,年交易额为1000万元以上,使贫困户增收1464000元。

3.促进县域经济发展

通过电子商务与农村物流的结合,在一定程度上缓解了农村就业压力,有利于农村新的社会分工形成,有利于开辟新的就业门路,为地方的经济发展提供了足够的动力,也使农民生活水平得到改善,为经济长期平稳发展提供了有效保障。隆化县电子商务交易额为135000万元,同比增长30.1%;农村网络零售额为3800万,同比增长32.3%;农产品网络零售额为1320万元,同比增长32.68%。通过示范项目带动,县域电商产业发展数据增幅较明显。电子商务进农村综合示范项目推动县域内电子商务的发展,为农产品网络销售提供了机会,实现线上线下多向销售。全县物流资源通过县级仓储物流配送体系的整合优化,实现产销一体化,解决了农产品上行难题,为地方经济发展提供了坚实的保障。

案例1-2 隆尧县"交邮融合+电子商务"服务品牌

邢台市隆尧县地处太行山东麓、河北省中南部、华北平原腹地,有京广铁路、京港澳高速、京珠高速、大广高速、石武高铁南北穿越,南郝线、隆昔线、邢德线等省级干道东西贯通。发达的交通网络使得隆尧县处在"京津冀3小时经济圈"周边,交通便捷。隆尧县充分利用交通优势,通过京津冀城市与乡村共同配送创新型运营模式,不仅降低了物流成本、节约了社会资源、提高了城市物流效率,而且及时准确地完成配送目标,同时削减在途运行车辆,缓解城市交通压力,减轻环境污染,取得显著社会效益。

一、隆尧县主要做法

1. 大力培树物流龙头

依托产业优势、区位优势，重点支持宝信物流、今麦郎物流发展，加快推进庚浩物流、海纳物流、亿源商贸物流等项目建设，形成食品业物流、装备制造业物流、建材业物流、农副产品冷链物流和商贸物流等一批物流产业。培树第三方物流龙头企业，发挥快递公司的群体作用，以先进信息技术为支撑，提高物流业发展水平。目前，隆尧县已建成以宝信物流为核心的华北地区区域性重要物流节点。

2. 推动多种物流资源共用共享

推动批发市场、电商企业、大型超市等市场主体与物流企业合作，支持供销、邮政及各类物流企业把服务网点延伸到农村。推广“以购代捐”的模式，加快推进“快递下乡”工程，完善农村物流配送体系，加强特色农产品再生产基地冷链设施建设。推动邮政、快递、交通运输企业在农村地区扩展合作范围、合作领域和服务内容。

3. 加大物流基础设施投入力度

制定《隆尧县人民政府关于创新农村基础设施投融资体制机制的实施意见》，全力支持农村物流网络基础设施建设，全面提高全县农村物流基础设施建设和管理水平。累计完成农村物流网络公路建设333.6km，总投资18.78亿元，基本形成了以高速公路和国省干线为主框架，以县城为中心，乡与乡联网，村与村互通的物流交通新格局。

4. 加强土地与资金支持

鼓励各乡镇、政府各部门和社会资本设立农村基础设施建设投资基金，采取直接投资、投资补助、资本金注入、财政贴息、以奖代补、先建后补、无偿提供建筑材料等多种方式撬动社会资金，支持农村基础设施建设。通过财政拨款、特许经营或委托经营等渠道筹措资金，设立不向社会征收的政府性农村基础设施维修养护基金。同时，将农村基础设施建设与现代农业产业园、美丽乡村、乡村旅游建设等实行捆绑式一体化开发，不断提升农村基础设施服务能力和水平。

5. 整合城乡共配资源

发挥第三方电子商务和物流企业的技术优势，立足隆尧县产业优势，隆尧县委、县政府将乡村振兴作为重点工作，实施“政府引导、部门联动，龙头引领、多方参与”的“互联网+”服务三农工程，组织成立省级农业产业化联合体、果蔬产业协会、家庭农场协会等组织，在保证农产品源头产品食品安全的基础上，每年按照农时节点，定期开展“农业龙头+基地+联合体(协会)+第三方物流”资源信息对接，有效地及时解决了农产品“买卖难”、物流企业“无货运”、互联网企业“信息少”等社会涉及民生重点难题，积极构建互利合作、多方共赢的格局，有力地促进了县域经济良好发展。

二、典型企业做法

宝信物流是集现代物流、互联网、现代农业为一体的综合性集团公司，通过“双网战略”(即A网商贸物流和B网农产品供应链实现资源有效整合)，提升农村物流服务效率。

1. 构建商贸物流网络布局

通过实施专线联盟策略，以区域物流园区为中心，整合重点城市通往全国的百余条优质专线，打通京津冀通往全国物流通道。公司从冀中南起，目前已建成邢台、邯郸、石家庄、衡水、沧州、保定市级分拨中心，以及86个县级营业部、1000余处乡镇网点，营业网点操作面积达到20万m^2，有自有及整合社会车辆1800余台，日均运货量达3000余t。

2. 延伸供应链条，打造“宝鲜网”

“宝鲜网”是公司利用自身冷链物流及农业板块的优势，自主打造的农产品综合交易平台。宝鲜网采用“F2B2C模式”，以省级联合体为基础，以“互联网+农业基地+冷链物流”为供应链模式，通过公司自主研发的宝鲜网App选购平台，切入中小餐厅每日的采购服务这一核心刚需，以自建的销售队伍获取客户，让中小餐厅老板通过宝鲜网的移动电商平台下单，满足其采购需求，提供价廉、方便的送货上门服务，帮助其降低采购成本，提升盈利能力。在食材生产端，则致力于打通从源头到终端的农产品供应链，缩短农产品流通环节，降低商户供应链成本。

3. 加大投入，完善物流信息平台

宝信物流自主研发的物流信息公共服务平台，实现各地的单车信息、小物流、经销商的信息归纳，实现自有车辆出发、在途、到达管理，实现货物订单管理和订单在途监控、订单轨迹、订单追踪、订单签收等功能,运费在线支付、账款核对、货款在线汇款、小额贷款、在线放款及回收等功能,实现仓储的收、发、存、退四大功能的信息化操作及监控,以及物流的运输、装卸、搬运、配送、包装等物流活动的信息衔接。同时,在供应链标准化上,公司的分拨仓全部升级改造成标准仓,配备标准化运输车辆、标准化装卸设备、标准化托盘及周转筐,并制订了标准化作业流程。

4. 整合物流资源,创新运营模式

在业务协同方面,优化城市与乡村高效配送网络,依托宝信公司自主研发的车、货匹配的综合性系统平台,充分利用网络技术、GPS、GIS 等技术,在河北省各地市建立分拨中心与门店,在各个县建立营业网点,把市与市之间、市与县之间、县与县之间打造成一张高效、协同的物流网。物流车辆按照网络排线穿梭于各个网点与分拨中心之间,实现同频共振,实现协同高效。在资源共享方面,全域布局,城乡配送无缝对接,在京津冀全域布局,以配送网点为依托实现线下体验,逐步形成"线下体验 + 线上购买"模式,实现贸易与仓储配送的无缝对接,形成互联互通的城乡配送双向通道网络服务体系。每个县的经济较发达乡镇、村落都会设立宝信物流落货点/出货口,真正地解决物流"最后一公里"的难题。

5. 整合农村资源,创建省级联合体

为了充分发挥省级农业产业化龙头企业示范引领作用,更好服务农业产业化,公司组建两个农业产业化联合体,分别为宝信农产品城乡共配农业产业化联合体、宝信果蔬农业产业化联合体。联合体是由河北宝信物流有限公司为核心龙头企业,联合相关农业公司、电商公司、食品加工公司、合作社、家庭农场组建的新型经营主体,采取"龙头企业 + 基地 + 合作社(家庭农场) + 冷链中心 + 电子商务 + 农户"经营模式,形成集农业农村电子商务、现代物流、现代农业、信息服务于一体的现代化全产业链融合发展路径。

三、取得成效

1. 促进物流降本增效

从"满车去、空车回"到"快递下乡、农副产品进城",解决物流及快递"最后一公里"问题,实现城乡配送双向流通。从信息孤岛到资源共享,实现物流降本增效、信息共享共用,真正做到统采、统销、统仓、统配的物流模式,实现物流降本增效。根据整体计算,宝鲜网供应链可为客户节省超过36%的采购成本,每单交易价格可直接降低15%,农产品价格从源头到终端降低15%~40%,大幅提升了供应链效率,让利于客户。

2. 优化城乡货运配送服务模式

隆尧县致力于打造以农业资源及商贸零担货物区域流同为主线的商业模式,通过城乡共配物流+互联网+供应链金融,在线上线下集中整合货物流通环节中的个体单车资源,从前端收货到中间分拣再到末端配送,实现多渠道收集货源,分拨集中分拣,班线运输及时派送,各操作环节智能标准化、规范化、系统化贯穿生产至消费全链路的业务场景。

3. 创造就业岗位

隆尧县以电子商务、农产品物流配送、冷藏、订单等方式将农民利益紧密联结,实现区域内的统一服务。通过电商平台,上游与农产品生产基地对接,下游与消费者对接,及时了解消费市场的农产品需求,形成农产品生产信息反馈机制,引导农民正确从事生产活动,在整合生产要素聚集,提高资源配置效率的同时,提高农民收入。通过电子商务和农村物流的结合发展,多业态、多方位直接带动8万户农民增收致富,解决3万人就业增收,拉动当地及周边20多万户农民参与城乡农村物流服务网络建设。

4. 助力脱贫攻坚

隆尧县所完善的三级配送网络,补齐了农村物流和农产品物流短板,打通了自下而上的新鲜农特产品进城的渠道,加强了地区之间、城乡之间网络衔接,促进城乡双向流通,极大地提高了乡镇地区农业发展的步伐,不仅方便群众生活,也推动农民增收致富,是推进脱贫攻坚工作的一项重要创新举措。

案例1-3 涉县“客货同网”服务品牌

涉县位于河北省西南部、晋冀豫三省交界处,交通区位优势突出,邯长铁路、阳索铁路穿境而过,青兰高速、234国道和309国道连通四方,太行山高速直达北京,是联动京津冀和中原地区的重要枢纽。目前,涉县已建设3个衔接城乡交通枢纽的客运服务站和12个乡镇客运驿站,结合千里旅游大通道升级沿线12座客运候车亭，形成了以综合客运站为枢纽、镇级驿站为中转站、沿线候车亭为集散点，布局合理、相互衔接、循环成网、方便快捷、畅通有序的城乡客运网络，为发展农村物流奠定了坚实的基础。涉县充分发挥县客运公司优势，全力推进涉县农村物流改革发展，促进"农村客运＋物流两网合一"，在农村物流网络节点布局、运输模式创新以及促进农民就业增收等方面取得了一定的成绩。

一、涉县主要做法

1. 加强规划引领

涉县制定印发了《涉县农村物流三级网络节点体系发展规划(2016—2020)》及《农村物流县乡村三级物流体系网络节点建设标准》《推进乡镇客运综合服务站建设管理实施方案》等规划及政策文件，加快推进县乡村农村物流服务体系建设，提升农村物流服务水平。

(1)不断完善农村物流网络节点体系建设。

①在城区出口合理选址，建立县级农村物流中心，为电商快递、日用消费品等提供仓储、配送、分拨、转运等服务。同时，引进先进的技术和设备，配备快件安检机，实现智能化作业，提升仓储、配送效率，满足电商发货时效性要求。

②在乡(镇)交通便利处、中心地段建立面积不低于 $30m^2$ 的乡镇农村物流服务站，解决县级物流中心与村级服务网点之间的货物中转问题。同时，实现服务站与县级物流中心、村级物流服务网点信息的互联互通，形成信息闭环，确保每个环节操作可视化。具体措施有：统一标牌、门面装饰，明确收费标准，明示服务内容、营业时间、管理制度、关键服务流程、联系方式、监督及投诉渠道等。

③在行政村中心地段建立面积不低于 $10m^2$ 村级农村物流服务信息点，统一标牌，实现快递存放、收寄功能。

(2)创新农村物流配送模式。推行"直投到户"和"物流配送＋农村物流网点自提点"两种配送模式。同时，涉县通过对现有物流运输网络进行科学规范，以干线带动支线，以支线辐射末端，实现物流运输网络全覆盖。

(3)创新运营模式。积极探索跨部门共建共管、跨行业联营合作发展新机制，大力推进"一点多能、一网多用、深度融合"的农村物流运营模式。具体措施有：①整合外包。鼓励农村商贸流通企业、供销合作社整合分散的货源，外包物流业务。②供应链一站式一体化服务。引导物流企业与超市、农产品产地市场、农资配送中心、农村合作社合作,发展产运销一体化的物流供应链服务。③直供直销模式。探索适应农批对接、农超对接、直供直销等的物流服务新模式。

2. 加强组织领导

涉县政府成立以分管县长为组长、各有关部门负责人为成员的农村物流三级网络节点体系发展工作领导小组,办公室设在交通运输局。领导小组统筹指导和协调全县的农村物流工作,协调各有关单位合作配合,相互支持,形成齐心协力干事业、团结一致谋发展的良好工作局面。

3. 强化用地保障

涉县将电子商务快递物流基础设施建设用地纳入年度国有建设用地供应计划,优先供应。同时,按照集约用地原则,探索土地供应新方式:一方面将快递末端设施用地纳入新增商业设施规划;另一方面在不改变用地主体、规划条件的前提下,利用存量房产和土地资源建设电子商务快递物流项目。

4. 完善基础设施,建设完善设施网络

构建"一基地、三中心、多节点"物流服务网络,即:在主城区周边建设1个综合服务型快递基地和3个市级分拨配送中心,辐射、带动各县快递节点。"一基地"为涉县客运总站,"三中心"为涉县南站、涉县北站和涉县西站,"多节点"为乡镇和村级节点。

二、典型企业做法

万合集团邯郸飞马快运有限公司(以下简称"飞马快运")自2010年成立以来,通过九年多的发展,在涉县境内各乡镇村建立了十余个乡镇综合服务站和百余个简易站,吸纳联盟数百个农村供销社作为快递驿站,初步构建起顺畅快捷、经济高效、便民利民的农村物流服务网络,小件快运业务覆盖涉县全境70%以上区域。具体措施有如下方面。

1. 客货两网合一

飞马快运统筹县域内农村物流资源,依托河北万合客运有限公司(以下简称"万合客运")经营的汽车客运总站以及涉县分公司的汽车场站和公交、客运班线资源，从事市、县城、乡镇、村庄间的小件快运（客货运一体化）等运输配送业务。同时，公司与邯郸邮政合作，经营邯郸邮政一些零散邮包的市到县、县到市的小件快运业务。

2. 集约高效配置物流资源

飞马快运将本地物流服务商集中到县级配送中心，实现统一调度、统一分拣、统一配送以及小规模跨区域转包服务，为物流企业节约运营成本。同时，公司建设物流仓储信息管理系统，实现信息发布和共享，促进物流资源集约整合、高效配置。

3. 提高信息化水平

打造一地搭建、多地共享的网络信息服务平台（即"客运＋货运"一网通平台），实现在线下单、在线结算、在途跟踪、智能调度等功能，基于平台开展客货运融合发展配送业务。目前，公司已实现80%以上配送货物在线交易、实时监控。

4. 创新合作模式

飞马快运与各村镇的超市、便利店、水果店、供销社、邮乐购等站点合作，暂存揽收京东、顺丰等电商快件，为客户取件寄件提供便利。飞马快运依托涉县乡镇集贸中心或规模直营店，以现有仓储设施为载体，整合电商资源，发展从县到村的快递物流、冷链物流、大宗物流等农村电商物流体系。

三、取得成效

1. 降低物流成本

涉县通过客货场站资源共建共享、运力资源互补共用，有效降低了物流成本。充分利用现有的县级汽车站、商业零售终端网络、街区及社区公共服务设施、旧厂房及旧仓库等场站、网点设施，增设公共货物装卸点、货物集散点、货车停车泊位等，建成公共配送站，形成村镇的末端网点，有效整合了分散的农村物流资源，用较低成本发展农村物流配送体系。以客运车辆捎带货物为例，通过共享运力资源，实现"客运＋货运两网合一"，大幅降低了人员成本和车辆折旧、燃油成本等。

2. 增加就业机会

涉县农村物流的发展在制造商机的同时，也增加了对就业人员和岗位的需求,增加就业机会,有利于农村新的社会分工形成(如配送、维修、仓储管理等新的就业增长点),这对于涉县农村剩余劳动力问题的解决将起到重要的作用。公交线路路过村镇均设立合作加盟站点,使涉县的307个行政村基本实现公交线路全覆盖。每个村镇至少有1个合作站点,每个合作站点3人就业,可以带动1000多人就业。

3. 提高农民生活水平

发展县乡村三级物流配送服务体系,提高农村地区物流服务品质和效率,构建城乡物资双向高效流通的通道,有效解决快递、生活快消品、农资等产品进村下乡的“最后一公里”和鲜活农产品进城的“最初一公里”难题,极大方便了农村居民的生活。

第二章　山西省农村物流服务品牌

案例 2-1　万柏林区“长途客运 + 邮 + 货 + 家融合”服务品牌

万柏林区位于山西省太原西部，临汾河，依西山，风景秀丽，素有“西山叠翠钟灵秀，汾波浩荡涵物华”的美誉。党的十八大以来，万柏林区积极推动农村物流资源整合，依托长途客运，长期从事底仓货运，实现了市县域的交邮融合、交货融合、交农融合，打造“长途客运 + 邮 + 货 + 家融合”农村物流服务品牌，有效支撑农村地区产业发展，助力脱贫攻坚、乡村振兴。

太原市通达运输代理公司（以下简称“通达公司”）利用自身优势，不断拓展和尝试新的业务，目前有三种运作模式：一是底仓快运；二是专车配送；三是与安能、中铁物流等企业合作运输。区域内形成了安全、及时、高效的货物运输一体化模式。

（1）普遍服务合作实例：开展邮区中心局报纸递送业务。在此基础上，发展其他种类快件的递送业务。

（2）与快递企业使用实例：与顺丰快递公司开展“当日达”“集包运输”等相关业务。

（3）乡村振兴特色农产品物流合作实例：承接隰县玉露香梨、柳林腕团、柳林枣、汾阳核桃、娄烦土豆等农产品的配送服务。

（4）与物流企业合作实例：与安能物流、中铁物流建立长期合作关系，主要承接市内货物收送。

通达公司通过长途客运底仓运输与邮政、快递企业、农村物流的融合，创新了“邮、货、农”运力整合的方式，有效降低了邮政、快递等企业的人力和运输成本，提升了客运车辆的底仓利用率，同时增加了相关企业“当日达”业务板块，实现了企业、客户的多赢局面，为乡村振兴贡献了一份力量。

第三章　内蒙古自治区农村物流服务品牌

案例 3-1　扎兰屯市“智惠乡村 + 快递”服务品牌

扎兰屯市是呼伦贝尔市下辖县级市，位于内蒙古东北部、大兴安岭东部。扎兰屯市地广人稀且农村居民居住分散，造成物流配送成本高，形成“活难干，钱难赚”的局面，制约了扎兰屯市农村物流服务体系建设。为有效破解本地区农村物流体系建设的障碍，打通制约物流行业发展的“最后一公里”瓶颈环节，降低整体配送环节的综合物流成本，扎兰屯市探索出了“智惠乡村 + 快递”的便民利农的农村物流新体系建设模式，进一步提高物流运输领域现代化流通水平，促进物流行业优质运力资源的深度融合与优化配置，取得了较好的成效。

一、扎兰屯市主要做法

1. 立足本地市情，创新谋划思路

为有效破解本地区农村物流体系建设的障碍，进一步提高扎兰屯市物流运输领域现代化流通水平，促进物流行业优质运力资源的深度融合与优化配置，扎兰屯市政府在（呼伦贝尔）市邮政管理局、商务局和本地区邮政管理、商务等部门的支持下，充分利用电子商务示范县项目等的政策和资金，深度挖掘开发本土企业的潜力，提出并推动建设了“智惠乡村 + 快递”农村物流新模式，即由呼伦贝尔市经营同城快递的内蒙古联创仁和电子商务公司,统一包揽邮政快递企业乡镇和农村快件,设立快递综合服务站,实现快递服务网络向下延伸至村级最末端的运营。

2. 政府资金支持,加强基础建设

扎兰屯市政府对"智惠物流 + 快递"的合作模式给予了补贴政策支持:一是扎兰屯市电商办为智惠乡村同城物流提供仓储配送中心的面积达 1045.4m^2;二是为企业购置安检机补助金额 8.05 万元;三是对"智惠乡村"服务站已投入资金 200 余万,具体包括每个网点补助 1 万元(共 123 万余元),4 台箱货车共计约 40 万,政府补助 30 余万,燃油补助 40 余万元。这些资金的投入,有力提升了基础设施建设条件,提高了服务站的运营能力和服务水平。

在加强基础设施和物资建设的同时,更加优化物流运营路线的设计和布局。通过"智惠乡村 + 快递"合理规划物流线路,以智惠网物流系统对配送快件做全程追踪。以村级网点为宣传和服务终端,辐射五公里配送半径,实现农村地区快递的大范围覆盖。这些措施解决了偏远农村地区"最后一公里"难题,补齐因第三方快递企业成本问题而造成的农村地区快递未开通的短板,提供"最初一公里"和"最后一公里"配送服务。通过搭载"智惠乡村"物流统一配送,解决了农村居住分散配送成本高、快递公司之间因资源竞争难以整合的现状。

二、典型企业做法

1. 立足本地市情,创新谋划思路

内蒙古联创仁和电子商务有限公司(智惠网商城)发展的"智惠乡村"项目是搭建互联网电商平台,以农产品、农业生产资料、休闲农业等为主要内容的农业电子商务项目。智惠网拥有"智惠乡村"网络电商平台和物流网络、基层服务站点,通过整合卖方自有物流、买方自有物流和社会专门物流企业三方资源,形成独具特色的第四方物流,并以第四方同城快递主体的身份,与邮政快递企业联合共同打造"智惠乡村 + 快递"服务模式。邮政快递企业依托"智惠乡村"物流网络体系和服务站点,搭载邮政快递服务,利用"智惠乡村"网络体系低成本、广覆盖、高效率、批量营销与规模定制的优势解决农村末端配送高成本、低效率难题,依托"智惠乡村"服务站作为收寄终端,打通城乡物流运输的"最后一公里"。"智惠乡村 + 快递"物流体系建设运营项目本着"做好内循环、服务大循环"的原则,在扎兰屯市建设覆盖城区、乡镇、村屯“三级”的智惠乡村同城物流体系。

2. 多头对接扩能，发挥群体合力

内蒙古联创仁和电子商务有限公司建设了“智惠网”，并以此为平台，广泛对接电商、农村金融、农资销售等多方资源，建立多个运营模块，不断扩大平台功能。“智惠网”旨在通过用“互联网 + ”把新一代信息技术与农业融合、创新从而形成新的农业新产品。通过实施平台搭载的“智惠乡村”“智惠网络”“智惠物流”等版块功能，深度对接整合物流、农业科技、名优产品等优质资源，提供农村电商落地布局、农村快递物流运输、名优产品网络流通、电商扶贫创业等定制化综合运营服务。

“智惠网”向产业前端延伸，从农业综合服务到农业集约化生产、美丽乡村建设，从服务三农到助力乡村振兴。“智惠网”是农村电子商务和县域网络经济的综合性服务平台，以“生根县域、深耕农村”为核心目标，以村级服务站为载体，通过创新打造第四方物流快递模式，解决“最后一公里”配送难题，成为连接城乡间的骨骼。以金融为切入点，为金融机构与农户间传统的信贷方式提供互联网服务，打造“互联网 + 金融机构 + 农户”的新模式，降低农民生产生活成本，改善农村地区金融现状，让消费金融成为乡村高速发展的血液。

三、取得成效

1. 助力乡村振兴和精准扶贫

扎兰屯市农村快递物流网络通道打通后，构建的“智惠乡村”服务站同时叠加了农特产品超市、网上代买代卖以及农村金融等服务，形成了长期稳定的良性循环发展模式。既为邮政快递企业节约了运输成本，有利于进一步满足农村地区用邮需求，更好地服务“三农”，也使企业自身资源利用实现最大化。

“智惠乡村 + 快递下乡”模式的实施，一方面解决了快递企业因资源分配难而造成的服务标准差异化问题，另一方面，满足了农民接收快递难的难题。“智惠乡村 + 快递”模式的迅速发展，产品销售打破地域性界限，随着公司电子商务平台的推广，农村地区对网购的刚性需求将会逐渐增加，从而会带动相关各级产业链中的各主体获得相应的经济利益。农民在获得普惠化、均等化快递服务的同时，可以足不出户地销售农产品来实现增收致富。传统快递企业抱团下乡入村解决了下乡难，同时节约了运输费用，增加了乡村业务收入，实现企业、传统快递、农户三结合的运行机制，给广大农户带来切实利益和便捷，助力乡村振兴和精准扶贫。

2. 助力残疾人事业发展

扎兰屯市创新地发展快递企业、邮政企业、残联、客运公司建立合作“交邮快助残”模式，由乡镇、行政村的残疾人负责派件，通过残联支付一部分补贴（快递每件付费 1 元的方式），既解决了部分残疾人的收入来源，也为快递公司节省派件费每件 0.5 元，将收寄频次增加到一天一次，大大缩短了寄递时限。《中国邮政快递报》派出记者到现场进行了采写，并进行了深度报道。

3. 带动当地就业

目前，“智惠乡村 + 快递”服务已覆盖扎兰屯市全覆盖 12 个乡镇，服务范围涉及 126 个行政村、805 个自然屯，配备物流车辆 10 台，合理规划 6 条物流线路，建成农村电商物流仓储配送中心 1045.4m^2，实现了城乡网络设施、物流配送、服务平台全覆盖。通过“智惠乡村 + 快递”服务模式，2018 年的网上交易额达到 5.7 亿元，其中工业品下行 4.9 亿元、农产品上行 0.8 亿元，直接和间接带动就业 7600 人。

4. 提升农村物流服务品质

“智惠乡村”同城快递项目于 2017 年共投递快递 12.6 万件，2018 年共投递快递 80 万件，2019 年共投递快递 109 万件，2020 年 1 月至 8 月共投递快递 94 万件。“智惠乡村 + 快递”在服务农村牧区，与现代农业深度融合、降低上下行包裹综合物流民生等重成本、提高物流运输整体效率、促进城乡一体化进程等方面提供了非常好的综合服务。这些措施不仅推动了快递业迅猛发展，更为当地电商企业完善产品运输链条、拓宽销售渠道提供了极大的支撑。快递下乡拉近了城市乡村与外界的距离，将本地特色农牧产品通过快递渠道远销外省、甚至国外，直接带动农牧民增收，同时也带动了在外青年实现回乡创业的热情。

第四章 吉林省农村物流服务品牌

案例 4-1 磐石市“多站合一 + 客货同网”服务品牌

磐石市位于吉林省中南部、吉林市南部，地处松辽平原向长白山的过渡地带，属丘陵半山区。结合全市山区面积大、物流成本高、配送效率低的实际情况，为补齐“最后一公里”短板，磐石市积极探索农村物流发展新模式，以构建市、乡、村三级物流服务网络为抓手，促进客货两网融合，形成了以“多站合一 + 客货同网”的城乡物流运营模式。

一、磐石市主要做法

1. 推进农村物流发展方面的措施

(1)政策出台情况。2017 年 3 月 8 日，磐石市政府出台了《磐石市人民政府办公室关于印发磐石市农村电子商务平台建设实施方案的通知》(磐政办发〔2017〕3 号)。

(2)管理部门工作机制建立情况。2019 年 5 月 9 日，磐石市交通运输局出台了《关于印发磐石市推进乡镇运输服务站建设加快完善农村物流节点体系实施方案的通知》(磐交运字〔2019〕76 号)。

2. 农村物流布局规划及资源整合利用

磐石市农村物流配送资源主要集中在粮食商贸企业、电商企业及邮政、快递企业和交通运输企业,主要运作形式为以市场需求为前提,政府引导为方向,企业自主式经营为主体。

(1)交通物流运作模式。农村交通物流主要由依托客运站场的客运班线和货运站场的零担运输组成。全市共有220台客运车辆,遍布全市的客运网络,承载全市大部分小件物流快运业务;有3217台货运车辆,为农户、制造业、商贸业提供运输、配送任务。

(2)邮政物流运作模式。邮政物流依托邮政自身强大的网络优势承接货物运输业务,可深入到村。邮政物流以信件、报纸杂志和包裹为主,形成了快速邮运网络和联通城乡的物流专用路。

(3)小件快递配送模式。磐石市近20家快递企业网点已经延伸到乡镇和村,村镇网点为附近区域居民提供揽货和送货服务,运输工具多为三轮车、电瓶车等,由于其灵活、便捷、价格便宜和门到门服务等因素,在农村被广泛应用。

磐石市农村物流的布局规划基本特点是:一是以市场运作为导向,企业经营为主体,基本可以满足农村物流需求;二是网络初步完善,站点星布,基本实现了物畅其流。

二、典型企业做法

磐石农业投资发展有限公司(以下简称"磐石农投")在创建农村物流品牌示范企业过程中,结合全市山区面积大、物流成本高、配送效率低的实际情况,坚持把解决"农村物流配送难"作为推进农村物流配送体系建设的重点难点问题和首要任务,积极探索农村物流发展新模式,以构建市、乡、村三级物流服务网络为抓手,形成了以"物流信息平台+企业(商贸快递)+社会运力+服务站点(电商企业)"的域物流运营模式,较好地解决了农村物流"最后一公里"问题。其主要措施有如下方面。

1.建设市级农村物流园区

以磐石农投公司为龙头企业,市客运总站为核心节点,首先对客运站进行功能改造,专门划拨区域建设成为物流作业中心,开设邮政与供销服务专区,形成具有小批量货物集散、运输、储存、分拣与配送功能的客运站物流中心;其次,开辟邮件处理中心和邮政营业网点建设;再次,让重点快递企业进驻物流中心,开展经营活动。

2. 建设乡镇农村综合服务站

以乡镇客运站作为第二层级节点，对乡镇客运站、邮政网点等进行升级改造，兼具疏散、少量仓储及综合服务功能，形成农产品进城运输、小件快递以及分销商品捎带的集聚区，建设成为区域农资、农产品和农村日用消费品配送平台乡镇节点。

3. 建设行政村农村物流服务点

以交通便利的农村便民店为主体，同时承担村邮站功能。通过合作协议等形成利益共享机制，服务农村居民用邮需求及日常小批量物流作业任务，如收派信件、包裹快递等。为进行业务匹配，农村客运班线在便民店设置停靠站点，开展客运班线对小批量品的捎带作业。

4. 创新物流运营模式

创建吉美农品电商服务平台，快速建立起“工业品下乡”和“农产品进城”的双向渠道。在服务平台的连接下，农民手中的农产品由农村物流站点统一收货整理，发送至乡镇物流服务站，再到市级物流分拨中心，最后通过市级物流分拨，发往全国各地。而全国各地的货物，经市级物流分拨中心分拣后，由磐石农投物流专车配送到村级物流点，真正实现“点对点、门到门”的精准定向服务。

利用“客货同运”模式，发挥客运班线特有的多种优势结合少量传统货车，打通农村的公路运输通道，降低农村末端配送成本。在小件运输中，公司充分利用当地客车资源，降低运输成本的同时也提高了运输效率。省客运网络建设极为完善，各地区客运线路的农村道路覆盖率为98%以上，客运班车每天固定、多频次地往返乡镇村屯。同时与市(县)内、乡镇内客运站合作，利用县、乡客运场站作为物流网点实现揽收、仓储、分拨等功能。以资源整合、共同配送为经营理念，为市场现有快递物流企业提供服务为经营核心，实现多家快递物流品牌共用分拨场地、共用运输车辆、共用末端网点和收派人员，从而使场地资源、运输资源、人力资源充分利用，成本均摊，降低成本。

5. 整合资源，优化物流配送体系

(1)整合资源，提升效率。打破思想藩篱和行业壁垒，彻底改变农村传统物流一家企业一辆车、一个行业一条线的模式。在建设初期由政府引导动员社会物流资源参与，全面整合农产品加工企业、家居建材、邮政快递、客运站等城乡物流资源,合理规划物流线路,开通乡镇物流路线5条,配备配送专用车辆,由磐石农投有限公司每天安排专线车辆从两端准时出发开展物流配送,将市级电商物流配送中心和乡(村)电商物流服务站点的货物、商品和快递包裹及时送达乡村物流服务站点,实现了上下货物、商品和快递包裹当天送达,配送时间较以往缩短一半以上,农产品上行时间极大缩短。

(2)健全物流服务网络。形成以市级物流配送为龙头、乡镇物流服务站为骨干、村级电子商务服务点为基础的市乡村三级物流配送体系,形成连通市乡村的物流服务网络。

(3)建立乡村站点互联体系。以乡村服务站点从业人员为纽带,充分利用当地闲散运输资源,整合面包车、三轮车等各类运输工具;实行诚信会员制,通过诚信担保人和签订诚信服务协议的方式,强化诚信服务;通过微信群、QQ群等大众熟知的社交平台,就地取材,将本地乡、村闲散运输资源组织起来,有效补齐乡、村物流短板,真正实现乡村"最后一公里"的双向流通。

(4)行业合作协同发展。磐石农投与顺丰、百世、中通、申通、天天、圆通、韵达等多家快递经营企业和农资、百货、家电等商贸企业签订了农村物流配送合作协议,整合上下行快递包裹和商品的配送,为快递行业、各企业有效合作且快速形成城乡物流集群效应,形成商流、物流、信息流和资金流的聚集。

三、取得成效

1. 加大简政审批力度

进一步取消和调整交通运输行政审批事项,简化道路运输经营许可证年审手续,优化道路运输从业资格考核制度,推动交通物流行政审批流程的整合和简化,实现行政审批"一窗式办理"。探索审批服务窗口延伸至物流园区,缩短办理时限。深入推进物流领域商事制度改革,推行"多证合一、一照一码",简化办理程序。实行企业住所(经营场所)申报承诺制,允许快递等行业推行"一照多址"和"一址多照"。简化快递末端网点备案手续,在邮政管理部门备案的同一区级管辖范围内的快递末端网点,可免于办理工商营业执照。

2. 优化交通物流管理模式

合理确定城市配送车辆停靠卸货区域,优化城市配送车辆通行管理措施,有效减少货物装卸、转运及倒载次数。进一步落实城市配送车辆标识管理办法、快递车辆通行便利政策及货运出租汽车运营服务规范。对企业从事生活必需品、药品、鲜活农产品和冷藏保鲜产品配送,共同(集中)配送,以及使用节能与新能源车辆从事配送的车辆,优先给予通行便利。

3. 降低物流收费成本

进一步降低运输成本,加强对高速公路车辆救援服务及收费的监督检查,坚决查处高速公路车辆救援服务乱收费行为。规范车辆超限处罚标准,杜绝"乱罚款""以罚代管"等现象。

案例 4-2　大安市"电商便利店 + 农村物流"六站合一服务品牌

大安市位于吉林省西北部,地处松嫩平原腹地,区位优越、交通便利,是吉林省西部县市对外开放的前沿位置,是长吉图开发开放先导区"中蒙大通道"的重要节点城市,也是哈大齐工业走廊的外延地带。随着城乡物流配送服务的需求不断增大,为解决工业品下乡和农产品进城的"最初一公里"和"最后一公里"问题,大安市提出"电商便利店 + 农村物流"六站合一服务品牌。

一、大安市主要做法

1. 顶层设计

(1)建立工作机制。2019 年 3 月 28 日,大安市交通运输管理局等多部门联合出台《大安市电子商务领导小组办公室关于印发大安市开展城乡高效配送专项行动实施方案的通知》(大电办发〔2019〕1 号)、大安市商务局关于印发《大安市进一步电商扶贫工作的实施方案》的通知等文件。

(2)县乡村物流体系建设。针对大安市乡镇和村屯点多、线长、面广,交通运输成本高的实际,利用交通运管的 18 个乡镇客运站作为中转站,科学规划布局物流配送网点,构建了以县物流仓储配送中心、乡镇配送周转站、村屯物流服务点为骨干,以城乡客运车辆代运为辅的县乡村三级物流配送体系,实现了市有仓储中心、乡镇有中转库、村屯有配送点。目前,在电商产业园建设了 1 个县域仓储分拨中心、18个乡(镇)中转站、570个村屯配送点,全市村屯物流快递服务全覆盖,较好地解决工业品下乡和农产品进城的“最初一公里”和“最后一公里”问题,让农民朋友真正享受与城市居民一样的物流服务。

大安市既有数十家民营快递公司经营网点和运力、交通部门乡村客货运力,还有中国邮政以及供销部门的运力。这些运力资源大多独立经营,且由于网点多、线路长、运输成本普遍较高,经营大多处于亏本状态。为解决运力浪费的问题,通过立达物流有限公司整合各方运力,承接快递公司乡村到村屯的上下行物流配送业务,集中调度运力,规划南、北两条城乡物流专线(一条是长白线,一条是大通线)。市区用两台7.6m大规格车辆承担从市区到乡(镇)的物流配送,乡镇用18台3.1m小规格车辆配送至村屯,实行“公交化”配送。

(3)推进资源整合。大安市在电子商务进农村综合示范县项目的实践过程中,探索出物流经营新模式,促进乡村超市转型升级,集供销超市+农村电商+物流配送+收发快递+信息金融+客运服务,即“六站融合、一站多能”的“电商连锁供销社”,为全市农村提供全方位的技术和生活服务。通过采取连锁供销超市集中配送的服务体系,统一渠道采购食杂、农资、日用品,统一店面形象、统一商品售价,使农村线下有实体小卖店,线上有网络“大卖场”,让电商供销社成为当地的信息中心、交易中心、服务中心、物流中心。

针对农村特有的消费习惯、消费能力、消费需求的特点,推广“网订店取”“网订店送”等新型配送模式,在营销、支付、售后服务等方面实行线上线下互动措施,改造农村电商供销社基础设施。

城乡物流配送项目涵盖生鲜冻货、食杂百货、日杂农资、五金家电等,提供收发全国快递、国内物流配送、代买代卖、代收货款等综合服务业务。

(4)出台标准规范。拨出专项资金支持物流企业更新标准化的物流设施设备,淘汰老旧物流装备。农村的快递件使用专用周转袋,避免杂乱的快递件丢失和破损。全部采用电动叉车机械化装卸,省工、省时又省力。同时整合了大安所有物流公司的农村货件,集中收货、集中周转、集中回款。通过快递货件的整合,为网商会员节省不少运费,为农产品上行打通既优惠又便捷的物流渠道,真正做到标准化绿色配送。其中,大安市立达物流有限公司为大安市最具实力、规模最大的物流企业,也是全市唯一具备冷链物流配送的城乡物流企业。

2.扶持政策

2016年5月20日,大安市政府出台《大安市人民政府办公室关于印发大安市电子商务进农村实施方案的通知》(大政办发〔2016〕19 号);2019 年 4 月 24 日,大安市委、市政府印发《关于全面落实民营经济高质量发展政策的实施细则》(大发〔2019〕11 号);2019 年 5 月 6 日,大安市政府印发《大安市国家电子商务进农村综合示范县"升级版"实施方案》(大政发〔2019〕14 号);2018 年,大安市政府印发《大安市农村物流网络节点体系建设实施方案》(大政发〔2018〕2 号)等文件。

二、典型企业做法

1. 优化产业布局

结合市内不同区域的经济发展特点和产业特色,在有效整合资源、强化集约发展的基础上,优化城乡物流业发展布局。市区设有总的仓储库、分拣库、装卸库,乡镇设有中转库和中转车。

2. 创新发展模式

运用现代物流理念、方法和技术,以电商物流、冷链物流、农产品生产加工相结合,整体性发展的创新模式,建立生产、加工与运输的资源无缝对接,线上与线下的共享协调,运输、仓储、联运、快递等企业的功能整合和服务延伸,加快推进传统物流向现代物流体系转型,进一步提高物流服务能力和服务水平,满足多样化、个性化的物流需求。

3. 完善基础设施

加快全市物流园建设,重点加强物流公司的保鲜、冷藏、冷冻基础设施建设,配备节能、环保的长短途冷链运输车,以及市区的小型电动配送车。安装快递专业分拣线和安检机。

4. 提升信息化水平

建立以大安市为中心的松原、白城区域性生鲜农产品冷链物流公共信息平台,加强市场信息、电子商务、金融对接、产品检测、客户服务、库存控制和仓储管理、运输管理和交易管理智能化建设,建立区域性的生鲜农产品质量安全全程监控系统平台,实现全程可追溯的农产品冷链监测流程。

5. 建设重点项目,培育壮大龙头企业

重点支持城乡物流项目,通过项目带动基础设施建设。培育具有一定影响力和竞争力的大型城乡冷链物流龙头企业,形成万吨冷冻冷藏库容规模,建立电商物流、冷链物流为整体性发展的创新模式。下一步,主管部门将借着成立现代物流产业园的契机,把大安市建成城乡物流产业核心服务区,使大安市成为吉林省冷链物流产业节点城市,着力打造全国城乡物流的大安范本。

三、取得成效

1. 完善大安市城乡配送服务体系,优化配送网络布局,加强配送网络衔接

发挥大安综合物流配送中心衔接城乡的功能优势,形成衔接有效、往返互动的双向流通网络。推动跨部门资源共享和跨行业协作联营,引导商贸流通、交通运输、邮政、快递、供销合作、第三方物流等企业整合服务功能,扩大农村物流配送网点覆盖面。拓展农产品上行物流通道,打造综合性的城乡配送服务网络。目前已实现24 小时内到达村屯配送点。

2. 加快发展集约化配送,发挥仓配一体化服务优势,形成面向各类终端的共同配送

整合零担长途干线运输"落地配"与城市配送资源,发展集中配送。整合供应商配送需求,发展零售门店的统一配送。结合城市配送需求,加强商贸、快递与物流企业的协同协作,发展夜间配送、公交化配送、定制化配送模式。

3. 促进配送资源协同共享

物流仓储设施共享、共用,推动供应链各环节库存统一管理。引导实体商业配送网络与电商快递物流协同共享,重点在分拨(配送)中心环节探索合作,推动店配与宅配融合发展。促进末端配送资源共享,末端配送资源共建共用。

4. 推动配送与供应链深度融合

加强物流配送与生产、销售环节的协同衔接。推进配送与集中采购、批发分销、网络零售等功能整合,优化网购商品按区域分布式存储,发展集中仓储和共同配送,实现"供、销、配、存、运"一体化;发展农产品集约化、标准化的预冷加工、质量检测、包装赋码、仓储配送、质量追溯与代购代销等服务。

城乡冷链物流的开通也为大安市种养殖扶贫项目提供后期物流配送服务,物流助力精准扶贫,为精准扶贫举措能够有效落地提供保障;使农村上下行商品的

信息流、物流、资金流彻底打通，形成商品双向流通、城乡一体化的新格局。建设的吉林西部农产品上行网仓，更好地适应多种互联网销售发展的需要，并使能耗和运营成本进一步降低，为全国网商创业者和线下实体店提供集采、集储、集配等一键代发服务，真正解决了农产品上行产品少和销售难的问题。面向农村，服务“三农”，畅通物流，带动资金下乡，信息入户，让广大农村享受到现代物流发展带来的方便、快捷，并促进农村增收。

第五章　黑龙江省农村物流服务品牌

案例 5-1　东宁市“交邮融合＋农村电商”服务品牌

东宁市位于黑龙江省东南部，东与俄罗斯接壤，边境线长 139km，南与吉林省汪清县、珲春市相邻，是东北亚国际大通道上重要的交通枢纽，是国家一类陆路口岸。东宁市物产丰饶，是全国万两黄金市和全国百名重点产煤市之一，拥有食用菌、葡萄、蓝莓、水稻、畜牧等特色农业。发达的农村经济通过农业外延，将邮政业、商业、生产加工业、服务业、旅游业、信息业、互联网＋经济等项产业深度融合。为加快东宁市农村物流业发展，促进农村经济转型升级，提高县域经济运行质量和效益，东宁市持续深化交邮融合，积极推进县乡村三级农村物流体系建设，打造“交邮融合＋农村电商”服务品牌，基本形成了全市农村物流支撑农村电商发展的“零距离、门到门、点对点”终端服务体系。

一、东宁市主要做法

1. 加强顶层设计，建立工作机制

2017 年 6 月，由东宁市主管副市长带队，交通、发改、邮政、供销、商务等相关部门参加牡丹江市政府在穆棱召开的全市交邮融合现场会，聚焦解决乡村客运站和邮政所经营困难、快递进乡不进村、运输服务村屯“短路”等问题，并开展了深入的研究。通过研究发现，推动农村运输物流体系发展，必须充分运用“大交通”的资源、能力、业态、模式,破解便民物流、利民商贸、惠民服务三道难题。为此,东宁市决定启动交邮融合项目,项目确立后,将此项工作纳入近三年交通重点工作项目,并于2018年11月召开了交邮融合项目工作推进会。由市领导带队组织各乡镇负责人共同下站点进行实地研究,并明确各乡镇主管镇长,纳入乡镇重点工作,在全市范围大力推广。在牡丹江市交通运输局和邮政管理局的指导下,成立了东宁市交邮融合领导小组和交邮融合办公室。由东宁市交通运输局局长任组长,和东宁市邮政分公司共同协作,统筹推进这项工作。图5-1所示为合作现场会。

图5-1 参加交邮合作现场会

2. 纳入民生工程,强化资金支持

东宁市政府领导对交邮融合,解决农村物流问题,促进农产品流通高度重视。市长4次听取专题汇报,6次作出指示批示,要求把交邮合作项目作为服务民生的重大工程加速推进,并亲自到太平沟村交通邮政综合服务站调研,在市财政资金十分紧张的情况下,拨付资金60万元用于项目建设。

3. 加强资源整合,实施六个融合

(1)发展规划融合。东宁市组织制订本市以交邮融合网络为骨干,覆盖县乡村三级农村物流网络节点体系规划,以此作为农村物流集疏运体系建设的重要部分,与全市集疏运体系大规划、电子商务进农村产业规划(项目)进行有效衔接,形成外联口岸、内联国内省内、下联乡镇村屯的完整的集疏运体系,彻底打通物流网络的"最后一公里"和"最初一公里"。

(2)基础设施融合。通过"大交通"资源整合,按照大交通一盘棋思想展开工作。首先在县层面,按照集约集中、无缝衔接的思路建设交邮融合中心,主要体现在市级客运站与邮政、快递县级公司的场站共用(这个体现在东宁的物流园规划内)；其次在乡镇层面，按照盘活存量、优化增量的思路，整合闲置场站、局所资源，打造物流节点，对于新建的物流节点按照规划整合建设，对于原有的旧场站和旧邮政支局进行改造，打造出客运或者邮政营业功能，吸引邮政快递企业入驻；再次在村屯层面，整合社会资源，利用农村路边上的商店，通过人气拉动效应，提高合作商店的积极性，建设交通邮政综合服务站，填补交通没有停靠站、邮政末端村邮站无法持续的问题。截至2019年底，东宁市农村三级物流网络体系共开发合作路线28条，建设站点104处，已经完成全市行政村的物流节点全覆盖。

(3)网络资源融合。通过利用交通客运车辆的剩余运输资源(即客运班线的行李舱)，代替邮政公司的乡邮员每天的下乡工作，为邮政企业运送邮件，通过市乡两级站点进行交换，最终以村级服务站点为终点，在县乡村三个层面形成点线面网络服务支撑体系，最大限度发挥网络资源优势，提高资源使用效率。在县城到乡镇的汽车邮路方面，与客运班线整合，解决重复运输问题。

(4)服务协作融合。通过把邮政支局单一的营业服务功能拓展成为交通候车功能，把过去的服务不稳定的村委会村邮站改为公路沿线的商店村邮站，使村邮站也可以等车候车，邮政和交通同步推进和提升了公共服务水平，在邮政业务、站务服务等方面也可以寻求合作共赢点，减少各自的人力不足或资源浪费。

(5)流通体系融合。随着业务规模的增加，客运班车的行李舱不能容纳包裹量的时候，需要根据情况建立货运班车，解决规模货运问题。个别线路由于驾驶员的个体经营，对交邮融合缺乏理解，利益诉求过高，导致合作无法进行时，也需要引入货运企业，与邮政快递企业建立合作关系，打通多种方式的融合渠道。另外，场站设计方面，充分考虑仓储、运输、邮政、快递等功能的配套融合，建立多式联运的立体交通体系。

(6)政策机制融合。为了加快农村物流的发展，东宁市出台了一系列的政策措施，大力支持农村物流发展，特别是“交通运输+邮政快递融合”发展。

4.加强部门协同，形成工作合力

为了加强部门之间协同形成合力，主要开展了如下工作。一是建立交通邮政部门牵头推进抓落实工作机制，定期汇报、会商工作进展，研究重大问题，调整完善规划，强化目标任务考核奖惩；二是东宁市政府建立责成商务、广电等部门，搭载推动农村电商与交邮融合同步进行；三是加大宣传，营造交邮融合舆论氛围，在东宁市电视台新闻频道和关注栏目连续滚动播放交邮融合物流进村内容，最短时间内提高老百姓的知晓率;四是推动农村电商企业进村入户,2019 年,引进淘宝村播电商平台,通过提供办公室、协调农业部门进行产业项目对接、协调乡镇政府提供主播人选等方式,为电商进村创建良好的发展环境;五是建立交通、商务、供销、邮政联合推进的工作管理体制,通过召开联席会议、专题研究等方式,有力地整合了各部门的交邮融合政策资源,打造多站合一、功能集聚的农村物流电商体系。

5. 推动交邮企业班车常态化运营

客运班车是城乡联系的重要桥梁之一,邮政物流是商品流通的重要方式之一。东宁市运输有限责任公司与东宁市邮政分公司充分利用各自资源优势,以服务"民生"为根本,以促进企业"互利共赢"为目标,携手开展"交邮融合"。以市客运总站为中心、乡镇客运站为节点、连接所有村屯的农村公路客运网络,遍布全市所有乡镇和行政村运营成熟的邮政网络,是交邮双方融合的条件和基础。邮政部门通过农村客运班车,将邮递物品配送到村,不仅节约了大量的成本,更有效地扩大了市场份额,公路客运部门通过共用共营邮政网点,不仅节省了建设投入,也降低了运营成本。农村公路客运经营者也通过交邮融合,增加了运量,从而增加运输收入。农民是交邮融合的最大受益者,足不出村即可收发邮递物品,省时、省事、省钱。绿色生态农产品通过交邮融合的渠道,走进城市,在满足城市居民消费需求的同时,也大大促进了农村经济的发展。

6. 推进网络节点、站点共建

选址上,推行三种模式:一是"引入模式",即将乡镇邮政支局或邮政所引入乡镇客运站,如老黑山镇、大肚川镇交邮综合服务站;二是"入驻模式",即乡镇客运站入驻乡镇邮政支局或邮政所,如金厂、道河交邮综合服务站;三是"共建模式",即村级交邮综合服务站建设上,选用当地村屯已有的商店、供销社作为交邮融合站,由政府适度出资进行改造,由交通、邮政各自投入所需的设备及软件,共同提供客运和邮政服务,一方面最大程度地减少了站点的铺设费用,另一方面增加了该站点的人气和收入。

经营上,东宁市邮政分公司给予站点相关业务支持,除代收包裹外,授权办理包裹收寄、助农取款、农产品邮寄、农电缴费、手机缴费、信函邮寄、订阅报刊等邮政便民服务,提高了基础设施利用率,拓展了服务功能,极大地方便了当地村民。图 5-2 所示为交邮综合服务站。

图 5-2　交邮综合服务站

7. 拓展增值服务

利用遍布各村的交通邮政服务站点搭载电商业务，充分利用服务站经营者本地化、贴近物流服务的特点，大力提升包裹业务量，一方面提升农产品销售量，一方面增加物流流量，带动服务站收入。目前已在其大肚川镇与老黑山镇的镇级站点开展电商业务。

二、取得成效

1. 提升交通公共服务供给水平

在三个层面提升了交通公共服务水平：首先在村级层面，由于村级交通运输基础设施投资水平低，为了在不增加财政负担的情况下能够为村民提供避风挡雨的候车场所，东宁市开展了交邮融合，解决了这些问题。首次在乡镇层面，把运营困难的客运站与邮政支局营业厅合并，解决乡镇客运站运营难、功能缺失的问题。再次在客运企业层面，增加企业效益，企业造血功能增强，有利于客运普遍服务的保障。

2. 提升邮政公共服务供给水平

过去需要到镇邮政支局办理的业务，现在在家门口就可以办理，实现"四"不出村，即取邮件不出村、寄件不出村、办理金融保险等业务不出村、便民缴费不出村。村民便民缴费等生活所需业务不用再奔波几十里山路，很多站点可 24 小时办理小额存取款、跨行转账、刷卡缴费、邮政汇款等业务。另外有些村由于偏远，只能享有“周三班”服务，现在根据客运班次，每天一次的优势，可以提升到“周五班”，农村百姓享受到城里百姓的服务标准。

3. 有效提升边境地区老百姓的获得感和幸福感

随着经济社会发展，农村百姓人数减少，并且多是老弱病残群体。为了让这部分农村百姓体会现代化的电商平台购物和现代化物流的快捷方便，体会与城里人一样的购物体验，东宁市开展了交邮融合。

4. 有力支撑电商进农村的发展战略

交邮融合项目有力支撑“邮乐网”平台、淘宝村播平台的电子商务发展，通过交邮融合站点的仓储、物流配送，物流时间减少了30%（农民自己配送到达客户手中原来需要7天，目前平均提升至5天）。除此之外，还大大提升了工作效率，所有下单工作时间内均可实现10min内发货。交邮融合项目为国家实施的电子商务进农村项目提供了承接主体和物流保障，已经逐渐成为农产品网上销售的重点渠道，农民在家就可以把农副产品远销全国，有效地支撑了电商进村，为农民致富增收创建了新渠道。

5. 践行绿色发展理念

东宁市开通的农村班线客车“直通车配送”业务，改变了原有基础上邮政公司“大型邮车＋摩托车”配送的传统模式，最大程度利用客运车辆剩余空间，减少重复运输带来的能源消耗和排放污染，经初步核算，由客运班车代替原始邮车配送，每年可节省燃油约10000L。特别是三岔口镇引进了东宁市首批新能源客车用于交邮融合配送服务，进一步降低了能源的消耗和二氧化碳排放，百公里电耗仅为27.50kW · h，换算成柴油消耗量约为6L/100km，而传统燃油车辆的油耗约为13L/100km，这样实现了最大限度的节能减排。

6. 提升农村居民收入和拓宽就业新渠道

东宁市交邮融合项目在提高村民经济收入、解决劳动就业方面起到了积极的作用。一方面为村屯站点增加了收入，东宁市村级站点多数建在当地的商超和饭店，交邮融合为其增加邮政、交通、金融、代收代缴、电子商务等便民、利民、惠民功能，为站点良性运营奠定了基础；另一方面农村电商产业的发展促进劳动就业，具有广泛的社会效益，通过引进的淘宝村播电商平台，培训农民进行网络直播

60人,拓展了就业新渠道。

7. 增加多方收入

(1)为运输企业增加收入。客运班车通过运输邮件,交邮融合项目为东宁市农村班线平均提供4000元的年收入,费用由邮政公司提供,提高客运班车收入10%左右。

(2)为邮政企业增加了收入和改善人力资源结构。乡镇邮政支局整合客运站候车功能,增加了其人气与进店率,乡镇邮政业务发展获得新机会。每个村建立交通邮政综合服务站,叠加了邮政、金融、保险、农资分销、代收费等邮政业务,下沉了营销渠道,为业务发展奠定渠道基础,在过去三年内各项业务增加率为8%。利用客车捎带邮件,减轻了邮政企业投递员的负担,解决了投递员"人少、车小、路远"的困境,减少投递员8名,优化到其他岗位,人力资源结构得到改善。

(3)为服务站点创造新收入增长点。村里的服务站一般都在商店里,村民在取件和办理邮政业务的同时,购买商店其他日用品的机会大大增加,商店的进店率平均月增加23%,主营收入增加14%。与此同时,交邮服务站点代办邮政各项业务,给站点本身带来额外的经济效益。在原收入的基础上,每个站点可增加5000元的年收入,其中太平川、万鹿沟站点增收达10000元,每月有的站点(如北河沿万鹿沟站点)投递包裹量都在3000件以上,农电费每月代收超过20万余元。

(4)给农民带来新收益。利用交邮综合服务站的便民物流,有效支撑农村电商发展,通过淘宝电商平台、微信朋友圈等方式,帮助东宁市更多农民把东宁特色风味带出田间地头,走向更加广阔的市场,开创了"精准扶贫"的新渠道。经统计,"淘宝村播"电商搭载在"交邮融合"项目试运营的1个月时间里,通过直播的形式,老黑山镇交邮融合服务站帮助蜂农张孝春销售蜂蜜400单,成交额达5万元,大肚川镇交邮融合服务站帮助付云霞销售水果日均200单,成交额达10万元,东宁市"农村电商+交邮融合"模式已初见阶段性成果。

案例5-2 穆棱市"促进交邮融合,支撑带动产业发展"服务品牌

穆棱市位于黑龙江省东南部,是黑龙江省东部中心城市牡丹江市的下辖县级市,紧邻牡丹江市城区、鸡西市、绥芬河市,东与俄罗斯接壤,边境线全长44km,是

全省 18 个边境县(市)之一。穆棱市地理位置优越,既处在东北亚"金三角"之中,又位于对俄出口的黄金通道上,是通往口岸人流、物流、信息流的必经之地。G10 国道、206 省道、城鸡铁路、牡绥电气化铁路在此交汇,形成了纵横交错、四通八达的交通网络。穆棱市作为全省第一个开展"交邮融合"的试点县,聚焦解决乡村客运站和邮政所经营困难、快递下乡进村难、运输服务村屯"短路"等问题,寻求破解便民物流、利民商贸、惠民服务三道难题,建成了覆盖县乡村三级的物流网络体系,打通了农特产品进城"最初一公里"和工业品下乡"最后一公里"的屏障。通过整合交通、邮政、快递、电商等相关产业,实现了村民寄递、购物、销售、金融、便民服务"五不出村",形成了可复制、可推广、可持续的多业态融合服务模式(即"牡丹江模式"),促进了农村物流高质量发展,助力了农村产业升级、企业降本增效、农民便捷增收。

一、穆棱市主要做法

1. 强化顶层设计,规划引领

以交邮合作服务三农为理念,按照交通运输部、农业农村部、供销合作总社、国家邮政局四部委联合下发的《关于协同推进农村物流健康发展加快服务农业现代化的若干意见》(交运发〔2015〕25 号)要求,牡丹江市交通运输局联合牡丹江市邮政管理局,在黑龙江省交通运输厅和邮政管理局的指导下,于 2016 年 3 月在全省率先启动交邮融合试点工作。穆棱市作为黑龙江省首批交邮合作试点县,积极探索跨部门共建共管、跨行业联营融合发展的新机制,打造出"交通运输 + 邮政快递融合"服务品牌。2016 年下半年,"穆棱模式"在牡丹江市其他县市全面推广实施。交通运输部书记杨传堂、部长李小鹏发文做了重要指示,黑龙江省委书记王宪魁、省长陆昊做了重要批示,要求省交通运输厅认真落实文件精神,加快推广"牡丹江模式"。

2. 政策支持,科学实施

为了使交邮合作顺利实施,穆棱市政府推出各种政策和措施,围绕完善基础设施、优化组织模式、提升交通运力效率、拓宽邮政服务领域等方面,以新制度安排和新政策鼓励与引导,加快构建县乡村三级农村物流网络体系,为交邮融合的开展提供了组织和制度保障。穆棱市交通运输局负责组织协调交通运输企业、邮政企业落实交邮合作的各项具体工作。

(1)组织保障。成立了以市长为组长,主管副市长为副组长,交通运输局、发展和改革局、规划局、国土资源局、财政局、商务局、住房和城乡建设局局长和各乡镇长为成员的穆棱市城乡交通运输一体化建设领导小组;成立集疏运产业办公室,并原则同意与穆棱市邮政业安全与发展中心机构合署办公,统筹管理穆棱市物流产业的规划、发展和邮政业的安全与发展。

(2)规划衔接。政府出台了《关于推进交邮融合促进农村物流健康发展的实施意见(试行)》《穆棱市交通运输"十三五"发展规划》《穆棱市乡村振兴战略规划实施方案》《穆棱市现代物流发展规划研究》《穆棱市推进交邮融合平台建设实施方案》等一系列政策措施,对基础设施及客货运输服务一体化建设发展方面均提出了明确、稳定的资金投入和用地保障,大力支持农村物流,特别是"交通运输 + 邮政快递融合"发展。

(3)资产支持。穆棱市政府提供近 1000m^2 的场地建设穆棱市交邮合作邮件处理中心。图 5-3 所示为政府无偿提供建立的邮件处理中心。

图 5-3 政府无偿提供场地建立的邮件处理中心

3. 强化资源整合,共建共享

穆棱市按照牡丹江市交邮合作领导小组提出"政府牵头引导、企业自愿融合、坚持互利共赢、实现资源共享"的工作思路,以邮政企业、运输企业联合村邮站、个体经营者为运营主体进行实践探索。

(1)依托客运班车搭载邮件,打通邮路梗阻,延伸末端邮路。通过整合道路、邮路和客运班车等运力资源共用,依托客运班车搭载邮件,一方面降低了邮政企业的经营成本,增加了客运经营者的收入,另一方面增加了邮件的投递频次,由每周不超过 3 次增加到每周 5 次以上,而且将快递直接投送到村,村民亦可直接在村里邮寄包裹、快递，不额外加收村民的运输费，极大地方便了农村居民。解决了快递下乡入村难问题，实现了便民、利民、惠民的目的。

（2）整合乡镇客运站和邮政局所的闲置资源，实现场站资源共享。运输企业和邮政企业相互进驻对方的场站，如兴源镇邮政所进驻兴源镇客运站，下城子镇客运站进驻邮政支局。在建的穆棱镇客运站在建设前就规划预留出交邮合作办公场所，相互间不用支付场地费用。通过相互入驻的方式实现了场站资源共享，节省了基础设施的建设资金投入，节省了运营成本支出，解决了乡村客运站和邮政所经营困难问题。

（3）整合村邮站和农村客车停靠站，打造“两站合一”的村级服务点。在建设村级交通邮政综合服务站过程中，由运输企业和邮政企业共同筛选村中综合评价好的商店、超市等进行合作，由运输企业出资进行改造，叠加旅客候车功能；由邮政企业为其叠加邮件寄递、代购代销、存取转汇、代收代缴等服务，对从业人员进行专业培训。通过共建共享，将其建设成为集农村客车停靠站和村邮站为一体的农村交通邮政综合服务站，解决了运输服务“村屯”短路问题。

4.强化产业融合，创新服务

穆棱市落实省交通运输厅党组“六个融合”发展思路，树立“大交通”思想，创新服务理念，创新服务内容和方式，在牡丹江市交通运输局、邮政管理局和穆棱市交通运输局的组织协调下，运输企业和邮政企业突破行业界限率先开展合作，实现交通运输业和邮政业紧密融合，构建了县乡村三级物流网络体系，搭建了“交邮合作”平台，发挥“1＋1＞2”的优势。通过“交邮合作”平台融合了快递、电商、邮政储蓄等相关产业，还将继续吸纳物流、农资、金融等涉农产业，开展多方融合，为农民提供标准化、规范化、多元化的高品质的农村物流服务。

（1）交邮创新融合。以农村客运班车搭载邮件，相互入驻使用对方场站局所，共建农村交通邮政综合服务站的方式，实现了交通与邮政的资源共享共用和融合，解决了乡村客运站和邮政所经营困难问题。

（2）快递创新融合。除邮政快递外，目前与“四通一达”、极兔六家快递公司达成合作协议，通过交邮合作平台搭建的县乡村三级物流网络体系，将快递运送到村交通邮政综合服务站，再送到村民手中，村交通邮政综合服务站也可以为快递企业从村民手中代收快递，解决了快递下乡进村难的问题。

（3）电商创新融合。农村交通邮政综合服务站叠加了邮政企业的“邮乐网”

“龙邮农品”“丹江邮品”等电商平台；在穆棱市电商呼叫产业办的支持下与穆棱市跨境电商产业园展开合作；在牡丹江市交通运输局的引荐下，吸引牡丹江新晋文化发展有限公司加盟，创新开展“淘宝村播”，将“村播站”建在交通邮政综合服务站内，挖掘农特产品、培养农民主播，与国富融网络技术服务有限公司合作，农村交通邮政综合服务站融合了电子商务服务。通过电商加盟，实现特色产品定制，打通了农特产品进城“最初一公里”和优质工业品下乡“最后一公里”的双向快捷通道，帮助农民从“种得好”向“卖得好”转变，增加农民收入，繁荣农村经济。

(4)物流创新融合。穆棱市计划将现有的铁海联运物流园区及未来规划建设的穆棱市商贸物流中心项目和覆盖全市县乡村的交通邮政综合服务站，以及全市物流、快递、电商企业充分融合对接，打造无缝衔接、多式联运的物流体系。

二、典型企业做法

穆棱市交邮融合品牌创建企业包括穆棱市运输有限责任公司、穆棱市邮政分公司、“四通一达”快递企业、极兔、黑龙江国富融网络技术服务有限公司(电子商务进农村)。下面以典型的运输、邮政、电商企业为重点介绍做法。

1.运输企业

(1)主动作为。穆棱市运输有限责任公司主动作为，在道路旅客运输市场持续低迷、运输企业经济连年下滑的情况下，不等不靠，主动寻求出路。在国家政策的支持下，主动与穆棱市邮政分公司沟通，寻求合作。“交邮合作”开展后，平均每台客车每年增收约3500元，最高的客车每年增收11000多元。这些措施帮助了农村客运班车在客流大量减少、收入大幅下滑的困境中，得以继续生存，客车经营者参与热情高涨。

(2)组织保障。在运力组织上，穆棱市有农村客运班线93条，农村客运班车132台，已参营“交邮合作”的农村客运班车37辆。在人员组织上，选派精干力量，专门负责交邮合作工作，各乡镇客运站负责人直接负责，并制订严密的规章制度和工作流程，制作“交邮合作”业务指导手册，对企业员工和相关司乘人员、参营的农村交通邮政综合服务站经营者进行专业的系统性的培训，确保“交邮合作”工作达到服务过程程序化、服务管理规范化、服务质量标准化，努力提供村民满意的高质量的农村物流服务。

(3)资金投入。借助省乡镇客运站改造项目为契机,将乡镇客运站改造为交通邮政综合服务站,并将农村交通邮政综合服务站进行了改造,累计投资300余万元。在建设村级交通邮政综合服务站点时,确立了"两个统一"和"三类标准"(基础站、功能站、标准站)。"两个统一"指统一外观标识,统一设备设施。"三类标准"指:第一基础站,具备候车服务功能和向村民发放邮政包裹、邮政快递、报刊功能;第二功能站,在基础站的基础上叠加了为村民向外寄送包裹、邮政快递、代缴电费、代缴有线电视费、小额邮政存取和转汇等功能,服务设施比较齐全完善;第三标准站,在功能站的基础上,叠加了快递、电商、网上代销代购、小额贷款等业务,服务设施齐备、服务功能齐全。

2. 邮政企业

(1)网点的布局和建设。优先选择人口多、密度大、交通便利、车辆途经的行政村,听取村委会意见后,优先选择有意愿且在村中风评好的超市或商店进行合作试点推行,截至2019年末,逐步实现了全市行政村全覆盖。

(2)业务的加载和拓展。不断给村级交通邮政综合服务站叠加包裹收投、代收代缴、储蓄、保险、分销、农村电商、彩票、简易险等业务,增加站点收益及黏合度,实现邮政企业、交邮服务站、村民三方共同受益。通过开展"交邮合作",邮政企业增加了投递的频次,极大地方便了农村居民。如河西镇有18个行政村,开展"交邮合作"以前,采取委代办、摩托车投递的方式,每周投递3班次,无法完全满足普遍服务的要求。开展"交邮合作"以后,通过农村客运班车进行投递,投递频次达到每周5次,个别邮路达到每周7次,极大地满足了村民的用邮需求。包裹收入也由原来的每月100元增长到现在的2000元。

(3)后续的完善和投入。随着交邮合作的深入发展,农民很快习惯了这种便捷利民的服务方式。农民消费理念的转变,促使货运量增加,客运班车的运载量已经不能满足实际需求。为此,企业为了满足日益增长的需求,投入8台厢式邮政货车,实现"以货运班线为主体,客运班线为补充"的新农村物流运输服务模式。

3. 电商企业

(1)示范引领。最初,与穆棱镇政府达成合作,在腰岭村建设"淘宝村播腰岭村示范站"。聘请牡丹江新晋文化发展有限公司提供村播站建设咨询服务和培养"农民主播"。由乡镇政府提供主播人选和推荐当地优质的农副产品,牡丹江新晋文化发展有限公司负责包装策划,提供营销方案,交邮合作平台提供物流服务。

用2年时间培养了一大批“农民主播”，现在他们已经能够在田间地头独立进行网上直播售货。

(2)全面铺开。国家商务部倡导电子商务进农村，穆棱市积极创建国家电子商务进农村示范县。2021年3月，穆棱市国家电子商务进农村综合示范项目启动大会召开，黑龙江国富融网络技术服务有限公司中标，负责项目建设，如图5-4所示。国富融公司主动与穆棱市运输企业、邮政企业合作，利用已经建设好的交邮合作平台和县乡村三级物流网络体系来推动电子商务进农村综合示范项目建设，这样节省了农村站点基础建设资金投入，节省了运输工具成本投入，节省了大量的建设时间。

图5-4 穆棱市国家电子商务进农村综合示范项目

三、取得成效

1. 为完善服务功能，解决百姓需求提供了坚实可靠的综合服务基础

农村交邮合作综合服务站丰富了农村邮政普遍服务的内涵。第一，实现了“邮政基本公共服务不出村”(寄递服务不出村)。村民在家门口享受到了包裹邮寄、快递服务等全天候的邮政服务，解决了边远乡村邮政公共服务水平较低的问题。第二，实现了“农民购物不出村”。方便农民像城里人一样在电商平台上网上购物，保障了丰富的网上生产生活资料顺畅通达村里。第三，实现了“农产品销售不出村”。农民坐在家里就可以把农副产品远销全国，有效拓展了销售渠道。第四，实现了“金融服务不出村”。综合服务站平台拓展服务内容，可24小时办理小

额存取款、跨行转账、刷卡缴费、邮政汇款等金融业务，解决了困扰农村多年的村级金融服务空白问题。第五，实现了“便民服务不出村”。帮助广大农民办理电费、话费等便民缴费业务和公路、铁路、飞机票的购票业务，农民再也不用为交费奔波几十公里甚至上百公里而发愁。

2. 为物流企业降成本、增效益提供了坚强有力的综合服务保障

交通邮政设施共用，使邮政企业优化了人力结构，降低了乡邮投递运营成本，盘活了交通邮政乡村闲置资产。截至 2019 年 11 月，全市邮政企业已优化投递员 15 人，盘活人力成本近 75 万元，有效利用农村邮政局所闲置房产 9 处。以穆棱市运输企业为例，按每条线路运费为 3500 元/年计算，运力提高收入约 10.5%，节省站房建设资金 150 万元。

3. 为解决农村物流运输服务短板、村邮站不持续的难题提供了切实可行的方法

交通邮政综合服务站集合了村级客运停靠站和村邮站的功能，“二站合一”结束了在村里没有固定客车停靠站的局面，村民候车有了遮风避雨、取暖避寒的场所，解决了镇级没有客运站或客运站运营入不敷出、难以维系的问题。交通邮政综合服务站的成立，增加了人气，站点叠加邮政、交通、金融、代收代缴、电子商务等 7 大类 100 余种便民业务，为村邮站有效运营奠定了基础。以光明村为例，过去村邮站月收入不足 100 元，“二站合一”之后，月收入超过千元，并有不断提高趋势。

4. 为优质工业品下乡和特色农产品进城提供了便捷高效的综合服务平台

穆棱市邮政分公司建成了穆棱市电子商务运行中心，将“邮乐网”“龙邮农品”“丹江邮品”三个互联网销售平台叠加到交通邮政综合服务站，增强了农民触网闯市场的积极性。通过建设市县两级电子商务运营中心，开展“精准扶贫”和支持青年农民返乡创业。光明村村民贲成发滞销 2 万斤粉条通过交邮融合站销售出去，实现了阶段性脱贫。穆棱镇吴迎春山水煎饼店主吴仁芬经过培训后，提高了直播能力，增加了销售渠道，日均增加销量 20 余单，远销北京、广东等地。光明村青年付杰与爱人返乡创业，积极投身农村交通邮政综合服务站建设，取得可喜成绩。

5. 为推动相关产业联动、促进穆棱经济发展提供了现成完善的综合服务体系

以“交邮融合”为平台，积极引导货运、快递、物流、农资、金融、连锁超市、农产品批发市场、养殖大户、种植大户、农民融合社等加入服务平台，逐步发展产、运、销一体化的农村物流服务体系，确保农用物资进得来、农特产品销得好。

第六章　江苏省农村物流服务品牌

案例 6-1　丰县“交邮融合、特色农业 + 农村物流”服务品牌

丰县位于江苏省徐州市，地处苏、鲁、豫、皖四省七县交界处，淮海经济区中心地带，北与山东省的金乡县、鱼台县接壤，南与安徽省砀山县、萧县毗邻，西接山东省单县，东与江苏省沛县相连。随着人民生活水平的不断提高，物流需求规模和服务需求日益增加，丰县为了有效地、最优化地利用资源，提高物流网络配送效率，整合了已有农村物流企业，资源共享、统仓统配，客货同网、商农共网。

一、丰县主要做法

1. 配套政策

（1）丰县印发《县政府办公室关于印发创建江苏省农村物流示范县实施意见的通知》，提出加快建设农村物流网络体系，创新农村物流运作模式，推进农村物流装备标准化、智能化、低碳化建设，提升农村物流信息化水平，培育农村物流经营主体，加快农产品电子商务供应链体系建设，开拓农村物流增值服务的目标，建立交通、农业、供销、邮政管理等多部门共同参与的农村物流发展协调工作机制。

（2）丰县颁布《丰县现代物流业发展规划（2015—2025 年）》。规划中着重研究规划农村物流业的发展，其为农村物流业科学合理地发展提供了强有力的思路

指导和技术支持。

2. 组织保障

(1)区、县工作领导小组高度重视。县领导亲自挂帅,成立创建农村物流示范县领导小组,由县各有关部门的主要负责人担任小组骨干。领导小组下设办公室,办公地点设在县商务局。各乡镇村亦设立相应的工作机构,积极调动农民群众参与现代农村物流建设的积极性。同时,各参与单位分别制订建设计划,领导小组制订奖惩制度,以促进工作有速有效地开展。

(2)资源整合。丰县整合已有农村物流企业资源,建成以丰县四大龙头企业为核心主体的农村物流创建项目实施群体。丰县的农村物流企业资源丰富,已经具备一定规模,但是其资源分布比较分散,利用率比较低,物流成本比较高。整合丰县农村企业资源,能有效地最优化地利用资源,提高资料的利用率,降低物流成本,并且加强企业的竞争力。同时,丰县交通物流有限公司与江苏银行、县总工会、县供销社、大沙河物流园和东南大学建立长效合作机制。

3. 资金保障

(1)与江苏银行建立战略合作。丰县已获得江苏银行5000万元的授信额度,并且获得了国家的精准扶贫资金。

(2)获得上级涉农资金扶持。

(3)获得丰县交通建设投资发展有限公司的资金支持。丰县交通建设投资发展有限公司注册资金为5亿元人民币,其资金实力雄厚,参与完成了许多县内外的重大项目。

(4)与亚粮集团有限公司建立战略合作。丰县已与亚粮集团有限公司达成初步的合作意向,成立了亚粮集团丰县分公司,计划打造成为辐射周边200km的农产品供销平台。亚粮集团有限公司是全球领先的粮油、农产品、食品领域多元化产品的服务供应商,集农作物生产、农产品贸易、物流、粮食、油脂、加工和粮油食品生产销售为一体,为国内外广大用户提供粮油食品。

(5)获得当地企业的融资。利用现代农村物流建设的契机,加快物流行业的资源整合,完成当地企业的融资。丰县物流园建设已完成本地的大沙河集团的融资工作。

4. 其他保障

(1)土地保障。为了打造综合物流体系建设,特别是服务于农村综合交通场站,政府委托东南大学、中设设计集团股份有限公司对全县的交通场站建设进行规划设计。

(2)技术保障。首先,成立丰县交通一体化研究院,"研究院"的研究重点是县域特色的城乡一体化交通运输与物流领域。其次,成为东南大学的产学研合作基地,东南大学具有雄厚的物流师资力量,能为丰县现代农村物流的建设提供有力的技术支持和科学的引导方向。

二、典型企业做法

丰县交通物流有限公司总结出了以商养运的农村物流经营模式,资源共享的运营模式,客货同网、商农共网的配送模式。同时,成立丰县新农业发展有限公司,通过开展农药零差率统一配供模式,全面建成"五统一"(统一采购、统一配送、统一差率,统一平台、统一补贴)的全县农药集中配送体系,达到全县农药集中配送全覆盖,使农药供应秩序明显好转,农产品质量安全得到有效保障。通过开展农业生产社会化服务,推动本地农业生产机械化的进程,解放农民的生产力,为实现乡村振兴作出巨大贡献。

1. 网络节点共建共享

丰县逐步完善了以农村物流枢纽站场为基础,以县乡村三级物流节点为支撑的农村物流基础设施网络体系。强化了物流园区(货运枢纽)与国家现代农业示范区、全国重点农产品、农资、农村消费品集散中心(基地)的有效对接,构建了覆盖广泛、功能完善的农村物流枢纽站场体系。

积极推进三级物流网络节点建设。设立县级物流分拨中心、电商产业园,以县级物流节点为依托,完成镇级货运物流服务站建设;盘活村级可利用的场地资源,推动农村社区服务中心与村邮站、商超等末端服务网点融合发展,打造村级物流服务网点,构建"县、镇、村"商品及农副产品流通网络,实现工业品下乡、农特产进城。丰县各相关部门及企业按照县乡村三级网络构架和"多站合一、资源共享"的模式,共同推进三级农村物流节点体系建设。

2. 交邮融合,运力资源互补互用

(1)客货同网,实现同城配送。推广应用新型农村客运及物流车辆。结合丰县邮件快件和小件农产品代运数量和需求特点等,鼓励使用符合相关标准、满足农村客货运输需求的新型镇村公交车辆，全面推进交邮融合公交线路发展。结合丰县本地产业特色、城乡物流需求和物流服务网络节点布设等实际情况，持续优化调整公交代运邮件快件线路。开通4条公交带货运营线路，增设农村交通物流服务功能，在县城、镇内布设30个网点进行快递收发，实现同城配送。

(2)联合顺丰、邮政、韵达等快递企业，达成战略合作协议。具体从城区开始整合，通过建园区、出政策，对现有快递企业实现两到三家整合，并入驻园区，实现统一分拣与统一配送，除此之外，利用公交车现有资源配送小散货件，打造快递下乡。

(3)双线成环，长短结合，开通货运专线。为服务“工业品下乡、农产品进城”，充分利用物流园区和平台优势，将全县从事国内专线运输的企业，统一整合在一个园区，设立镇级服务站，按照“定时、定班、定线路”开展城乡物流配送，形成专业的第三方物流运输企业，逐步承担商贸、工业品、快递等产品的配送任务。

(4)加强物流信息化建设，搭建综合信息服务平台。开发丰县公共货运服务平台，开通网上驾驶员商城、城乡物流配送专线、网络货运版块，提供各类物流信息的发布、查询、交流，线上电子交易、金融交易、全程监控、运营管理等，实现物流各个环节的信息共享。打造丰县智慧交通网，整合公共货运、公共客运、交通行业监管、政策法规、行业动态网络资源。

(5)标准化物流装备投入。

①农村物流车辆。为配套农村物流运输服务，打造专业化、绿色低碳的运输作业，丰县在推广农村物流服务品牌的过程中，充分分析农村物流发展需求、农村公路技术特点，大力推广适用于农村物流的厢式、冷藏等专业化车型；根据实际需求使用电动车辆等新能源及清洁燃料车型，实现了绿色低碳发展。丰县交通物流有限公司现有标准化、专业化各类车辆达51辆以上，其中厢式货车14辆、冷藏车27辆、新能源车辆10辆、电动三轮车17辆，配送车辆采用统一标识化管理。

②专业化农村物流设施设备。为立足长远目标，推动农村物流专业化发展。丰县在推广农村物流服务品牌的过程中，发挥政策引导作用，推动农产品产、运、销标准化，推广农村物流运输的托盘、集装篮、笼车等标准化运载单元和专业化包装、分拣、装卸设备，减少货损货差，提升农村物流作业效率和服务质量。积极发展产地和终端冷链物流，适度发展肉类产品、加快发展水产品、支持发展果蔬产品冷链物流，形成城乡一体、全程配送的冷链物流体系。丰县在推广应用专业化设

施装备的过程中,有如下优点:标准统一,全部设施设备采用一套标准,体现专业化;适应实际,所有设施设备均根据丰县实际需求进行采购租赁,符合丰县特色。

3. 特色产业+农村物流,多方融合发展

(1)加强电子商务与农村配送协同发展。鼓励电子商务平台经营企业发挥自身货源和销售渠道优势,或与物流企业深入合作,进一步延伸拓展物流服务功能,促进商流、信息流、资金流和物流多流合一,实现"以商养运、以运促贸",重点鼓励本地电商与快递企业联合,搭建农产品外销平台,解决农产品的上行外销,实现电商与城乡物流融合发展的新模式。

(2)加强城乡物流末端共同配送发展。鼓励物流企业在统筹当地商贸、农资、电商等货源的基础上,为农村地区电子商务、农资销售、连锁商超等企业提供共同配送服务。重点鼓励邮政快递企业建立企业联盟或组建第三方配送公司,整合县域邮政快递资源,推进站场和配送车辆资源共建共享,加快农村末端节点布局,试行开展农村地区末端邮政快递共同配送服务。

(3)推进城乡物流服务模式创新和应用。在巩固原有服务基础上,进一步推行"城乡物流服务一体化"创新发展,强化"特色产业+农村物流"模式,围绕县内各镇产业特色,重点建设镇级服务站,形成城乡物流与相关产业融合发展;围绕大沙河水果产业,着重加强交通运输水平,加快推进电商与快递业的融合发展;围绕王沟镇木制品产业,着重发展"货运专线和木业生产"融合发展,通过融合发展创新农村物流服务模式。强化"网络平台货运+农村物流"模式,积极推广城乡物流配送平台,引导生产企业统一使用国内货运专线和城乡货运专线。生产企业通过平台发布货运信息,专线经营者通过平台配送货物,使货物上行和下行配送两条专线通过网络平台无缝对接形成闭环,真正做到发全国、通镇村。

三、取得成效

1. 三级物流网络体系更加健全

县级节点已完成商贸、快递、专线等2个分拨中心、5个物流园区建设,并与顺丰、邮政等快递企业开展合作。完成镇级物流节点12个,包括原农村客运站改扩建服务站4个,原乡镇交管所改扩建服务站7个,新建服务站1个。全县12个镇、343个行政村,基本实现镇级、村级物流节点全覆盖。

2. 运营模式更加多元

（1）资源共享、统仓统配。整合社会资源，将城区物流配送中心免费提供给供应商们使用，实现共享仓储，共享设备设施，共享城乡配送，共享业务人员，共享物流车辆。

（2）客货同网、商农共网。创新公交运行网络和物流配送网络有机结合，推广公交车辆带件下乡、进城等农村物流组织新模式，采用商贸物流、农资物流配送两网合一，开通城乡物流配送专线运输，实现高效配送。

（3）多方融合、多元服务。丰县"特色产业＋农村物流"模式、"货运专线和木业生产"模式、"网络平台货运＋农村物流"模式的使用，实现了完整农业生产供应链。

3. 信息化程度进一步提高

通过运用丰县自建与合作信息平台的运营，实现信息资源共享，减少了信息交流成本，实现精准订货、精准配送，最终实现精准生产，实现多方共赢，提高运输市场的整体效率。

案例 6-2　如皋市"交邮融合、客货同网"服务品牌

如皋市是江苏省南通市下辖的县级市，地处长江三角洲北翼，位于南通、泰州、苏州三市交界处。南临长江，与张家港市隔江相望，北与海安县、东与如东县、东南与南通市通州区毗邻，西与泰兴市、西南与靖江市接壤。如皋市以创建省级农村物流示范县为契机，聚焦乡村振兴，聚力创业创新，按照"市场主导、部门协调、龙头引领、行业合作"的思路，大力推进农村物流发展，不断满足城乡居民生产生活需求，积极推动城乡公交、邮政快递融合发展。

一、如皋市主要做法

1. 出台的政策措施

（1）组织保障。如皋市政府办公厅印发《关于成立如皋市农村物流示范县创建工作领导小组的通知》（皋政办发〔2018〕76 号），决定成立如皋市农村物流示范县创建工作小组，领导小组主要负责定期研究解决农村物流示范县创建过程中的

相关问题,统筹协调各部门、各镇(区、街道)、各行业物流企业之间的关系。

(2)资金保障。如皋市委办公室印发了《2017 年加快推进现代农业发展的激励办法》(皋办〔2017〕89 号),其中围绕推进农村物流发展,分别针对发展本地龙头企业、新建农产品冷链物流和购置专用农产品运输车辆等工作设立配套补助资金。

(3)政策保障。结合如皋市实际,南通市人民政府印发《国务院办公厅关于推进电子商务与快递物流协同发展的意见》(国办发〔2018〕1 号)和《省政府办公厅关于推进电子商务与快递物流协同发展的实施意见》(苏政办发〔2018〕56 号)等政策。

2. 物流布局规划

(1)物流节点布局规划。如皋市打造"物流中心、物流园区和物流节点"三个层次的物流空间体系,如皋市物流布局的规划可概括为"一中心、二园区、多节点"的多层次现代物流结构模式。

(2)农村物流网络布局。目前,如皋市已建设三级农村物流网络,充分利用已经建成的超市、快递、便利店、村邮站、社区服务中心等网点,引导各行业网点进行融合,实现网点资源共享,推动农村物流降本增效。县级农村物流中心共有 3 个,快递和商超乡镇农村物流服务站 28 个,村级农村物流服务点 443 个。

3. 农村物流品牌打造

结合如皋市农村物流发展特点,用"如皋"拼音首字母"R/G"和"物流"拼音首字母"WL",组合设计成厢式货车造型,凸显如皋地域特色和物流行业特色。

4. 资源整合利用

(1)推进交快邮融合,实现农村物流站场资源共享。交通运输管理部门联合邮政、快递部门,将镇村公交首末站、村邮站、快递经营网点等农村物流服务设施与农村汽车客运站、交通管理所等交通设施资源共享,实现基层交通网点、快递网点、邮政网点的资源共享,促进农村物流经营主体之间加强业务合作,开展交快邮融合发展等。

(2)加强快邮融合,共用邮政快递末端网点等基础设施。如皋邮政在省、市邮政公司领导下,截至 2018 年 12 月底,共完成 8 个邮政支局建设(乡镇网点)和 200 个村邮站(村级网点)建设,已经覆盖所有乡镇和行政村。如皋市积极引导交通运输企业、快递企业加强与邮政的合作,依托邮政农村网点优势,整合网点资源,提高农村物流服务质量。

(3)推进农超对接,实现农产品产供销一体化服务。鼓励商超与农产品合作社开展合作,实现产销对接。新鲜优质的农产品通过加工与配送后在商超销售,既打通了农产品销售渠道,又为商超提供了优质货源,消费者也能享受到放心的农产品。

(4)引导快递企业联盟合作,开展共同配送。目前,在政府推动下,申通、圆通、韵达等快递公司开展合作经营,签订了企业合作经营协议,共同建设如皋电商快递物流园,共享农村物流网络节点。

(5)推进交商结合,实现日用消费品集中配送。如皋市内五家商贸配送企业共同组建了南通锐邦食品有限公司,依托县级配送中心和自有配送车辆,对如皋以及周边地区超过 3000 家商超共同配送,降低农村地区物流成本。

(6)推进客货同网运输,共享农村物流服务资源。如皋公共交通有限公司、申通速递和部分品德商超合作,依托现有的镇村公交线路,将快递包裹等通过镇村公交线路配送至乡镇、村级网点,实现客货同网。

(7)推进农村物流网点资源共享,提高网点利用效率。农村现有已经建成的超市、快递、便利店、村邮站、社区服务中心等网点,网点类型多,但较为分散,且各自运营。交通行业管理部门积极引导各行业网点进行融合,目前实现了品德超市网点与快递网点合作协议的达成,所有超市将纳入快递投放网点;部分快递网点实现多家快递公司合作运营、统一挂牌;村邮站与村公共服务中心结合在一起,为农村居民提供邮件快递的配送和收寄服务。

二、典型企业做法

1. 三级节点网络布局

目前,如皋市共有 3 个县级农村物流中心投入运营,乡镇网点布设充分依托原有的邮政、超市、快递等网点进行融合。如皋邮政负责经营乡镇农村物流服务站与快递共享网点资源;品德超市与快递企业进行战略合作,未来所有超市纳入快递投放网点;申通、圆通、中通等快递企业之间也强化合作,推进网点共享。目前,如皋市共有 28 个乡镇农村物流服务站投入运营,实现如皋市 11 个镇和 3 个街道的农村物流服务站全覆盖。服务站均具备中转仓储、分拨配送、信息查询、收寄等功能,并配有统一标识标牌。村级网点布设充分依托原有的邮政、超市、快递、行政服务中心等网点进行融合。如皋邮政负责经营村级农村物流服务点与村公共服务中心相结合;品德超市与快递企业进行战略合作,未来所有超市纳入快递投放网点。

①邮政网点。依托如皋邮政负责经营的站点有200个,与村公共服务中心结合在一起,为农村居民提供邮件快递的配送和收寄服务。

②品德超市站点。依托品德超市负责经营的站点为155个,主要提供农副产品配送和收寄功能。

③快递服务有限公司等快递网点。依托申通、韵达和圆通等7家快递公司各自经营的88个村级农村物流服务点,主要提供末端配送、信息查询和收件等功能。

2. 标准化物流装备投入

(1)快递运输装备。快递公司拥有各种运输车辆300多辆。其中,申通快递拥有厢式货车50辆、新能源汽车1辆、电动三轮车6辆,车辆均印有申通快递统一标识;购置标准化托盘约100个、叉车1辆、传送带140m、扫码枪60个、自动分拣机1台、自动安检机2台。目前,运输车辆已经全部投入使用,传送带、叉车、托盘和把枪投入使用,自动分拣机和安检机目前正在安装。

(2)公交车型开发。为破解公交带货存在的客货混装、安全隐患等问题,如皋市交通运输局牵头科研机构、车企共同参与,成立课题组积极与车辆生产企业联合开发"交邮融合"专用车型。新车型(已列入工信部目录)外观时尚、空间宽敞,前部载客后部带货,中间物理隔离,实现客货分离、封包带件。

3. 物流资源整合

(1)物流经营主体整合。申通、圆通、韵达三家快递公司开展合作经营,并签订了企业合作经营协议,共同出资建设如皋电商快递物流园,提高专业化仓配服务,并共同制订运输、配送计划,积极发展以城带乡、城乡一体的农村物流共同配送模式。

(2)物流运营网点整合。落实汽车客运站交快邮网点融合、交通管理所与交快邮网点融合、邮政+快递网点相结合、快递物流网点整合、商超+快递网点整合。

（3）物流运输线路整合。

①快递运输线路整合。申通、圆通、中通、韵达和EMS等快递公司开展农村快递末端统一配送服务。目前，各家快递公司共同制订运输、配送计划，积极发展以城带乡、城乡一体的农村物流共同配送模式，大大提升农村物流集约化和组织化水平。目前开通了白蒲镇、江安镇、下原镇和东城镇的共同配送线路，提高了快递配送效率，节省了物流配送成本。

②“客运＋快递”运输线路整合。如皋公共交通有限公司、申通速递和部分品德商超合作，依托现有的镇村公交线路，将邮政快递包裹等通过镇村公交线路配送至乡镇、村级网点。目前已经试运行吴窑镇立新村319路、江安镇周庄村328路、石庄镇思江村镇村公交等带快件线路运行，利用镇村公交非高峰时段带快递至乡镇、村级网点，既提高了镇村公交的利用率，也解决了快递配送“最后一公里”难题。

4. 运营模式创新

（1）共同配送，资源共享，建立农村快递配送企业联盟。各家快递公司共同制订运输、配送计划，积极发展以城带乡、城乡一体的农村物流共同配送模式，大大提升农村物流集约化和组织化水平。

（2）客货同网，实现“客运＋快递”资源共享模式。由如皋公共交通有限公司、申通速递和部分品德商超合作，依托现有的镇村公交线路，将邮政快递包裹等通过镇村公交线路配送至乡镇、村级网点，实现客货同网。

（3）网点融合，实现现有网点的资源共享模式。充分利用已经建成的超市、快递、便利店、村邮站、社区服务中心等网点，通过交通行业管理部门主动作为，积极引导各行业网点进行融合。目前，已实现品德超市网点与快递网点合作协议的达成，部分网点已经实现超市、快递和村邮站融合。

三、取得成效

1. 开辟了农村物流发展新路径

通过“政府搭台、企业唱戏”，探索出一条“资源整合、交邮融合、产业聚合”的农村物流发展新路径，推动全市农村物流向“网络化、集约化、精细化”转型。通过培育新增长极，有效解决了镇村公交载客量偏低和资源浪费问题。通过整合发展平台,有效解决了其他快递业服务网点只能到镇区,难以延伸服务到村居的弊端,让村民在家门口就能寄取快递。

2. 开启了客货同网多赢新格局

“交邮融合、客货同网”有效破解了农村物流行业壁垒、上下行单一等流通难题,实现了“双降双增双提”各方多赢新格局:降低了快递物流企业运营成本和农村群众寄取快件时间成本,增加了快递物流业务总量和快递人员营业收入,提升了社会效益和经济效益。据不完全统计,农村地区每件快递直接平均配送成本从1元下降至0.8元,每吨配送成本由125元降至105元,每年全市节约运输成本近千万元。申通、圆通、中通、韵达、邮政等快递公司还开通了白蒲镇、江安镇、下原镇和东陈镇的共同配送线路,降低成本可达40%~60%。

3. 开创了现代物流服务新样板

通过“借力发力”和“小切口”推行“交邮融合、客货同网”改革试点,全市农村物流体系在网络化、集约化、精细化方面得到全面提升,实现重点镇区、边远区域、特色农产品产销、旅游产品推广等多行业、多领域融合发展,为农村群众提供一站式、零距离、多维度现代物流新服务,打造出如皋现代物流服务新样板。

案例 6-3 新沂市“交通 + 电商 + 邮政”服务品牌

新沂市位于江苏省北部,东靠东海、沭阳两县,南隔骆马湖与宿迁市相望,西接邳州市,北邻山东省郯城县,位于“一带一路”黄金交汇处,江苏省沿陇海物流通道、沿运河物流通道、沿海物流通道交汇点。新沂市坚持“资源共享、多站合一、功能集约、便利高效”的原则,依托本市农村电子商务特色产业,结合本地交通运输和邮政快递产业,深入推进生活快消品和农资电子商务镇村配送服务,利用公交站场和公交车辆资源开展快消品、快递的存储与客货协同运输,同时利用邮政布设在行政村的“村邮站”开展快递进村服务。

一、新沂市主要做法

1. 政策支持,资金保障

新沂市成立由分管副市长任组长,市交通运输局局长任副组长,市供销社、市商务局、市农业农村局、邮政公司和各乡镇（街道）等单位主要负责人为工作小组组成人员，共同成立创建了农村物流示范县（市、区）领导小组，统筹领导协调全市物流业的发展，协调解决物流业发展中面临的重点和难点问题。为进一步推进农村物流的发展，加快发展现代农业、促进农民增收，新沂市对农村物流经营企业作出了具体资金补助措施，设立专项财政资金和农村物流示范县创建资金补助。

2. 依托特色产业，促进融合发展

依托县级生活快消品、农资等电子商务产业优势，形成新沂市特色产业集群，为农村物流提供产业基础，以加盟形式创建镇村级快消品和农资网点。最终将生活快消品、农资依托手机客户端平台发布给新沂市镇村级网点，并进行镇村运输配送，促进农村电商与物流融合发展。通过农村电子商务产业群，可带动新产业新业态发展，确保农村物流经营企业稳定盈利，从而形成农村物流的可持续经营机制，并打破“最后一公里”制约瓶颈，提升物流基本服务能力。

3. 整合交通资源，发挥行业优势

（1）充分整合交通枢纽、场站资源。利用县级交通枢纽和镇级客运站的空闲站房，开展对快消品、快递的存储和销售，将县级客运站打造为快消品、快递的前置仓，为镇级客运站进行快消品、快递的分拨配送，充分整合交通枢纽、场站等交通资源，与快递、快消品电商融合发展，以商养运，有效利用闲置站场资源，降低建设镇级网点成本。

（2）整合运输资源。利用县级客运站公交车辆资源，开展公交车辆客货协同运输。将前置仓县级客运站的快消品、快递通过公交车辆配送至镇级客运站，充分整合运输资源与快递、快消品电商融合发展，创新客货同网的特色配送模式，提高了农村物资运输的时效性和便捷性，健全了快消品、快递配送服务体系。

（3）整合邮政网络资源。“村邮站”是邮政服务广大农民的终端，是农村快递投递的最后一个环节，新沂市“村邮站”网络建设已基本完成，下一步将完善“村邮站”功能，推动邮政快递公司以村级“村邮站”为载体，开展对快递的村级配送和收寄服务，完善村级快递配送网络，实现农村物流快递进村和快递收寄渠道的双向畅通。

4. 三级物流网络节点建设

在农村物流网络体系布局上，采用“县级中转、乡镇级分拨、村级配送”的原则定位，即按照县级农村物流中心、乡镇农村物流服务站、村级农村物流服务点三个层级的架构，打造3个县级农村物流中心、46个乡镇农村物流服务站、598个村级农村物流服务点。

二、典型企业做法

1. 创建独立品牌，培育经营主体

为了打造培育属于新沂市特有农村物流品牌，新沂市公路港有限公司和徐州惠腾达供应链管理有限公司共同成立“惠新农”作为新沂农村物流品牌名称。同时，鼓励支持区域级骨干企业作为农村物流市场主体。

2. 货物运输配送组织优化

组织开展邮政快递共同配送、开辟生活快消品运输专线、探索客货同网等多种运输模式，从而优化货物运输配送，降低农村物流运输配送成本。组织开展集中配送、共同配送，探索客货同网运输。

3. 农村物流信息平台整合

徐州惠腾达供应链管理有限公司建设信息平台用于农村物流发展，具体包括：仓储管理系统WMS、运输管理系统TMS、前端收银系统POS、进销存系统ERP、客户关系管理系统CRM和线上订货商城App。

三、取得成效

1. 农村物流降本增效明显

通过推进农村物流发展，将运输企业、站场企业、邮政快递、镇村客运、商贸企业、供销系统等的站点网络、运输网络、信息网络整合到农村物流发展中，实现了节点共建共享、网络互联互通，有效整合了分散的农村物流资源，发挥了交通、商务、供销、邮政等多部门多行业的整体服务效能，有效减少物流各方在资产、运输、仓储、人员等方面投入，直接降低各项成本，提高物流效率，经济效益提升明显。

2. 带动农村产业结构调整

发展农村物流可以有效将农村社会的第二、三产业连接为一体，利用物流产业所具备的一整套运输、仓储、加工、包装以及装卸和搬运功能，使农村形成产业化规模，这对新沂市农村地区大有裨益。同时，农村物流可以充分开拓市场，在改变农村单一产业结构的基础上，为相关企业提高收益，解决农民的就业问题，从而进一步拉动企业投资、加大农村基础设施建设，振兴整个农村的经济。

3. 带动当地经济增长

新沂市农村物流品牌建设对当地经济具有明显的拉动作用。首先，本次通过农村物流品牌建设建成的农村物流三级网络节点必然会激发对当地服务业（如住宿、餐饮、娱乐、购物、交通邮电等服务）的需求，从而带动新沂市相关产业相应的发展。其次，重点支撑项目的基础设施建设也会刺激当地基本建设投资，如在生产过程中需要更新各种设备，需要一定数量的工作人员，这些项目的运营活动本身所产生运营费用的支出，将促进相关生产部门产品和收入的增加，这些生产部门的生产将带动其上游相关产业的发展，促进上游整个产业链发展。

4. 增加就业机会

农村存在着大量的剩余劳动力，失业及隐性失业现象严重。新沂市农村物流的发展在制造商机的同时，也增加了对就业人员和岗位的需求。新沂市就业机会的增加，在一定程度上缓解了城市的就业压力，有利于农村新的社会分工形成，有利于开辟新的就业门路，如配送、维修、仓储管理等职业是新的就业增长点，这对于新沂市农村剩余劳动力问题的解决，将起到重要的作用。

其中，徐州惠腾达供应链管理有限公司提供了直接劳动就业人数 60 人，间接就业人数（镇村合作商超）达 4000 余人；新沂嗖嗖快递物流有限公司提供了直接劳动就业人数 110 人，间接就业人数（镇村级快递站）30 余人；新沂市供销电子商务有限公司提供了直接劳动就业人数 16 人，间接就业人数（镇村级农资站）100 余人。

5. 增加农民对农村物流服务的满意度

为了解农村居民对新沂市农村物流服务质量的满意度，结合示范县创建现状，交通局设计了《新沂市农村物流服务满意度调查问卷》，并随机在多个行政村发放 50 份调查问卷。据统计，调查问卷共回收 50 份，回收率达到 100%，根据回收的问卷，居民对农村物流服务的满意度较高。

6. 提高农民生活水平

发展农村物流使得农村地区物流基础设施建设加快、物流环境改善、物流意识提高，最终让农村物流的快速通达性更强，城市消费品能够以更低的价格、更快的速度进入农村市场，从而提供规模化、专业化、信息化的农村物流服务，有效解决快递、生活快消品、农资等产品进村下乡的“最初一公里”和“最后一公里”难题，使得农村网购更加便利，取货、收货更加便捷，可购买与城市居民一样质优价廉的生活商品，极大方便了农村居民的生活。

7. 增强市场竞争力

通过推进新沂市农村物流发展，形成一批各具特色、行之有效的农村物流运作模式，运输企业、站场企业、邮政快递企业、商贸企业、电商企业等不同类型、不同行业的企业能够充分发挥各自优势、充分利用他方优势，从而降低成本、提高效率，增强企业竞争力，提高企业利润率。

8. 促进农业社会化服务体系的建设

新沂市成立以市为中心的农业信息网络门户——新沂市农资产业园，并构建农资供应、测土配方施肥、统防统治、物流配送、综合服务一体的全过程社会化服务体系，使农业产量质量明显提高，农民增收成效显著。同时，开发农业信息服务的相关手机客户端，充分利用互联网技术和运营商资源，搭建多元化的惠农信息服务渠道，让小农户可以随时随地方便快捷地查询相关信息和购买农资产品。

案例 6-4　盐都区“共享交 + 资源，联动城乡发展”服务品牌

盐都区地处苏北平原腹部，位于江苏省盐城市中西部，东北面与盐城市亭湖区相连，东南角与大丰区接壤，南与兴化市隔河相望，西北与宝应、建湖两县毗邻。盐都区紧紧围绕“政府主导、部门主推、企业主创、融合发展”的工作思路，塑造盐都区农村物流“共享交 + 资源，联动城乡发展”特色品牌，形成“1 个指挥中心 + 2 大主业 + 3 级物流网络 + 4 家经营企业 + 5 个深度融合”的农村物流服务体系，打通农村物流“最后一公里”，全面助推乡村振兴战略。

一、盐都区主要做法

1. 创建农村物流示范县领导小组

由区政府副区长担任小组组长，区各有关部门的主要负责人担任小组骨干，

领导小组下设办公室,办公地点设在区交通运输局。建立由政府统一领导,交通运输、农业、供销、邮政管理等多部门共同参与的农村物流发展协调工作机制,加强农村物流的工作对接,开展多种形式的合作,及时协调解决有关重点和难点问题。

2. 加大资金投入、提供有力支持

加大对重点项目的资金支持。交通运输、农业、供销、邮政管理等部门对上级财政的农村物流服务体系发展专项资金积极争取,扶持引导站场设施建设、邮政“三农”服务站和农村快递网点建设、设施装备改造、信息系统建设、组织模式创新等具有较强公益性的项目。建立健全交通运输、农业、供销等对农村物流的支持资金渠道,加大对重点项目的政策倾斜和投入力度。

3. 壮大城乡物流经营组织

在全区积极培育和发展具有较强竞争力的物流企业,引导支持中小农村物流企业建立联盟关系,从而培育农村物流经营主体,而盐城市盐都区交通运输局、商务局、供销合作总社、农业委员会、中国邮政集团公司盐城市盐都区分公司为共同创建单位,共同推进盐都区农村物流的创建。

培育区域级骨干企业为农村物流经营主体。鼓励、支持规模较大、基础较好的第三方物流企业,延伸农村经营服务网络,推动农产品物流企业向产供销一体化方向发展。鼓励中小商贸流通、物流企业采用联盟、合作等多种形式,实现资源整合与共享。支持农村物流骨干企业以品牌为纽带,采用特许加盟等多种方式,整合小微农村经营业户为农村物流经营主体,改善农村物流市场主体过散、过弱的局面。规范农村物流市场中介组织经营行为,发挥专业化服务功能。

二、典型企业做法

1. 建成城乡物流网络体系

坚持部门协同和资源整合,通过新建或升级物流中心和站点,建立层次分明、覆盖全区的区镇村三级农村物流网络节点体系。以滴滴速配供应链管理有限公司和盐城郑明现代物流有限公司为依托,通过提升功能、拓展服务为重点,建设盐都区农村物流区级服务中心;采取加盟的方式完善布局镇级物流点,镇级站的规模、功能将根据各乡镇职能的不同,体现差别化;健全村级物流服务点,布局兼顾农村电商、快递代收等功能。

2. 推动城乡物流融合发展

创新融合发展模式，秉承“资源共享、互利共赢”的原则，建立区级物流运营分拨中心、镇级物流服务站、村级物流服务点的机构管理和工作职责，规范农村物流配送业务流程。积极探索跨部门联合运营管理，提高物流网点综合利用率，提高农村物流整体运营效率。整合多方资源，实现资源共享。依托三级网络联合中大型生产企业、物流企业、工业企业、商贸企业和物流园区，畅通和完善农副产品、农业生产、日用生活资料商品化渠道，打通城乡物资流通双向通道。

（1）农村物流创新资源共享、融合发展模式——打造城乡融合一体化。

为了降低物流运营成本，盐城滴滴速配供应链管理有限公司整合社会资源，将自身的仓储配送中心打造成城区物流配送中心，将上、下游供应商们通过加盟合作整合起来，通过自营车辆和人员，并结合供应商原有的专业人员、物流车辆、设备设施，实现共享仓储，共享业务人员，共享物流车辆，共享城乡配送，共享设备设施、共享物流信息等。

（2）农村物流创新运输组织模式——打造客货共配模式。

盐都区交通运输管理部门主动牵头，联合邮政管理部门和盐城滴滴速配供应链管理有限公司旗下的快递及商贸企业经营主体稳定货源，将镇村公交首末站、镇级物流服务站、村级物流服务点等农村物流基础网点服务设施整合到汽车客运沿线站点内，打造客货“同网共配”模式。利用公交“定时、定班、定线”特点，实现农村物流的班线化，促进农村物流体系运作，向主体多元化、模式多样化、服务多种化的方向发展。

（3）农村物流创新运营产业发展模式——打造电商快递产业。

盐都区的电商平台企业“广电猛购”是由滴滴速配与广电集团合资经营，集合互联网线上销售与线下实体店和仓储物流配送于一体的供应链管理公司。公司不仅是专业的供应链电子商务服务平台，更是一家集仓储、物流配送、电子商务于一体的生态性公司。借助滴滴速配充足的仓储、各家代理商海量商品库存和物流配送平台优势，广电猛购发挥自身作为数十种品牌一级代理商，并且与其他代理商形成的生态伙伴关系，在品牌品种的数量、货源渠道保障及产品价格方面拥有着综合优势，通过线上、线下的快速联动以及物流配送等综合服务满足盐都人民对快消品的需求。平台通过“猛购小店”App 进行线上销售，系统收到来自城市和乡镇客户的订单并对需求订单进行汇总，最终由滴滴速配平台旗下的快消中心和快递中心进入统仓共配平台实行当日到和“T+1”的快速派送，借助盐都区三级农村物流服务网络快速配送至各个镇村网点。

3. 完善物流基础设施建设

(1)建设标准化、科技化、绿色化农村物流装备体系。结合盐都各区域物流运输需求特点，制订符合本区物流发展需求、适应道路通行环境的车辆选型技术标准，大力推广宣传冷藏、厢式、平板式等专业化运输车辆，并加强车辆审核监管，喷涂专用标识和相关品牌标志，提高辨识度和品牌推广度。

(2)结合新兴的科学技术，升级改良传统包装、分拣、装卸、流通加工等设施设备，实现农村物流装备的科技化、绿色化水平，提高农村物流的作业效率。

(3)加大新能源汽车使用率，配置先进的冷链物流运输装备，保证农产品的全冷链过程。

4. 加强城乡物流信息化建设

盐都区物流企业积极创建物流信息平台和加大农村物流信息技术人才引进。目前，创建的物流信息平台能够与电子商务平台结合，上下行功能完善，能够实现货物全程监控与追踪。盐都农村物流信息平台位于滴滴速配供应链管理有限公司城乡物流共同配送指挥中心内。平台主要功能为对物流车辆实时监控、报表分析、运营管理三个板块，平台的开发对车辆调度、安全管理、运营成本分析、配送人员考核提供技术支撑，强化了农村信息化水平，解决物流配送、运输车辆调配、货物跟踪、数据管理等问题。

三、取得成效

1. 有效整合农村物流资源，降低物流成本，提高配送效率

通过推进农村物流融合发展，将运输企业、站场企业、邮政快递、通村客运、商贸企业、供销系统等的站点网络、运输网络、信息网络整合到农村物流发展中，实现节点共建共享、网络互联互通，有效整合了分散的农村物流资源，发挥了交通、商务、供销、邮政等多部门多行业的整体服务效能，可以减少物流各方在资产、运输、仓储、人员等方面投入，直接降低各项成本，提高物流效率，经济效益提升明显。单车平均配送里程、覆盖范围、覆盖率、去程单车实载率、回程单车实载率都

有所提高;平均配送成本较创建前降低 15% ~20% ,降本增效明显,推动了农村经济结构调整,拉动农村经济增长。

2. 带动农产品销售

由于受到储存和运输的限制,农产品的销售渠道比较单一、销售半径较为狭窄,一般都销往本地或者等待上门采购。对于农业生产而言,盐都区农村物流项目中的农产品交易平台使产品突破了时空的限制,降低了交易信息的不对称程度,使交易主体多元化,拓宽了农产品的销售渠道,带动了农产品的销售。

3. 增加农民脱贫致富途径,提高农民收入水平

通过推进农村物流融合发展,进一步降低农产品外运物流成本,解决农产品"卖出"问题,增强农民发展种植业和养殖业的积极性。农民通过现代物流技术,发展现代农业、规模农业,直接对接市场,收入水平明显提高。

4. 提供优质可靠物流服务,增加农民满意度

通过推进农村物流融合发展,农村物流的快速通达性更强,城市消费品能够以更低的价格、更快的速度进入农村市场。农村网购更加便利,取货、收货更加便捷,广大农民能够购买与城市居民一样质优价廉的商品,极大方便农村居民生活。根据农村物流方面农民满意度调查显示,盐都区农村百姓对农村物流服务给予一致的好评,对现阶段农村物流送货效率、服务质量等满意度很高。

5. 推广物流运输车辆标准化,减少行业能源消耗

积极引导物流企业使用标准化车辆和新能源汽车,逐步淘汰老旧车辆,优化农村物流站点的布局,提高运输效能,显著减少资源的消耗和污染的排放,对节能减排目标的实现和生态环境的改善都有重要的意义。

6. 增加就业机会

盐都区农村物流的建设在制造商机的同时,也增加了对就业人员和岗位的需求。各物流节点和物流网点在运营中,都出现了对物流运作、服务管理方面的人才需求,这便为盐城市增加了就业机会,在一定程度上缓解了城市的就业压力。其中,与滴滴速配供应链管理有限公司签订了配送合同的员工达到 17 人,更是带动了 249 个镇村农村物流网络站点的百姓就业。此外,本项目的建设可使项目直接就业人员的收入水平提高。从相关产业看,项目建设也会带动当地农产品、农资产品、快消品以及餐饮、汽车、维修等服务产业间接人员收入的增加。

第七章　浙江省农村物流服务品牌

案例 7-1　宁海县“集士驿站”服务品牌

宁海县地处浙江省宁波市最南部，濒临三门湾、象山港两大港湾，接壤天台山、四明山两大山脉，2020 年基本建成“一环八射二纵”的公路主骨架网，实现“镇镇通国省道、镇镇通一级公路、村村通等级公路”。宁海县把发展农村物流作为乡村振兴的重要抓手，以“多方合作、融合发展”的思路，不断深化客货邮合作，打造客货邮综合服务站，创新集士驿站模式，打通乡村物流“最后一公里”，推进了宁海公交、邮政快递企业等运力资源和网络资源的整合，实现多方共赢。

一、宁海县主要做法

1. 顶层设计

(1) 宁海县人民政府出台的文件及内容、支持政策。

宁海县物流办出台《宁海县现代物流业发展专项资金使用管理办法》(宁物流办〔2020〕4 号)，确定农村物流发展相关奖励支持政策。一是对建设乡村标准、示范、旗舰集士驿站的投资主体分别给予 2 万元、4 万元、6 万元奖励。二是对开通快递进村公交专线的公交企业，每开通一个乡镇给予 3 万元奖励。三是对年快递费用排名前六的本地农业经营主体，按年度产生的快递费用给予 10% 的补助，单个补助不超过 10 万元。

(2)对全县农村物流的统筹规划。

在《宁海县十四五现代物流业发展规划(2021—2025)》中提出以打造全国农村物流发展先行区为目标,具体内容为:以高水平发展“集士驿站”为抓手,以“城乡公交邮路”为支撑,加快推进集士驿站布局优化、“一点多用”、产业联动和数字赋能,推动物流与工农商贸业联动发展,实现城乡物资双向流动,着力打造城乡统筹、内外经济双循环全域一张网,创建交通运输部客货邮融合发展样板县,成为全国县域农村物流发展的标杆。

(3)建立的工作机制。

分管副县长挂帅成立集士驿站推进工作专班。2019 年底,宁海县设立了宁波市首个县级邮政管理机构,与宁海县交通局合署办公,实现交通、邮政的机构统一。在此基础上,由交通局牵头,整合交通、农业、商务、供销、邮政、政务办、乡镇(街道)等 20 余家部门单位资源力量,组建农村物流生态联盟(集士驿站)推进工作专班,明确各部门单位工作职责,形成工作合力。

(4)宁海县乡村物流体系建设。

由政府统筹,企业参与建设,全力统筹县乡村物流体系建设。建立县域物流分拨中心。在宁波市率先打造县域农村物流分拨中心,目前已经集聚邮政、通达系等快递、快运和零担企业,承载着农村货物和快递下乡的重要分拨功能,实现了在农村物流分拨中心的统一揽收和统一配送到农村网点的模式。同时,在镇区依托客运站或乡镇快递服务点打造镇级物流节点,农村物流节点已完成 354 个物流节点布局,重点在原有基础上打造乡村集士驿站。

(5)出台标准规范。

①制订公交客货联运车辆标准。目前,宁海县公交公司已专门采购全国首批城乡运输客运物流空间共享车,实现客货物理隔离。正在制订《“公交客货联运”标准化车辆管理办法》,努力争取参与国家和省级“公交客货联运”标准化车型制订工作。

②制定快递末端电动三轮车管理标准。宁海在探索推进邮政快递专用电动三轮车“一牌、二证、三方、四统一”标准化建设的基础上,已助推宁波市制定出台《宁波市邮政快递专用电动三轮摩托车管理办法》(甬邮管〔2019〕20 号),成为全国第一个将快递电动三轮车按照三轮摩托车上路通行政策进行管理的县市,并积极参与全省、全国邮政快递专用电动三轮车摩托车标准制订工作。

③制定快递服务站点建设标准。制定并出台《宁海县“集士驿站”规范化建设标准》，从基本要求、室外配置、室内配置、管理要求四个方面，明晰“标准型”“示范型”“旗舰型”三种驿站建设标准，将继续参与全省、全国乡村快递服务站点的标准化建设工作。

(6)推进资源整合。

①推进农村物流服务点功能整合。以“多方合作，融合发展”的思路，组建涵盖公交公司、快递企业、农商行、移动、人保、农商贸本地知名企业、驿站达人等50家成员单位的农村物流生态联盟，明确各自职责和义务，推进联盟成员生态共生，同时各品牌资源向集士驿站集合，打造“多站合一”。

②推进县域快递资源整合。2020年，引进第三方平台企业——宁海冠合供应链有限公司，投资5000余万元整合中通、圆通、韵达和申通4家快递企业资源建成了县域快递末端共配中心，引入自动化分拣线，日均处理能力达21万件，每小时操作量提升80%，操作人员减少1/3，快递送达村户时间平均缩短0.5天、效率提升1倍以上。

2. 扶持政策

(1)在农村物流节点方面。

对建设乡村标准、示范、旗舰集士驿站的投资主体分别给予2万元、4万元、6万元奖励。

(2)在农村公路建设方面。

欠发达乡镇新建农村公路按每公里160万元予以补助，一般乡镇新建农村公路按每公里90万元予以补助，由市县财政1∶1配套。

(3)在农村货运班线运营补贴方面。

对开通快递进村公交专线的公交企业，每开通一个乡镇给予3万元奖励。

(4)在装备技术方面。

鼓励快递企业应用自动化分拣设备，当年投资总额在100万元(不含税)以上的，按投资额6%给予不超过100万元的补助。规范邮政快递专用电动三轮摩托车管理，2021年底前，人证合一新购置的邮政快递专用电动三轮摩托车，每辆给予所属快递企业1千元补助。同时由集士驿站科技有限公司为每个集士驿站配置视频监控、扫码枪等装备。

二、典型企业做法

由宁海县交通集团成立宁海县集士驿站科技有限公司，专门推进客货邮融合发展农村物流新模式，全面负责集士驿站建设运营和管理。

1. 网络节点共建共享

（1）打造客货邮综合服务站。在汽车东站、西站、南站、乡镇客运站和物流中心建设客货邮综合服务站，逐步形成覆盖全县的乡镇转运体系，承担乡镇快递分拣功能，并通过公交组网运输至乡镇的末端农村物流服务网点。目前，日均快递包裹转运量达到9000件，实现6个乡镇的服务覆盖。

（2）创新集士驿站模式。创新提升改造农村物流服务点，按照“村庄环境优美、驿站用房位置佳、驿站人员劲头足、驿站功能布置全、驿站管理章法齐”原则建设集士驿站，为群众提供物流寄递、代销代购、便民缴费、助农取款、农财险办理等一站式服务，实现多站合一。目前，全县已完成45个集士驿站建设。以东部乡镇越溪乡南庄村集士驿站为例，目前，日均进村包裹由原来的四五十件增加到了近一百三十余件，既方便了农村居民快递取寄，又带动了虾干、青蟹、白枇杷等农产品走出农村。

2. 运力资源互补互用

（1）推进客货运力整合。成功推动宁海县公共交通有限公司成为全国首个拥有快递经营许可证的公交企业；专门配置标准化快递环保专用箱，定制配备全国首批城乡客货邮公交车，实现了客货物理隔离；全县42条公交邮路、63辆城乡客货邮公交车参与农村物流运输服务，实现公交创收控亏和物流服务强化的有机结合。全县客货联运物流配送能力达109.5万件/年，降低农村物流整体成本20%以上。

（2）同城运力资源整合。充分整合美团、邮政、货拉拉等运力资源，全面参与同城配送，实现乡村农特产品从城区客运站后快速送到用户手中，城区日用品更便捷地到达农村老百姓手里，真正实现城乡物流大流通，有效促进县域经济消费。

3. 多方融合发展

重点打造集士驿站城乡客货邮多跨融合数字化应用新模式。聚焦浙江省政府浙里快递监管跑道，重新统筹设计物流布点、物流寄递、物流促销、物流惠农四大子场景。

一是物流布点子场景。以涉农人才库、村庄资源库为依托，创新打造“两审两库”（乡村驿站站长审核、乡村驿站建设申请审核、涉农人才库、村庄资源库）关联推荐数据模型，用数据导向重塑物流布点业务流程，让农村物流布点更精准。

二是物流寄递子场景。对快递进村（出村）总量、快递链路、富余运力等进行数据综合分析，精准调配各链路公交车运营数量，让物流链路更科学，同时还增加快递链路安全监测、邮寄违禁物品数据共享等功能模块，实现物流寄递业务闭环。

三是物流促销子场景。基于原“集士驿站”线上、线下商城的数据资源，对当前热销农产品指数、各村消费品购买力指数、各驿站销售能力指数进行分析、排名，为调整销售策略及政府决策提供数据支撑。

四是物流惠农子场景。从解决“农产品供需信息不匹配”的核心需求出发，增加“农产品撮合交易平台”功能模块，面向农民、农业大户、农村合作社等农业主体及企业、个人等消费主体提供线上撮合服务，并在“治理端”搭建农产品撮合交易信息量分析、排名功能模块，对可能存在的农产品滞销情况进行分析预警，最终运用该场景带动乡村共同富裕。

三、取得成效

1. 实现了企业降本增效

通过客货邮融合发展，推动了宁海公交、邮政快递企业等运力资源和网络资源的整合，实现了多方共赢。对于公交公司而言，充分发挥国有资源在经济市场的有效竞争力，开拓公交邮路，参与农村物流运输保障，实现创收，减亏控亏，减轻政府资金压力，目前每天 9000 件下行的快递包裹可以为公交公司每月创收 6 万元。对于邮政快递企业而言，原先一家民营快递企业想要将快递包裹送达偏远村，需要雇佣一名专职驾驶员，增加一辆专线车辆方可实现，物流成本达每月 6000 元，现“公交带货”后，直接降低了邮政快递企业的经营成本。

2. 推进了城乡物流服务均等化

依托公交邮路，打通城乡物流“最后一公里”，实现了快递进村和农产品进城。以黄坛镇偏僻的高山村弘杨村为例，原来村民取包裹只能到镇里取，公交邮路开通后，每天包裹直接进村，激发了村民消费欲望，让村民体验到了城里的生活。

3. 保障了农村物流服务点可持续经营

宁海新型的农村物流服务点——集士驿站是归集各种资源，汇聚多方人士共同参与乡村建设，并以网络化、智能化打造新型的“集市”模式，确保了农村物流服务点可持续发展：

一是精选站长，充分联动县农业农村局、县商务局、县邮政管理局、团县委、县妇联、乡镇街道等部门，将农产品电商销售达人、返乡创业青年、宁海巧娘、手工艺能人、民宿经营人和村级网格员等人士选择作为站长，充分赋予集士驿站创业创新的最强基因。比如，胡陈乡西翁村集士驿站结合当地的麻糍馆吸引当地农电商销售达人加盟，2020 年仅当地农产品销售就达到 150 万元。

二是拓展收入，专门成立宁海县集士驿站科技有限公司，以公司化推进集士驿站运营，出台站长奖励考核办法，助推实现驿站创客化。集士驿站不仅可以给站长原有业务赋能，而且还可以实现其他项目的创收，主要是 50 多家入驻集士驿站品牌服务收入，尤其是集士驿站在线商城专门推出“逛集士驿站、享宁海农特”板块，让每个驿站有了自己的专属电商频道，并配置了直播窗口，让农产品进城有了更广阔的销售渠道。以越溪乡南庄村集士驿站站长王佳为例，他原为村级网格员，兼任集士驿站站长后，其每月增收 4000 元。

4. 助推了乡村产业发展

挖掘各驿站所在村庄及周边农业资源，开通集士驿站在线商城，现已入驻 7 个驿站、50 余家本土企业，并通过当季水果展销、网红站长带货等方式，成功推销了当地农产品，涌现出了“蟹大人”“何九桃”等一批本土特色农产品，助力农村创业就业 500 余人。特别是南庄村集士驿站成功培育“南庄虾干”品牌，累计销售 1 万斤，增加收入 30 万元，还吸引了 1800 万元农业观光项目投资意向。

案例 7-2　柯桥区“交邮 + 供销”服务品牌

柯桥区为浙江省绍兴市市辖区，位于浙江中北部地区，南靠会稽山，北濒钱塘江，地势呈现“西南高、东北低”的阶梯形格局。东邻上虞区、越城区，南交嵊州市、诸暨市，西界杭州市萧山区、钱塘区，北隔钱塘江与嘉兴市海宁市相望。柯桥区通过多部门协同合作，共同构建新供销城乡商贸流通服务体系，实现仓库共享、车辆和人员共享、网点资源共享的发展模式，打造城乡商贸流通一体的农村物流服务体系。

一、柯桥区主要做法

柯桥区区委办出台《关于高水平建设“四好农村路”的实施意见》(区委办〔2018〕110号),大力发展农村现代物流,实现城乡对接,加快农副产品、农资、生活用品的流通。利用“供销·淘实惠”农村电商服务平台、邮政集散中心、快递分拨中心、依托乡镇农村客运站、邮政局(所)、快递网点和农资经营服务点等资源,新建、改造、提升村级农村物流服务点260个以上,力争覆盖全区所有行政村。鼓励“多站合一、资源共享”,搭建“区级物流配送中心、片区分拨中心、乡村服务网点”的三级物流网点体系。加快实施“互联网+农村物流”,推动、提升农村物流信息化应用水平,引导农村物流与电商平台加大合作力度,促进深度融合。

2018年,柯桥区区委又进一步出台《关于印发〈全面实施乡村振兴战略率先高水平推进农业农村现代化行动方案(2018—2022年)〉的通知》(区委〔2018〕35号),明确加快融合城乡快递、物流资源,推进一个区级集散中心、四个物流配送中心的城乡电商物流统筹体系建设。高水平推进“四好农村路”建设,全面消除“等外路”“差等路”,完成农村公路提升改造400km、水运航道升级改善40km,全面提升农村公路路况水平和技术等级,道路优良率达到90%以上。

实施全区公交候车亭建设改造五年计划,理顺公交候车亭建设管养体系,基本实现较大自然村(户籍人口300人以上)公交线网全覆盖,行政村物流网点全覆盖。2018年7月,柯桥区交通运输局印发《关于深入贯彻四好农村路建设精神加快推进农村物流发展的通知》(绍柯交〔2018〕52号),制定农村物流网点建设2018—2020“三年计划”,明确目标任务,并将农村物流网点建设纳入镇(街道)年度岗位目标责任制考核内容。同时,划拨专项资金,每个网点建设可获得补助2万元。

2020年,为应对山区农村物流发展问题,绍兴市柯桥区人民政府召开专题会议,形成《关于山区农村电商物流服务“村村通”工程建设的专题会议纪要》(〔2020〕16号),吹响山区农村电商物流服务“村村通”工程。当年完成农村电商物流服务行政村全覆盖。主要做法如下:

1. 政府统筹,构建农村快递物流辐射网

(1)一村一策,规范化建管末端网点。该区按照“一村一策”原则,叠加整合村邮站、村便民服务中心、文化礼堂、个体超市商店、电商培育中心和再生资源回收站等现有服务网点，根据“四好农村路”物流服务点和快递末端标准化新建改造要求，实行规范化管理。目前，全区214个行政村已完成村级综合服务站或快递末端基础设施建设，站内配置邮快软件、扫描巴枪、监控探头、包装绿色回收箱、电子秤、面单打印机等标准化设施设备，实现村级邮快件(农产品)投递、自取和揽收“一站式”服务。

(2)区级中转，集约化布局中端平台。充分考虑线路投递、人员配置、业务量水平等综合因素，通过权责分明、互利合作等方式，建设快递物流区域中转站，并引导快递企业入驻。如王坛、稽东等5个山区乡镇82个行政村实行村级综合服务站和片区中转站同步新建的方式，目前平水、湖塘区域中转站已入驻“四通一达”等主要快递品牌企业，集成按址分拣、共同配送、自行投递、揽收交发等功能，既集约节约，又提速增效。

(3)共配寄递，高效整合前端资源。采用先行先试“政府搭台、邮快合作”模式，整合前端快递资源，明确政府方(区交通运输局、区供销社、属地镇街)与委托运营服务方(邮政公司、物流公司)、委托运营服务方与数据平台服务方、委托运营服务方与各品牌快递物流企业以及政府方、委托运营服务方与村级综合服务站点经营者等四个条块的权责义务，完善成本分担、利益共享机制。

2. 强化保障，挖掘现代物流发展新潜能

(1)分类推进，落实快递进村财政保障。分类推进农村物流体系软硬件设施，在市场培育期三年内，对村级综合服务站及中转站建设和运营补助资金，实行区级财政全额保障。将新建87个村级综合服务站和2个区域中转站纳入山区电商物流“村村通”工程，截至2020年底已按政策兑付财政补助资金700余万元。将改造的113个村级快递收寄服务点纳入“柯桥区快递业‘两进一出’工程试点工作补助”范畴，由区财政拨付项目资金178.4万元。

(2)低碳环保，推动快递物流绿色转型。以“无废城市”试点建设为契机，探索农村物流低碳、绿色发展。目前，柯桥区快递电子面单使用率达100%，“瘦身胶带”使用比例达90%，65%的电商件不再二次包装，快递处理场地循环中转袋使用率90%以上，全区城乡快递营业网点实现快递包装回收装置全覆盖。大力发展低碳运力智慧监管，全区1050辆标准快递电动三轮车均已纳入“天邮智联”管控平台。

（3）提升技能，完善快递人才支撑体系。开展“快递从业人员素质技能提升”“合法权益保障”两大工程，完善人才引进、培养和激励机制，率先组建柯桥区快递物流流动党支部，党员带头，提升物流人员职业认同感。健全物流从业人员职称评审办法，采取定向定岗等方式，开展电子商务、快递职业技能等适岗需求技能培训。2021 年，全区快递物流从业人员职业技能培训达 800 余人次，快递物流配送人员收入增长近 10%。

二、典型企业做法

新供销城乡商贸流通服务体系由柯桥区供销社投资规划，主要落实主体为绍兴柯桥新供销供应链管理有限公司，新供销和浙江益统物流合作，共同推进“交邮 + 供销”模式，打造城乡商贸流通一体的农村物流服务网点。

新供销城乡商贸流通服务体系旨在通过商贸业务、快递业务和农产品上行业务员整合来跨品牌统建分拨仓、集成运力和设置基层网点之间的协调关系，实现仓库共享、车辆和人员共享、网点共享的共建共享模式，达成由点盖面的网格化管理系统，从而节约资源、提高效率。该项目先在柯桥区的福全街道、兰亭街道和漓渚镇三个镇街为试点范围，目前以“最后一公里”配送业务为主，探索出了网点、仓库、车辆、设备和人员共建共享的统一化配送模式，后在全区所有乡镇推广。截至 2021 年底，柯桥区三个镇街的快递统仓统配试点工作已经完成，共建成村级物流服务网点 214 个，覆盖试点区域所有的行政村。区域的快递公司实现场地、设施、人员、车辆的一体化，快递品牌之间的壁垒被打破，配送成本、效率、服务质量均得到大大提升，在全区域顺利推广。具体经验如下：

1. 促进村级零售业与服务业的发展

依托供应链管理，丰富商品类目，增加供应商入驻，与外地县市、本地合作社、农业企业和农户等确立合作关系，签订生产、包装、研发和销售等战略合作，依托体系的销售及配送网络，实现农产品精准上行、高效流转。通过农村电商平台兼容各项商业、政府及民生服务。目前，平台已具备缴费、招工、信息发布、票务购买、社保查询、科普宣传等多种功能。

2. 提升电商平台和大数据处理的能力

今后所有的交易数据和物流数据都将导入新供销的电商平台，平台获得稳定的运营数据后，将更加合理地引导供应商、仓库、运输团队、零售网点等商业主体合理配备资源，减少浪费、提高效率、提高盈利。

3. 建成运作高效的商品配送体系

规划建立区、镇、村（社区）三级仓储配送体系。区级集散中心设在福全，规划占地200亩，内设冷运仓库、仓储基地和重货功能区，吸纳快递、物流、商贸入驻。由区级物流集散中心集中处理商品、快递包裹和物流货物的归集和分拨，完成大数据收集、分析。片区分拨中心具备镇级物流货物和快递包裹的到件派送和发件揽收能力，以及提供农产品上行检测服务。

镇分拨中心在现有中心仓的基础上，再增设三个分拨中心，赋予其镇级物流货物和快递包裹的到件派送和发件揽收能力，以及农产品上行检测服务，成为片区综合服务中心。村（社区）服务网点村赋予其村级（社区）物流货物和快递包裹的到件派送和发件揽收功能，同时兼具公用服务功能。建设农村直营店和社区便利店共计400家，对全区进行网格化覆盖。新供销自建一个总仓、三个分拨仓、214个农村网点，并自建物流团队，确保全区经体系配送的货物可以在48小时内送达。

三、取得成效

1. 降本提效

以农村物流降本增效作为出发点，通过大数据、智能化、物联网和云计算新一代信息技术引领，围绕打造线上线下的货物购销中心、快递物流的集散配送中心、网络技术的应用推广中心等“三大中心”。通过服务平台汇集实施品牌集合、统仓统配后，各项硬件软件的集合程度大大提高，相比以前提高3倍以上，人员成本节省40%以上，配送效率提升2倍，利润增加35%左右，许多原本不通快递的村庄都能在本村的新供销便利店收发快递。邮快件投递频次由三日一次缩短至一日一次，最长投递里程可达17.5km，便捷程度、服务质量均明显提升，实现农村供应链服务水平提速降本增效，实现了“双赢”。

2. 融合商贸

积极推动“快递+电商”，增强“村村有网点”电商物流承载力。充分利用全区村级全覆盖的200多个新供销加盟电商网点，推动农村物流与农村商贸融合发展。同时，通过“线上+线下”模式不断引进优质品牌和产品，目前新供销的代理品牌拥有合作门店超过1000家，商品服务的农村网点达1200个，辐射整个柯桥区农村市场，打造服务农特产品“直通车”，推动漓渚兰花、平水茶叶、稽东香榧等农特产品集采集配、直供直销，实现农产品产运销一体化发展。2020年，新供销的代理品牌总销售额超过2亿元。2020年，该区平水镇被阿里平台认定为淘宝特色镇。

3. 汇集服务

围绕打造线上线下的货物购销中心、便民利民的综合服务中心、快递物流的集散配送中心、外出游子的乡情传递中心、网络技术的应用推广中心“五大中心”，着力打造服务汇集的农村物流网点。目前，启用的各农村物流网点均实现快递收发、农产品买卖、日常用品销售等功能。同时，联合人社、银行、电信、科协、人才中心等单位，借助网点内电子屏，实现科普、天气、招工等信息发布，金融、宽带、社保、生活缴费等20项业务的网上办理，以及租房卖房、农技培训、政务查询、车票购买等10余项便民服务，助推“最多跑一次”向农村延伸。

案例7-3　德清县“交邮商融合发展”服务品牌

德清县位于浙江省北部，东望上海、南接杭州、北连太湖、西枕天目山麓，处长三角腹地。为推动乡村振兴发展，完善农村物流体系，德清县通过加强规划引领、强化基础保障、大力发展电子商务、推动农村物流试点等政策举措，在全国范围内率先实施快递进村工程，已形成覆盖全县的县、乡、村三级物流网络体系。

一、德清县主要做法

1. 加强规划引领

明确主体责任。建设任务由县邮政管理局联合交通运输局等部门组织镇（街道）、村具体实施，做到统一设计、统一标准、统一制度。日常运营工作通过委托第三方的运营成本测算后，由县邮政管理局通过招投标形式确定一家运营商，运营周期明确为三年，运营企业需承担运营主体责任的落实和日常的有效经营。镇（街道）、村需有效落实本辖区内的场地和人员的到位工作。

加强规范指导。按照《邮政法》《快递暂行条例》《浙江省人民政府关于高水平建设“四好农村路”的实施意见》等法律法规和文件精神，各相关部门及时开展联合督查，确保工作有序推进。建立完善信息沟通机制，定期通报农村快递物流体系项目进展情况，及时研究解决遇到的新情况、新问题。

落实有效保障。以“政府补助+社会运营”模式，每年计划从快递业健康发展专项资金中列支建设经费和运营补助180万元，其中对各村经办人员按每年3000元进行补助，中标单位为每年80万元。

三级体系共享。由政府主导、企业入驻，改造利用现有镇、村等资源，开展快递和交通物流场所共建共享，县设立农村快递物流分拨中心，根据镇（街道）实际，建设镇（街道）农村快递物流中转中心，优先利用客运站、电商服务中心、农资站、旅游集散中心等现有场地，场地由镇（街道）负责落实，面积约为100m^2。各村结合当地实际，优先利用村邮站、农村超市、农村淘宝、农村电商服务点、旅游集散中心等现有场地，确定设置地点，场地由村委负责落实，面积约为15m^2。

2. 强化基础保障

支持电子商务发展。支持电子商务产业集聚。对电子商务园区（创业园、楼宇、跨境园区）建设运营主体，建筑面积在2000m^2以上，电子商务（跨境）经营企业不少于20家，且正常运营一年以上的电子商务园区，经县电子商务工作领导小组认定，每年可以给予最高不超过30万元奖励用于园区运营管理，园区年网络零售额达到5000万元以上的，再给予10万元奖励。支持城乡电商网络建设。对当年新建或改造提升并符合浙江省农村电子商务服务站考核验收要求的站点，每个给予2000元的一次性补助。鼓励社区电商服务站建设，对符合标准的，按当年承建单位项目实际投资额给予50%的补助，每个网点补助最高不超过1万元。

明确资金保障。德清县邮政管理局、交通运输局、农业农村局等有关部门根据现有政策或出台相应的政策补助文件，对中标运营企业和快递物流网点给予政策、资金支持。通过招投标，对中标企业给予相应的资金补助，所需经费在县服务业发展专项资金快递业发展经费中列支。

完善农村道路建设。积极开展“四好农村路示范乡镇（街道）”创建。农村公路桥隧定期检查制度得到全面落实，危险桥隧及时有效处置，基本消除四、五类公路桥梁。完善农村公路标志标线，完成农村公路指路体系建设。

建立城乡运输持续发展机制。德清县每个镇均建立农村客运站，农村客货运输网络更加完善,所有建制村实现村村通公交,城乡客运一体化发展水平综合评定为5A级。

统筹相关资源。明确中标企业一年内必须协议不少于3家品牌派件到村,三年内不少于5家,目前中标企业已与中通快递等5家企业开展合作。为推动农产品进城,明确中标企业必须自建电商平台或与电商合作,于一年内开通同城配送功能,确有需求的农村快递物流中心,经邮政管理部门办理相关手续后,可开通寄递功能。同时,推动智能派送终端下村,原则上3年内由中标企业覆盖全县农村,即新增智能派送终端不少于100个,智能派送终端铺设场地由村委负责落实。

3.农村物流试点推进

先试点后推广。德清县成立农村快递物流体系建设领导小组,统筹协调各镇(街道)做好各自辖区内农村快递物流体系建设工作。德清前期多次联合各镇(街道),通过走访、召开座谈会等形式广泛征求意见,最终制定出《德清县农村快递物流体系建设实施方案》。

实行"快递进村"。2018年,德清县开始实施快递进村工程,一年以来,德清县进一步完善了镇村快递物流中心选址落地,全县12个镇(街道)132个行政村的农村快递物流中心均开通了快递配送服务,除中标企业签约的圆通、中通、韵达3家快递品牌外,邮政、顺丰、申通、百世、京东、丹鸟等快递品牌亦自主延伸快递服务末梢,基本实现每天不少于一次包裹配送到村快递服务中心。

4.提升电商物流服务能力

大力发展社区电商,持续加快"电商换市"。2019年,德清县新增电商应用企业212家,其中跨境电商应用企业40家,新发展及改造村级电商服务站点55个;累计建设智能投递终端246个,新建131个。

为解决农产品滞销难题,电商网络销售、快递服务时效成为了农产品外销的重要渠道,德清县"快递+春笋"品牌迅速建立,并发挥成效,德清县邮政公司开展早园笋"万斤"项目和太湖珍珠米"万单"项目,在疫情防控期间主动对接种养殖户,快递企业亦推出运费折扣、专业包装等优惠活动,通过"快递+春笋"寄递服务模式,疫情期间全县共销售春笋300余吨,6万余件,帮助农户增收8.5万元,销售大米近15吨,销售额达24万余元。"快递+枇杷"助力德清县雷甸枇杷销售,依托村级快递中心和临时收寄点,每天枇杷寄递量达1000余件。

二、典型企业做法

湖州菜鸟物流有限公司于2013年注册成立，自成立以来，公司一直秉承“快速、优质”的服务宗旨和“开拓创新、锐意进取”的经营理念，专注于本地市场服务，下设浙江顺带供应链管理有限公司，合作签约中通、圆通、韵达三家快递品牌公司。

1. 构建高效联合体

构建联合体，打造县域交邮合作的联合战斗群。整合物流资源，降低配送成本。在县高新区购买30亩1.5万平方厂房改造成全县首个自有产权的快递分拨配送中心，整合中通、圆通、韵达、菜鸟物流、顺带链5家快递物流公司的农村业务资源，变各家独立运营为统一分拣配送、统一安检验视，同时对签约合作的各快递物流公司不收取额外费用，按平时派件费派送到各农村快递物流中心，既提高了效率，又降低了成本。目前，可储存货物16万件，配备箱式货车32余辆，快递配送车170余辆，日均货物进港量5.8万件。

2. 打造配送网络

构建一张网，确保快递物流末端服务在村。利用政府提供、自筹解决、联合用等方式，在全县13个镇(街道)建成快递物流配送网点，在所有行政村的农村快递物流中心开通配送服务，优化配送路由组合，实现服务流程最短化，确保每天不少于一次包裹配送到村。同时，在农村集中拆迁安置小区、中心村等农民集聚区铺设智能派送终端。

3. 实现物流网络协调

打通上行道，解决农产品出村难。针对农民寄件难问题，主动走访联系农业专业大户、家庭农场、农民合作社、农业产业化龙头企业等新型农业经营主体，加强与农资采购销售、农产品生产等环节协作共赢，发展上门取件、协议客户等多种合作模式。目前，企业已签约依托淘宝网、京东、天猫店、微店或自建平台进行网上农产品销售的个人或企业共8家。

4. 创新配送模式

模式再创新，探索县域同城配送。在推动工业品下行方面，与世纪联华合作，以“快递+超市”模式，依托世纪联华的App购货网，开设快递超市一家，就近向农村配送下单的工业品。力求补上农产品出县难问题，通过市场化、网络化手段，开启德清县“同城配送”先河，有效促进县域物流的流通和消费，加快农产品进城。

三、取得成效

德清县由政府主导、企业入驻，改造利用现有镇、村等资源，开展快递和交通物流场所共建共享，优先利用客运站、电商服务中心、农资站、旅游集散中心等现有场地，实现县—镇—村三级农村快递物流共享体系，到2019年底，建成覆盖全县所有农村的快递物流服务中心，率先实现“村村通物流”“快递普服化”，为德清县的发展带来了不可估计的经济效益。

1. 降本增效

(1)发挥部门效能，拓展服务网络

德清县—镇—村三级农村快递物流共享体系整合了村镇混乱的物流市场，县城新建综合分拨中心(配送中心)和覆盖全县城乡的电商快递综合服务网点(配送点)，建设覆盖县城、乡镇、村落的三级同城配送服务网络，并共享服务网点资源，实现物流网络互联互通，发挥了交通、商务、供销、邮政等多部门多行业的整体服务效能。

(2)整合物流资源，提高运营效率

“县—镇—村”三级农村快递物流共享体系有效减少物流各方在资产、运输、仓储、人员等方面投入，使运输企业、邮政快递、镇村客运、商贸企业、供销系统等的站点网络、运输网络实现节点共建共享，提高物流效率，提高企业运营效益，节省运输资源，降低大量物流成本，经济效益明显。

2. 带动就业

(1)物流发展带动就业

德清县物流市场的发展为农村闲置劳动力提供大量就业岗位，改善失业现状，提高生活水平。服务网点的成立及其后期维护发展，公交配送体系的维护发展，都离不开大量人员投入，这其中包括简单物流配送、服务网点日常维护运营等工作完全可以由当地剩余劳动力承担，从而创造出多种工作岗位，为农村剩余劳动力提供就业机会。

(2)物流发展助力特色农业发展

德清农业特色鲜明,物流的快速发展使得县内商品更易走出去,已建设的农村物流服务站点助力传统农业的开发利用,鼓励农村居民继续进行日常耕种,使农村居民可不必担心农产品滞销问题,逐步增加了经济收入,改善生活水平。德清县还与世纪联华合作,以“快递+超市”模式,依托世纪联华的应用程序购货网,开设快递超市一家,就近向农村配送下单的工业品,极大地提升了配送效率,农村居民可以及时获取所购物品,进行生产,助力农村地区农业发展。

3.改善农民生活

(1)农村居民收件更便捷

发展物流产业,使得德清县地区物流基础设施建设加快、物流环境改善、物流意识提高,最终让农村物流的快速通达性更强,城市消费品能够以更低的价格、更快的速度进入农村市场,从而提供规模化、专业化、信息化的农村物流服务,有效解决快递、生活快消品、农资等产品进村下乡的“最初一公里”“最后一公里”难题,极大方便农村居民生活。

(2)实现农民增收

电商网络销售解决疫情期间农产品滞销难题。迅速发展的快递服务成为了农产品外销的重要渠道,德清县推出“快递+春笋”品牌、太湖珍珠米“万单”项目以及“快递+枇杷”项目。疫情期间全县共销售春笋300余吨、6万余件,帮助农户增收8.5万元,销售大米近15吨,销售额达24万余元。“快递+枇杷”助力德清县雷甸枇杷销售,依托村级快递中心和临时收寄点,每天枇杷寄递量达1000余件。在经济不景气的情况下,德清县以电商平台为依据,以全面的物流基础为手段,帮助本地农村居民增加收入,物流发展带来的经济效益明显。

(3)农村基础设施建设优化

农村物流建设带动农村基础设施建设,涉县发展农村物流,以物流产业为突破口,利用现代物流的带动作用,有助于引导农村基础设施建设投资,有利于提高农业生产经营的技术水平,从而为农村经济进一步发展奠定坚实的物质基础。产业结构的调整、就业机会增加、基础设施的建设。

案例7-4 淳安县“交邮融合+电商快递+特色农业”服务品牌

淳安县位于浙江省西部,是浙江省面积最大的县,距杭州市区151km,是浙江省26个加快发展县之一。淳安县通过交通运输、邮政、商务等多部门与企业联动协作，成功探索出了“交邮融合＋电商快递＋特色农业”的农村物流发展模式，构筑了城乡物资双向便捷流通通道，为淳安县产业转型、经济发展提供有效支撑。

一、淳安县主要做法

1.强化资金扶持，引导企业创新模式

一是引导企业发展共同配送。为破解农产品上行“最初一公里”和工业品下乡“最后一公里”难题，淳安县整合申通、圆通、韵达、中通、百世五家快递公司资源，探索民营快递互助“共配”模式，打造“覆盖较大行政村、上行当日达下行次日达、成本价便民惠农、末端网点规范运作”的农村快递网络。在充分调研和分析的基础上，将全县的农村区域分为五条线路，每家公司各选取一条线路进行运营，其他快递公司的快件均由运营该线路的公司承运。

二是安排600万元资金用于农村电商快递网络建设。淳安县研究出台了《淳安县农村电商快递网络建设项目补助细则》，通过政府推动社会化运营、先补贴后市场化的方式，打造农村电商快递网络，淳安县财政部门三年共安排600万元资金用于农村电商快递网络建设。

三是安排专项资金用于支持四好农村路村级物流服务点建设。为建设高品质四好农村路，淳安县交通运输局从2018年开始建设四好农村路村级物流点，并对村级物流点建设和运营工作提供资金补贴支持，对四好农村路村级物流服务点补助标准为10000元/个。

2.加强交邮商合作，形成多部门政策合力

一是加强交邮合作。淳安县道路运输管理处与淳安邮政公司签订了《淳安县农村物流网点建设和运营委托协议书》，将80个农村物流网点的建设和运营管理工作委托给了邮政公司，以实现农村物流网络节点多站合一、资源共享。当前，80个四好农村路村级物流服务点已全部建设完成。

二是加强邮(快)商合作。淳安县商务局为加快农村电子商务发展步伐，助推农产品进城，增加农民收入，助推乡村振兴，对农村物流车辆运营费用等运营环节进行补贴支持。制定了《淳安县农村电商快递网络建设项目补助细则》。通过政府推动社会化运营、先补贴后市场化的方式，优化线路、集中运输、协作共赢，以现有快递主力为主，高端快递降费惠农，共同打造“覆盖较大行政村、上行当日达下行次日达、成本价便民惠农、末端网点规范运作”的农村快递网络。从2018年开始在全县推广村级电商物流班车项目，申通、圆通、韵达、中通、百世五家快递公司将其各自在淳安县农村地区的快递业务以“互助共配”的形式来开展合作，在将全县农村区域分为五条线路的基础上，每家公司各选取一条线路来进行运营。县财政三年共安排600万元资金用于农村电商快递网络建设。

3. 明确运行规范，保障物流服务

淳安县要求村级网点经备案后可上门取件，并按相关行业和安全规范执行。在网点建设方面，按照国家省市规定的快递末端网点建设相关要求，村网点满足末端寄递网点建设要求，经依法备案后方可开展业务。在网点选择上，要求同一线路上800人以上的行政村全覆盖，800人以下的，可由邻村网点覆盖；村网点选择，原则上选择村中心位置或交通便利且正常经营的商店；村网点操作人员须有一定的文化程度，会使用智能手机，经过业务培训能独立完成收快件业务，并且热心于村网点工作。

二、典型企业做法

1. 健全完善农村物流三级网络节点体系，实现农村物流网络节点全覆盖

淳安邮政公司已投入建成村邮乐购站点261个，在全县23个乡镇36个村邮乐购精品点创建农村物流收寄点，满足了农村百姓的用邮需求，方便了农村微商，促进农产品进城，促进助农增收。同时，完善了“村村通”农村电商物流配送渠道，配备邮运投递车辆64辆，实现425个行政村全覆盖，解决了“最后一公里”投递问题；建成了80个信息化、智能化“E邮柜”，基本实现千岛湖镇住宅小区的全覆盖；通过建设大下姜物流配送服务专线，解决了32个村线上合作、物流统一配送等难题。

2. 延伸服务链条，提高服务品质

淳安邮政公司促进农产品进城工作中，不仅仅提供物流服务，还提供“产品包装设计”“打包运输”“仓储管理”“客户服务”等增值服务。主动联系特色农产品产地，邮车开进农户家中运输农产品进城。此外，积极推进“一乡多点”工程。目前，已经完成“一乡两点”站点46个，基本实现了全覆盖。在全面做好“一乡两点”

工程的基础上，在农户有需求、人流比较聚集的行政村，延伸建立“一乡多点”的收寄点，让农产品通过收寄点更加快捷、方便地走出淳安，最终实现“最初一公里”农产品收寄问题。

3. 依托千岛湖品牌农产品馆，助力特色农产品上行

淳安邮政公司作为淳安县千岛湖品牌农产品馆的运营主体，通过提高对品牌馆线上电商平台的运营成效，结合已有物流优势，有效促进了当地特色农产品的上行。淳安邮政公司根据消费者不同的网购需求，灵活推行“定点随时自提、3 小时配送酒店、1 天快递江浙沪、3 天邮递全国各地”的全区域配送方式，为线上线下消费者提供“快捷、方便、免费”的个性化服务。2019 年 12 月，淳安邮政公司为县内有配送需求的农产品企业开通了“千岛湖—金华”“千岛湖—上海”的助农专线，第一时间做好农产品进城收寄配送工作。

4. 民营快递企业以“共配”方式打造村级电商物流班车

淳安县从 2018 年开始在全县推广村级电商物流班车项目，该项目通过政府推动社会化运营、先补贴后市场化的方式，优化线路、集中运输、协作共赢，以现有快递主力为主、邮政快递为辅，顺丰降费惠农，共同打造“覆盖较大行政村、上行当日达下行次日达、成本价便民惠农、末端网点规范运作”的农村快递网络。申通、圆通、韵达、中通、百世五家快递公司将其各自在淳安县农村地区的快递业务以“互助共配”的形式来开展合作，在将全县农村区域分为 5 条线路的基础上，每家公司各选取一条线路来进行运营。5 条线路在乡镇各设置中转场所一处，从县城发出去的下乡件分成 5 条线路先到乡镇中转场所分拣，再由车辆送到各村级服务点。在每条线路上，其他快递公司的快件均由运营该线路的快递公司进行承运。上行快件由村级服务点收件发出，物流班车每天定时到服务点取件送件。

5. 网点建设坚持标准化和运作规范

邮政分公司在建设四好农村路村级物流服务点时，按照标准化建设，配备灯箱、监控、货架、制度牌、邮政标准箱、资费表等标准化硬件，同时对站点营业主开展了收寄实名制、扫黄打非、代收代缴等培训，将站点业务叠加，提高营业人员的积极性，为业务的长效发展打好基础。快递企业按照《淳安县农村电商快递网络建设项目补助细则》要求，在村网点选择时，选择 800 人以上的行政村，选择村中心位置或交通便利且正常经营的商店，要求村网点操作人员须有一定的文化程

度,会使用智能手机,经过业务培训能独立完成收快件业务。

三、取得成效

1. 促进农村物流降本增效

在“共配”模式下,通过物流班车的开通大大节省了快递公司运营成本,提高了村级快递的运营时效,优化了快递运营车辆的配置,助推了绿色电商发展。截至2020年8月,通过快递企业间的合理分配线路、上行下行互助的“共配”模式,240个行政村(800人口以上)已直接设立快递服务点,并通过“大村带小村”实现了快递服务农村全覆盖。快递企业减少车辆投放约30%,每年节省运营车辆油费开支近100万元,大大提高了农村快递的运营时效。物流班车受益群众达30万人次,实现农产品电商销售额1.4亿元,有效助推农产品进城、老百姓增收。

2. 促进了农民增收

淳安邮政分公司运营的千岛湖品牌农产品馆汇集联结着千家万户农民群众,尤其是低收入农户,并为他们提供产品检测、包装设计、营销策划、打包配送等无偿服务。品牌馆连续几年包销了低收入蜂农家的蜂蜜,为他们解决了养蜂的后顾之忧,也为消费者和老百姓之间搭建了一座互通的桥梁。在“千岛湖翠冠梨”“临岐山核桃”“界首柑橘”“石林日晒面”“白马地瓜干”等一系列助农项目中,邮政分公司依托品牌馆和物流服务,主动服务,热心助农,均取得了较好的效果。2019年,邮政分公司帮助界首、石林、金峰、鸠坑等乡镇运送农产品点对点销售配送80余趟,运送产品质量达126吨;截至2020年7月,累计销售千岛湖本地农产品2507.7万元,销售额同比增长130%。其中,“千岛农品”淳安酱成为单款爆品,今年以来销售10万余瓶,金额150余万元,6月成功上线学习强国扶贫助农商城,短短半个月销售3万余瓶,目前千岛湖品牌农产品已远销配送到新疆、内蒙古、海南等地。

3. 有效促进物流资源集约共享

淳安县打破了交通、邮政、商务等多个相关部门各自为政的壁垒,交通、邮政、商务等部门实现了政策合力,在不断完善农村物流三级体系的同时,有效保障了农村物流运营的可持续,解决了农村物流服务“难持续”的难题,有效支撑了农产品上行和工业品下行,促进了当地乡村经济的发展。

案例 7-5　余杭区“交邮农商融合助推乡村振兴，构建城乡一体化物流体系”服务品牌

余杭区位于杭嘉湖平原南端，西倚天目山，南濒钱塘江，中贯东苕溪和大运河，地势由西北向东南倾斜，大致以东苕溪一带为界，西北为山地丘陵区，从东、北、西三面拱卫杭州主城区。余杭区交通、邮政、农业、商务等部门积极推进“交邮融合”“邮快融合”“快快融合”“邮旅融合”等融合发展模式，多部门加快形成政策合力，不断完善农村物流服务网络，提升农村物流服务品质，有效支撑工业品下乡和农产品上行，促进当地农村经济新业态发展，为余杭区乡村振兴工作提供了重要支撑。

一、余杭区主要做法

1. 强化顶层设计，加大资金扶持力度

余杭区制定并下发一系列规划及政策文件，加强统筹推进力度，强化政策支持，加大资金扶持力度。一是余杭区交通运输局对村级农村物流服务点建设和运营提供资金保障。余杭区交通运输局以每个农村物流服务点不少于 5 万元补助的标准向上级申请财政补助，由余杭区财政以平均 50000 元/个的标准，对全区 180 个农村物流服务点共计补助 900 万元，对通过审定并公布名单的农村物流网点，由余杭区交通运输局每个给予一次性补助 2 万元、对正常运营的服务点每年给予 6 千元补助，以 5 年周期补助完毕。二是余杭区农业局对村级电子商务服务站点提供资金补助。余杭区农业局印发了《余杭区农村电子商务扶持政策实施细则（试行）》，明确了扶持标准，对新增的“农村淘宝”“村邮乐购”等新型村级电子商务服务站点（加盟店）给予一次性 2 万元补助。

2. 开展交邮合作，推进农村物流节点建运一体

为进一步做好物流资源共建共享，余杭区交通运输局委托余杭邮政管理局在邮政镇、村级网点上增加“四好农村路”农村物流点服务功能，建成镇、村级农村物流服务点 143 个，并建立完善农村物流网点的运营保障机制。在具体职责上，余杭区交通运输局为农村物流服务点建设和运营主管单位；余杭区道路运输管理部

门负责日常具体管理监督；余杭邮政管理局为建设和经营（运营）实施主体单位。余杭区在2018年已完成30个农村物流服务点基础上，提前1年完成“三年行动计划”180个农村物流服务点建设任务。

3. 促进快快合作，畅通产品双向流通

余杭区邮政局牵头将不同的快递公司在西部镇街的业务进行牵线搭桥，将由不同快递公司分发的包裹每天进行点位集中，按照快递公司间的值班表，轮流对快递包裹进行定点投递，既保证了包裹的及时送达，又节约了人力财力，同时还促进了农产品的上行。茶叶笋干等农产品是该村部分村民的主要收入来源，如今有了便利的寄递条件，销路也将逐渐打开。以村中养殖野蜂蜜的农户举例，农户通过在抖音等软件上认识的客户，经常打电话叫快递小哥到村里取货邮寄出去。

4. 发展农村电商，与农村物流实现双支撑

近年来，余杭区大力发展农村电子商务，“互联网+”现代农业蓬勃发展，农村电商物流体系不断完善，农村电商与农村物流实现了双向支撑和发展。2018年，余杭区出台了富村惠农“双十条”，鼓励发展农村新型业态，支持“农村淘宝”“村邮乐购”等专业电子商务平台在全区进行推广建设。11月，《余杭区农村电子商务孵化中心人才培育管理细则》试行，依托余杭区农村电子商务孵化中心，鼓励引导农业经营主体、返乡青年、创业大学生等积极投身农村电子商务发展。

5. 培育精品站点，打造高品质农村物流服务

一是保障农村物流服务可持续运营。由于邮乐购、超市、货运受理点的经营存在不稳定性和流动性，余杭区交通运输和邮政部门不断加强已建成的农村服务点后续管理、更新和维护。同时，尽快配套完善农村物流服务点的各项设施设备，并统一安装“四好农村路物流服务点”灯箱。

二是好中选优，培育精品农村物流服务点。余杭区交通运输局和余杭区邮管局按照“好中选好，优中推优”的方式，在180个服务点中拓展不少于30个精品农村物流服务点。精品农村物流服务点对场地面积、包裹投递智能柜、货架、停车位等都明确具体要求，还具有货物收寄、信息收集、物资存放代购、代销代投等功能，从而树立交通品牌，打造行业亮点。

6. 强化标准规范，推进物流车辆标准化

余杭区邮政管理局印发了《余杭区快递电动三轮车规范管理实施意见》，其中

对邮政快递专用电动三轮车实施“五统一”制度,即统一样式管理、统一证件管理、统一保险管理、统一编码管理、统一积分管理。

二、典型企业做法

1. 开展“快快合作”

余杭西部镇街村、组呈点块状分布,为切实节约民营快递企业运输成本,提高快递运送效率,余杭区邮政管理局鼓励民营快递整合分散资源,择优设立镇级快递集中点,科学制定运送模式,有效节约运输成本,形成“多点输入、集中分发、专人发送、高效服务”精准投递模式,进一步发挥末端快递资源整合效益最大化。不同快递公司分发的包裹每天进行点位集中,按照快递公司间的值班表,轮流对快递包裹进行定点投递。

2. 开展“邮快合作”

邮政余杭分公司通过科学整合自营网点、“邮乐购”站点、农村快递网点、农村E 邮柜等资源,全面优化农村物流网络基础布局;全面整合农村邮政普服快件服务网络、村邮站改革专项投递网络、“邮乐购”运营服务网络等邮政自有网络载体基础上,鼓励并吸引民营快递输入末端投递业务,打破各快递公司各自为战的竞争壁垒,进一步发挥邮政网络全覆盖优势,全面推进“邮快合作、整合进村”,助力解决农村投递从进村到进组入户的服务升级。

3. 开展“邮快农旅合作”,服务农村经济新业态

余杭邮政借助品牌和资源优势以及多年服务“三农”的经验,积极打造集“网络代购 + 平台批销 + 农产品返城 + 公共服务 + 物流配送”为一体农村电商平台,紧盯快递运营市场新动向,调整契合旅游民宿类乡村经济快递网络布局,将农村快递物流服务直接送进民宿,打通名宿 + 农产品 + 快递服务生态链,游客在民宿购买当地农产品后可直接打包快递回家。此外,农村物流网点的设置还打破了快递物流临时摊位服务季节性农产品的瓶颈,让深加工后的农产品实现有处寄、随时寄。

4. 创新农村物流服务模式,优化农产品上行

余杭区积极引入顺丰速运、邮政 EMS 等物流企业开展战略合作,共同构建塘

栖枇杷销售市场流通体系和特色销售基地的“互联网 +”深度融合。针对枇杷运输过程中易损伤的特性，顺丰速运、邮政快递等物流企业积极创新采用保鲜降损的网套包装，全程可控的监控系统，优转优派的运输流程和产地直采式的运作模式，将一盒盒鲜美无损的枇杷第一时间送到消费者手中，确保消费者“才下枝头，便上舌头”的消费体验，让消费者足不出户享受到舌尖上的枇杷盛宴。自塘栖枇杷搭上“电商顺丰车”，销售半径覆盖全国，甚至实现跨境销售。同时，鸬鸟蜜梨生产企业为创新销售模式，拓宽销售渠道，从 2013 年起就与余杭邮政合作开展了“浙乡邮礼”活动，打破传统，依托村邮站平台，利用邮政的营销、服务、投递网络，通过采取专人监管采摘、挑选、包装、强化保鲜流程和冷藏专车寄送等方式，将果形美观、肉质细腻、汁水丰盈的鸬鸟蜜梨送往千家万户。

5. 创新实施“警医邮”新合作，助力“最多跑一次”

余杭区地理东西向直线距离近 60km，最远的百丈镇距离区政府路程达 75km，余杭邮政依托邮政网点资源，结合数字化发展，积极创新叠加、优化政务服务，助力“最多跑一次”，让数据多跑腿，群众少跑路。2018 年，余杭邮政携手余杭区公安交警部门和医院，共同推出“警医邮”服务项目，通过网络信息互通和数据共享，“警医邮”可以为群众一站式办理互联网平台业务、机动车业务和驾驶证业务，包括用户窗口注册、变更，补、换领机动车号牌和行驶证，补、换领驾驶证等内容，彻底告别了原来办理时要在医院、照相馆、车管所往返跑、重复排队的不便，群众在家门口就能办理相关业务。

三、取得成效

1. 促进农村物流降本增效

余杭区通过“快快合作模式”在全区共设立民营快递联收联投站点 300 个，其中服务农村区域的站点 125 个，有效缩短重复运输里程约 60 万 km，平均节约快递运营企业运输成本近 300 万，西部山区基本实现当日入港当日投递。通过“邮快合作”实现 28 家民营快递企业委托邮政公司开展末端投递业务，业务量日均 8 万件，节约运营成本约 500 万/年。

2. 助力农产品上行，促进农村经济发展

余杭邮政线上依托“邮乐小店”App，线下依托全区 628 个“邮乐购”商超店，整合余杭名特优农产品资源，打造了塘栖枇杷、鸬鸟蜜梨等多个十万斤以上的农产品返城项目。仅今年塘栖枇杷节期间，邮政快递的枇杷发单量就达50多万单，助力塘栖枇杷从本地“提篮小卖”到“飞向全国”。此外，邮政2019年深入推进“邮政在乡”工程，累计开发邮乐购商超型站点640余家，标准站242余家，实现批销业务笔数26000余笔，批销额近6000万元；打造“快递+塘栖枇杷”“快递+鸬鸟蜜梨”金牌工程，助力塘栖枇杷网销产值约4000万元，鸬鸟蜜梨快递发件量超4200件。

3. 助力“最多跑一次”改革，便利农村居民业务办理

到2019年底，余杭邮政已累计建成15个警医邮服务点，全部带换证体检功能。至2020年6月，累计办理业务43000余笔，目前每月办理量已占交警车管部门全区相关业务总量的30%，不仅为政府部门分流办事客户、减轻工作压力，还有效地提升了办理效率、服务质量和群众办事满意度。随着“警医邮”项目的成功实施，更多公共事项将依托邮政网络实现服务下沉，让数据多跑路，让群众少跑腿，提升办事效率，提高服务水平，农村居民幸福指数得到上升。

4. 疫情期间提供物流保障，助力复工复产

余杭邮管局及邮政公司在疫情期间提供物流保障，助力复工复产。一是快速响应抗疫支援工作，全力保障救援物资寄递绿色通道畅通。驰援湖北武汉抗疫物资的寄递共计运送口罩约300万件，药品6.5吨，消毒液16.5吨。其中，邮政绿色通道共计免邮资23万余元。二是服务全区企业群众物资保障，助力企业复工复产。全力协调生活性物流保障，做好疫情期间居民防疫物资和基本生活物资配送进小区，主动为电商业、制造业等市场主体搭建对接渠道，积极保障生产性物流，持续助推制造业、电商业等关联行业产业复苏。共保供全区口罩666.36万只，累计服务企业9809家，服务个人28万余人。全区快递服务企业业务总量（服务电商出港件）累计完成2.8241亿件，业务收入13.93亿元，同比增长13.73%；快递业务投递量（服务百姓进港件）累计达1.7358亿件，同比增长24.24%。

第八章　安徽省农村物流服务品牌

案例 8-1　凤阳县"电子商务 + 农村物流"服务品牌

凤阳县位于安徽省东北部，处于淮河中游南岸，北濒淮河与五河县相望，东、南部与明光市、定远县毗连，西部和西北部与淮南市、蚌埠市接壤。凤阳县深入贯彻落实习近平总书记关于乡村振兴重要指示精神，加速构建以"四好"农村公路为载体，以振兴美丽乡村为着力点的县、乡、村三级农村物流网络节点体系，推进农村"公交、电商、物流快递"深度融合。

一、凤阳县主要做法

1. 顶层设计

(1) 充分发挥政策激励作用。

实施《凤阳县促进物流业发展实施意见》(凤政〔2018〕21 号)，对物流企业新建的 2000 平方米以上的仓储项目给予补助；将闲置建筑物改造为可利用物流仓储设施且改造面积在 2000 平方米以上的，按实际改造面积给予每平方米 15 元补助。设立物流产业发展扶持资金。对符合相关规划和产业政策的物流园区、物流配送中心、快递分拨中心以及重点物流企业项目建设所需用地，优先安排年度用地计划指标；在按国家有关规定履行招拍挂程序获得项目用地，并正式建成运营后，对摘牌价格中工业地价以上部分，由县财政等额奖励给投资方。

凤阳县财政部门每年拿出1000万元专项资金用于支持电子商务发展，并从中切块600万元专项用于农村电商发展，重点支持电商产业园、农村电商物流配送中心、公共服务平台、村级电商服务站、人才培训以及相关服务体系建设，2021年凤阳县财政部门又出台了《凤阳县促进商贸服务业扶持办法（暂行）》（凤政〔2021〕37号），每年设立2000万元的商贸服务业发展专项资金，用于鼓励品牌引进和业态集聚及电子商务发展。

（2）强化县、乡、村三级物流体系保障。

组建县、乡、村三级电商物流网络节点体系建设组织机构，成立凤阳县推进农村客货邮融合发展工作领导机构，落实各部门工作任务和时间节点，建立目标责任制，明确责任主体，落实责任分工，协同解决农村物流网络节点体系及客货邮融合工作中的规划、土地、投资、运营等问题，统筹推进农村快递、电商、农产品物流的发展。

（3）建立工作机制，强化帮办、保障服务。

凤阳县委、县政府成立推进农村物流发展帮办领导机构，落实责任单位和责任领导，高位推进帮办服务工作，对已开工建设的物流项目，跟踪监督各重点项目建设进展情况，协调解决建设中的困难和问题，加速推进物流项目建设。

完善交通行业产业引导、市场准入等政策措施，按照有利于促进货运物流发展的原则，实施重点运输（物流）企业帮办“直通车”服务制度和联系制度；进场站、进厂矿、进镇村开展大调研、大走访、开通帮办服务直达车，引导培育交通运输实体经济发展适合农村道路运输集装箱、冷链运输车辆、满足城乡配送需要的环保轻型厢式货车、满足区域性长途干线运输的重型货车，逐步形成农村物流运输链，一批实用型、轻型物流运输车辆进村进庄进行物流“零距离”对接、“门到门”服务，利用公路、水路、铁路交通优势将凤阳县的涉农物质运往全国各地。

（4）按照标准规范，抓紧推进农村物流综合服务设施建设。

制定印发《凤阳县城乡公交一体化改造工作实施》（凤政办〔2018〕48号）要求，用2～3年的时间，对农村客运班线进行公交化改造，现有客车逐步更新改造为新能源纯电动公交车，统一车型，规范管理。在现建制镇（乡）（不含府城和经开区）规划选址各征地10～15亩，建设具有公交停保、维修、洗车、充电、调度和农村物流、电商服务、快递配送综合性功能的交通服务中心，打造“交通＋”模式；在原建制乡镇、旅游景点和小岗村各征地5～10亩建首末站，配套充电、维修、洗车实施。

(5)整合资源推动集聚发展。

一是投资1500万元建成3万余平方米的县级农村电商物流配送中心——隆盛电商物流产业园,凤阳县电商公共服务中心、凤阳县农村物流中心均挂牌在产业园内运营。

二是将县城出入口、国省道沿线散、乱、小,占道经营、堵塞交通的40余家快递、电商、配载企业整合到隆盛产业园,实行集中经营、规范管理,县财政给予仓储奖补资金,提供土地税收优惠政策,对入驻企业实行入园租金补贴,另给予整合企业一次性奖补。

三是推动凤阳县申通快递公司牵头整合11家快递企业,共同组建"凤阳县快递物流服务中心",命名为安徽利他企业管理有限公司,帮扶建成镇级农村综合电商物流服务站46家,村级综合电商服务点97家,与淘宝和邮政公司合作,安装了半自动分拣系统和自动扫描设备,对接菜鸟信息平台,为客户提供查询、交易、结算服务等,实现县乡村物流网络节点全覆盖,对进出口快件实行集中仓储、统一分拣、统一配送,进行区域内物流组织与管理,中转仓储和分拨配送,店面标牌、网络系统、信息录入等方面制定了统一标准,并对收费标准、投诉渠道等公开公示,严格执行"三项标准"。

四是成功引进总投资5亿元的申通智慧物流科技园项目,坐落在县经开区,总建筑面积213亩,总建筑面积13万余平方米,分为六大板块:培训孵化区、综合功能区、玻璃产业区、农副产品区、名特优产品区、快递物流区,形成综合物流、电商贸易、阿里云仓、跨境保税、众创空间五大区域现代化物流园。

五是帮扶邮政拓展网点,公交站场、首末站等设施无偿提供其使用,城乡公交车优先代运邮政邮件。

2. 扶持政策

在农村客运班线运营补贴方面,一是城乡公交车补贴。对城乡公交车更新改造的,10米、8米、6米以上的每标台县财政分别奖励10万元、8万元、6万元。二是经营性补贴。凤阳县交通运输局依据《凤阳县城乡公交服务质量考核办法》对城乡公交进行年度考核,经考核得满分的10米、8米、6米以上公交车县财政分别按每标台每年8万元、6万元、4万元的标准予以补贴。三是建制村通车补贴。对开通建制村客车的,按单车经营成本4.98元/千米予以补贴。

在装备技术方面，一是优化调整公交线网。缩短公交通行时间，加密线路班次，减少县城到乡镇村中转次数，消灭未通公交的“空白村”，让城乡公交更利于群众出行，更利于货物的流通。截至2021年底，全县已开通城市公交线路16条，开通城乡公交23条，全部投放了新能源公交车，2020年底完成全县城乡公交一体化改造，全县建制镇、建制村通上公交车。二是建设好、利用好公交设施。城乡公交车通到哪里，综合运输服务中心就建到哪里，整合镇域内电商、快递、经营主体、闲散运力和分散货源入驻综合服务站中心集中经营，实现人、车、货、线等物流要素的精准匹配。和邮政部门签订《公交车辆代运邮政邮件合作协议》，开通凤阳—红心、凤阳—枣巷两条代运邮件线路。动员电商、快递物流企业依托公交首末站或沿途停靠站附近以小卖部、超市、村邮站为基点，将互联网、快递、超市、车辆融为一体，设置“电商－快递＋超市＋运输”实体站点，群众乘车、购物、农资配送、快递等在服务点一次性完成。“一点多能、一网多用”的功能提升了公交设施综合服务能力，促进农村“人流、物流、信息流”三流合一，快速流动。

二、典型企业做法

1. 凤阳县隆盛农村电子商务物流产业园

构建县、乡、村三级节点网络布局，铺设物流网络积极拓展物流市场，整合农村物流资源和企业运营模式，提升了服务品质，创造了经济社会效益。形成电商＋交通运输＋快递物流＋农村物流模式，麾下拥有快递物流车辆40余台，快递物流企业9家，与包括国家邮政在内的县16家快递企业建立了横向的业务联系，整合快递物流企业11家入驻，城区设置了菜鸟驿站、智能快递柜和快递营业厅等20多个快递物流服务网点，吸纳电商企业、邮件、快递40多家企业入驻园区运营，帮助县8家企业达成了年采购额逾5000万元的订单。

另投资5亿元的申通智慧物流科技园项目，该科技园坐落在县经开区，总建筑面积213亩，总建筑面积13万余平方米，分为六大板块：培训孵化区、综合功能区、玻璃产业区、农副产品区、名特优产品区、快递物流区。形成综合物流、电商贸易、阿里云仓、跨境保税、众创空间五大区域现代化物流园，于2021年1月全部竣工投入运营。

2. 凤阳邮政

一是加强与公安机关的沟通，优化服务能力，实现邮寄率达61.57%，位列全省15位，证照收入56.53万元，实现了社会效益、经济效益双丰收；二是积极加强投递队伍培训、提升投递队伍能力，得到法院的认同，将自有送达的府城、临淮、门台子区域也交由邮政送达，实现业务收入49.81万元，同比增长34.98%，服务政务市场的水平得到进一步提高；三是紧盯校园市场，不断拓展学生教材、学生档案、录取通知书、毕业证书等业务寄递，实现特快收入20.56万元，同比增长43.98%，实现了校园市场深度开发。

(1)网络节点共享共建。隆盛和邮政两家物流快递电商企业进驻交通运输公交综合服务站，开办电商、邮乐购、快递业务。公交站场实现“多站合一”功能。凤阳县邮政与韵达、申通、圆通、中通、百世等民营快递工作合作，利用公交车货厢发送邮政业务，在镇村公交亭、站牌附近设置代办站为民营快递公司提供投递到村的服务。

(2)运力资源互补互用。凤阳城乡公交设施均拓展服务功能，开辟了邮政快递、农副产品运输专用货厢，利用公交设施、公交车发送邮政快件及农副产品。

(3)发掘农村电商资源，鼓励农副产品上线销售。

三、取得成效

凤阳县“电商引领、集中配送、统一标准”的农村物流服务模式，使交通运输在农村电商物流发展中的先导性日益显现，农村公路网、城乡公交网、农村三级物流网、电子商务网深度融合、强势互补，一批“交通物流+电子商务”“交通物流+特色资源”项目如雨后春笋般发展壮大，助推全县农村电商物流事业的繁荣。建成农村物流中心1个，农村物流综合服务站15个，镇级电商物流服务站1个，村级物流服务点318个，电子商务企业800余家，县级电子商务公共服务中心1个、农村电商物流配送中心1个、电商示范镇1个、示范村2个、示范网点2个、消费扶贫企业馆1个、地方馆2个、线下线上消费扶贫专区22个、省级电商示范园区1个、培育网络销售额超1000万元电商企业2个、培育网络销售额超100万元农村电商品牌3个。2021年以来，新增电商经营主体112家，网络交易额达31.33亿元，其中农村产品上行10.5亿元。加快推进客货邮融合。

案例8-2 天长市“交通运输+邮政快递融合”服务品牌

天长市为安徽省滁州市下属县级市，位于安徽省东部，除一面与安徽省来安县接壤外，三面被江苏南京六合区、扬州高邮市和仪征市、淮安金湖县和盱眙县五县环抱，是南京都市圈成员县级城市之一。天长市通过推动电商、邮政、快递及城乡公交客运之间的合作，实现客货资源整合，快递、包裹配送到村，“交商协作、交邮融合、客货共网”服务品牌，有效推动农村物流的健康发展。

一、天长市主要做法

1. 顶层设计

(1)政府主导，制定“三位一体”物流发展政策。

天长市出台了《天长市推进农村客货邮融合发展工作实施方案》《天长市促进电子商务产业发展扶持政策》《天长市城乡公交一体化发展实施方案》《天长市扶持现代物流业加快发展暂行办法》，全面覆盖了客运、货运和电商邮政，形成了“三位一体”的政策保障体系。

(2)统筹谋划，编制“1+4”物流发展规划体系。

在天长市市域综合交通规划的统领下，先后编制了《城乡公交一体化发展规划》《农村物流三级网络节点体系发展规划》《中心城区公交场站及线网优化规划》《商业网点规划》等专项规划，形成了“1+4”的客货邮规划体系，有效促进客货邮融合发展。同时，不断加大投入和推进力度，建成1个县级电商物流园、14个镇级综合服务站、174村级综合服务点，形成了县、乡、村三节农村物流体系。

(3)成立机构，形成多部门协同推进工作机制。

天长市成立了以分管副市长为组长，市直相关职能部门主要负责人为成员的天长市推进农村客货邮融合发展工作领导小组，建立了“政府主导、部门联动、各司其职、协同推进”工作机制。交通运输、商务、财政、发改、农业农村、供销、邮政等部门定期召开工作调度推进会议，及时总结工作开展情况，统筹解决推进中的问题，确保农村物流持续发展。

(4)整合资源，引导农村物流不断创新发展。

天长市根据经济社会发展的需要，适时开展了客运资源整合和快递业资源整合，按照《天长市城乡公交一体化发展实施方案》，于2019年完成了城乡客运企业和车辆的收购整合，形成一县一公司模式。为规范和促进快递业健康发展，对8家快递企业12个品牌实行整合运营。根据《天长市推进农村客货邮融合发展工作实施方案》要求,规范公交、邮政、快递多种运输方式融合发展,制定统一的标准和规范,以确保客货邮融合发展健康可持续。

2. 扶持政策

(1)农村物流节点政策。

天长市出台了《天长市促进电子商务产业扶持政策》,加大对农村物流节点建设的扶持,对成功创建省级电商示范镇、示范村、示范服务网点,分别给予一次性40万元、20万元、5万元的奖励。对经营状况良好的农村电子商务服务网点,三年内按每年每个网点5000元给予补助。

(2)农村公路建设政策。

天长市按照"硬化、绿化、亮化、安保工程标准化、道路网格化、美化"六化标准,全力推进"四好农村路"建设,出台了农村公路建设补助标准,除上级补助资金,其余建设资金由市级财政足额保障解决。近3年来,累计投入财政资金近5亿元,高标准建设农村公路800多km。

(3)客货邮线路运营补贴政策。

天长市制定了《天长市城乡公共交通成本规制实施办法》《天长市城乡公共交通财政补贴暂行办法》《天长市城乡公交通服务考核办法(试行)》。建立了运营成本规制和服务质量考核为主要内容的城乡公交补贴机制,每年市财政奖补资金约4000万元。

二、典型企业做法

天长市通过推动邮政部门、电商、快递与城乡公交企业之间的合作,打造"交邮融合、交商协作、客货共享"服务品牌,实现客货邮融合发展,促进农村物流创新发展,助力乡村振兴步入快车道。

1. 设施一体,建设"1+14+N"客货邮服务节点

建设了一个客货邮县级中心——天长市电子商务产业园,集聚了邮政物流、菜鸟物流和电商公共服务中心,形成了"一园多能、一网多用"综合性物流服务园区。该服务园区先后被评为省级服务业集聚区、省级电子商务示范园区和省级跨境电商示范产业园,如图8-1所示。

建设了14个"交通+"综合服务站建设,累计投入8千多万元,打造集城乡公

交、邮政、电商、快递、旅游等服务功能为一体的交通运输综合服务站，实现运输站场综合利用率100%，镇级农村物流节点覆盖率100%。建设了174个村级客货邮节点，充分利用邮政村级邮乐购和电商服务网点，实现建制村农村物流服务覆盖率100%。

图8-1　天长市电子商务产业园

2. 客货邮并网，打造"1+1"共享运营网络

形成了一个共同配送主体，成立天长市同乐企业运营管理有限公司，对8家快递企业实行整合运营，实现镇村物流共同配送。共同配送比例达80%以上。打造了一个客货邮线路网络，加强线网融合运营，将邮政、快递包裹通过城乡公交线路配送至镇村服务网点，打造"城乡公交+小件物流+邮政快递"的客货邮融合共享运营模式。

3. 推进交邮融合，打造客货邮融合示范线路

依托天长市城乡公交镇村全覆盖的优势，积极与邮政快递协调合作，先后开通多条客货邮融合示范运营线路。运营上实现"四统一"规范化管理，即统一评估，交通、公安、应急、公交企业、邮政企业对运营线路通行条件及车辆安全进行评估；统一签收，邮政快递包裹通过城乡公交进行寄递服务，在上车前、下车后严格落实签收制度；统一保管，在城乡公交车辆上设立邮政快递包裹储件箱，实行集中统一管理；统一标识，所有融合发展的城乡公交车辆统一制作"邮政快递、小件物流"标牌标识。

三、取得成效

1. 缩短了配送时间

客货邮融合直达配送，缩短了镇村居民收件时间，由过去的两天缩短为最长

不超过一天,提升了农村群众生活便利性,群众满意度达95%以上。

2. 节约了发展成本

通过多种运输方式整合和融合运营,减少了运输车辆、管理人员及办公场所等方面的重复投入和建设,实现运输成本降低约30%,年节约运输成本约3000万元。

3. 促进了乡村振兴

通过融合发展,解决了农产品进城"最初一公里",工业品下乡"最后一公里"问题,促进了天长龙岗芡实、倮倮大米、秦栏老鹅、高邮湖大闸蟹等当地特色农产品发展,带动约1800多人就业,实现人均年收入增加约6000元。

第九章　福建省农村物流服务品牌

案例9-1　武平县“交通运输+邮政快递融合”服务品牌

武平县地处闽粤赣三省结合部，东迎闽南金三角，南接广东珠三角，西临江西内陆腹地，素有闽西“金三角”之称，获得“全国文明城市”等荣誉。近年来，武平县着力构建“外通内联、通村畅乡、安全便捷”的交通运输网络，全面提升农村公路的通行能力和运输服务水平。交通运输网络的不断完善为物流市场的发展提供了良好的保障。武平县依托骨干运输企业，整合县域内客货运输站场、邮政快递、农村淘宝、供销通世达等农村物流资源，打造形成覆盖全县的县、乡、村三级农村物流体系，打通了从县乡到村“最后一公里”的物流难关。

一、武平县主要做法

1. 加大政策扶持，规范行业发展

政策资金扶持是发展农村物流的重要基础，武平县结合实际，相继出台了关于支持现代物流业和快递业加快发展九条措施、进一步支持现代物流业加快发展三条措施等扶持政策。同时，为进一步规范农村货物运输和农村物流运营秩序，维护各方当事人的合法权益，结合交通运输服务行业实际，武平县还制定了《武平县农村货物运输服务规范》《武平县县、乡、村三级农村物流节点运营服务规范》。

2. 落实布局规划，明确发展方向

武平县以党的十九大精神和中共中央总书记习近平关于“四好农村路”重要

批示精神为指导，以农村物流和电子商务融合发展为基础，以健全农村配送网络为支撑，以农村物流公共信息平台建设为载体，坚持部门协同、企业参与、资源整合的策略思想，制定了《武平县县乡村三级物流体系规划方案》，为构建覆盖县、乡、村三级农村物流体系，建立“工业品下乡、农产品进城”的双向快捷物流通道，助力农村脱贫致富指明了方向，提供了切实可行的规划方案。

3. 推动资源整合，促进融合发展

武平县统筹交通运输、商务、供销、农业、邮政等部门行业管理和资源优势，积极促使龙头企业发挥内生动力，推动农村物流破解“三农”问题，促进城乡物流融合发展，形成“布局合理、双向高效、一网多用、城乡一体、服务便利”的农村物流服务体系。

（1）加强农村物流基础建设。一是推动贫困乡村产业发展道路升级改造。从2017年起，县财政每年安排2000万元专项资金，对全县5个贫困乡7条农村公路进行改造，助力扶贫产业发展。目前，已完成4条，其余3条正在组织实施。二是落实县、乡、村三级物流站点建设。目前，已建成1个县级物流中心、14个乡镇的综合运输服务站和214个村级物流服务节点，形成覆盖全县域的县、乡、村三级物流公共服务站点网络，实现了物流资源的有效衔接。

（2）实现物流信息共建共享。一是以县级道路运政信息管理系统为基础，整合农业、供销、邮政管理等相关部门信息资源，有效融合物流企业、快递企业、电商企业、广大农资农产品经销企业等的自有信息系统，搭建县级农村物流信息管理平台。二是将县、乡、村三级物配送流车辆纳入道路运政信息管理系统，利用北斗卫星导航信息技术，对配送车辆实行有效的动态监管。三是加强农村物流市场运行监测，将各农产品、农副产品产销价格、运输价格、运输成本纳入监测范围，及时了解农产品物流动态，建立健全预测和预警机制，做好应急预案，保障农产品供应链的稳定运行。

（3）提升物流服务水平。一是积极拓宽服务领域，构建以县城为中心，覆盖全县、辐射周边、通达全国的现代快递物流企业集聚地，强化内外产业联系，以产业合作促进农村物流发展，提升农村物流配送网络覆盖率。二是组织制定物流运输有关政策、法规、技术标准和运营规范，并监督实施，对农村物流市场实行分类监管，增强监管的针对性和有效性，并鼓励企业建立和完善标准体系，提升农村物流配送安全性和一致性。

二、典型企业做法

武平县依托武平县龙洲物流有限公司，牵头组织、运行管理全县域的县、乡、村三级物流公共服务体系，成功打造了“龙洲乡村运达”农村物流服务品牌。

1. 推进县、乡、村三级物流体系建设

(1)县级物流站点。武平县闽粤赣边电商物流产业园区作为县级物流中心，设立了县、乡、村三级物流公共服务运营中心与物流信息交易中心及全省首条县级全自动分拣流水线的公共分拨中心。同时，县政府配套出台招商优惠政策吸引县内45家电商企业、物流及快递企业入驻园区。其中，“工业品上行”项目武平不锈钢线下体育馆“陶钢城”和“农产品上行”项目福建省百香果联盟武平分拣中心的入驻，给县、乡、村三级物流体系带来完整的农村物流业务链，开展“上下行”双向运行业务。

(2)乡镇级物流站点。乡镇级物流站点依托城区以外的14个乡镇农村客运站开展物流服务。同时，按照省补精准扶贫项目的要求，严格依照标准完成了14个乡镇的综合运输服务站改造建设任务。在积极引导各快递物流公司业务合作的基础上，加大招商力度，吸引“农村电商”“农产品展示交易”“汽车维修”“仓储物流”等相关企业入驻。所有乡镇综合运输服务站完成了“2+3”(或以上)服务功能的建设。

(3)村级物流站点。武平县在8个乡镇政府驻地行政村(包括周边邻近行政村)以及农村客运班线(含两条货运班线、两条货运专线)途经的行政村，通过自建或与农村淘宝、邮政村邮乐购、供销通达、京东物流等公司合作的方式设立了214个村级物流服务站点，实现了县域村级服务站点全覆盖。同时，着重做好“乡到村”和“村到乡”的物流“降本增效”的工作，不断优化业务流程管理和运营成本控制管理。

2. 构建县、乡、村三级物流信息平台

武平县依托武平县龙洲物流有限公司，在原客运站务信息系统的基础上，结合物流信息系统(TMS)和OMS订单管理系统，研发出县、乡、村三级物流信息系统，并开发运用信息系统配套的手机终端——乡村运达App和乡村运达微信公众号，链接客户、农户、车辆、场站、收派件员等相关资源，让货主和众包收派员实时掌握货物动态，实现货物安全准确收派，为解决农村“最后一公里”及农产品上行“最初一公里”问题奠定了信息化基础。

3. 整合物流资源，降低运输成本

（1）积极促成物流快递企业抱团经营。鼓励各品牌快递（速运）代理或加盟商的县乡村网点业务的整合，实现互利共赢。促成“四通一达”等十一家快递代理或加盟商的联盟经营，共同组建武平供销通世达快递公司，进行快件共同分拨、共同取派，共同设立城乡分支网点。支持快递企业公共分拨中心的自动分拣设施的升级改造，满足所有快递公司的共同分拣、分拨的需求。

（2）做好“引流”与“导流”。积极引导鼓励县内电商企业、物流及快递企业入驻园区集聚经营，不断吸引周边物流市场的零担物流业务前往园区集聚中转分拨，以提高县级分拨中心的货物集散、吞吐量，为县、乡、村三级物流的业务开展和运营奠定坚实的流体和流量基础支撑。同时，全力支持以“武平百香果”为代表的农产品“上行”项目，给县、乡、村三级物流体系带来完整的农村物流业务链，开展“上下行”双向运行业务，为乡村构建城乡配送“最后一公里”和农产品上行“最初一公里”畅通无阻的物流通道。

4. 创新运营模式，提升服务水平

结合农村民俗风情，借鉴城市众包物流模式，创新乡村众包物流模式。以临时招募的社会个体运力（摩的、农业运输车辆、小商贩、村干部、村级保洁员等）以顺带（捎带）货物的方式完成终端派送与收件，通过这种较低运营成本的模式解决乡村物流业务量小、业务分散造成的成本高、收派难的问题。同时，利用农村固有的乡邻乡亲关系稳固、维系业务，规避寄递业务的安全隐患。目前，武平县众包物流模式已在县域内的214 个行政村正式运行，并招募众包派送员约537 人，其中正式登记在册众包派送员 237 个、临时募招派送员人员约 300 人。

5. 积极拓展物流市场，补足农村物流短板

在业务少易亏损的偏远乡镇、行政村设立物流公共服务站点，为物流快递企业提供公共的物流快递运输和业务代办服务，帮助物流快递企业实现县域内网点布局全覆盖，补足偏远乡镇、行政村物流短板。目前，已投入三台厢式货车，开通两条货运班线和两条货运专线，采取自营、不定时发班的方式，运行于中堡、永平、桃溪、湘店等“武北”片区和中山、民主、下坝、中赤等“武南”片区，承担了顺丰速

运、供销通世达、邮政快递部分运输业务，实现了各偏远行政村、镇之间的有机链接。做到“有货必运、有运必达”，着重做好“乡到村”和“村到乡”物流“降本增效”的工作，不断优化业务流程管理和运营成本控制管理，让老百姓能够享受低廉、便利的农村物流服务。

三、取得成效

（一）改善经济发展环境，助力全县脱贫攻坚

据不完全统计，2018 年度武平县县、乡、村三级物流快件出港约 119.34 万件，进港约 690.59 万件；货运出港约 12205.5 吨，进港约 37605 吨。其中，农产品快件上行约 101.7 万件，货运上行约 3116 吨，合计实现营业收入约 3634.17 万元。2019 年 1 ~9 月，武平县县、乡、村三级物流快件出港约 103.01 万件，进港约 498.95 万件；货运出港约 21655 吨，进港约 47955 吨。其中，农产品快件上行约 77.9 万件，货运上行约 3646 吨，合计实现营业收入约 3446 万元。对比近两年运营效益，武平县的县、乡、村三级物流公共服务体系，有效解决了农村“最后一公里”及农产品上行“最初一公里”配送难的问题，着实推动农产品上行，助力农村精准扶贫。

（二）促进物流降本增效，提升物流服务品质

1. 整合物流资源，降低物流成本

一是通过货物集中共同配送，解决了因货量少、派件分散造成的物流成本上升问题，减少乡镇物流网点的运力投入，使企业有更多精力专注物流增值服务，提高客户满意度。二是快递、零担企业“退城入园”，便于政府进行统一管理，进而规范了行业税收管理，降低物流业税收成本，减轻企业税收负担。

2. 提高车辆利用率，减少环境污染

通过整合县域城乡物流配送车辆资源，实现货物与车辆的合理配载，进一步提高了车辆的利用率，减少各家物流企业因农村物流业务分散经营而造成的空载率高、运输线路重复、车辆闲置等现象，从而提高运输效率，节约能源，减少环境污染。

3. 打通双向流通渠道，提高城乡配送时效

通过建设点、线、面全覆盖的县、乡、村三级物流体系，合理规划农村物流配送网络线路，搭建信息服务体系，打通了农村物流双向流通渠道，使快递下乡当日便可进村入户，农产品当日可至县级物流服务中心分拣与销售，从而保证农村物流流转效率，提高城乡配送时效。

（三）助力新型农民塑造，掀起农村创业热潮

通过营造"人人皆学、时时能学、处处可学"的良好环境，加强农村电商人才和农村物流人才的培育，着力培养塑造具有较高文化素质、文明修养和职业技能的新型农民。同时，通过农村电商服务体系与农村县乡村三级物流体系的建设与融合互促发展，解决了农产品销售难、物流成本高的问题，从而打消了新型农民创业的主要顾虑，掀起农村创业热潮，提高了农民生活水平，促进了农业农村发展。

案例 9-2 沙县区"新型邮政＋电商物流"服务品牌

沙县区隶属福建省三明市，位于福建省中部，沙溪河下游。境内有鹰厦、向莆快速、南三龙（杭广）快速三条铁路，福银、泉三、厦沙等高速公路，三明沙县机场和三明陆地港、沙溪航运码头在境内汇集，凭借"水、陆、空"现代交通网络的逐步形成，成为福建省交通要素最齐全、对外交通最便捷的内陆城市之一。为全面落实中央乡村振兴战略，破解农产品返城难、商贸快消品下村难、乡村快件收寄难的发展瓶颈，依托沙县物流、经济现状，提出了"新型邮政＋电商物流"服务品牌。

一、沙县主要做法

（一）统筹推进，建立健全工作机制

一是组建行业协会。广泛吸收网商、供应商、运营商、服务商等不同层面人员，成立了沙县电子商务行业协会，负责行业管理、宣传推广、业务培训等工作。二是明确发展方向。结合《沙县电子商务产业发展规划（2015—2018）》（沙政〔2014〕180 号）和电子商务进农村综合示范工作中央财政资金重点支持方向，制

定下发了《2016年国家电子商务进农村综合示范县工作具体实施方案》(沙委办〔2016〕47号),明确了沙县开展电子商务进农村工作要点和方向。三是配套扶持政策。认真贯彻落实国家、省市有关农村电子商务发展的政策措施,在资金、人才、技术、物流、金融等方面构建了完善的政策支撑体系,不断优化农村电子商务发展环境。

(二)夯实基础,完善支撑服务体系

设于龙湖物流园的县级邮政乡村电商物流集散中心(一期),占地面积1700平方米,集"仓储+收寄+分拨+投递"等功能于一体,投资180余万元增配现代化物流设备,年吞吐快件能力超1000万件、中转分拨农产品与快消品超1亿元。依托各乡镇邮政支局(所)设立10个乡(镇)物流服务站,负责下辖120个村级物流服务站点的运维支撑工作。支持各民营快递公司(顺丰、通达、百世等全品牌)邮件依托三级物流体系实现快速上下行,从而实现民营快递共同配送,提升快递下行服务时效,降低配送成本。

农村电商三级物流平台面向民营快递企业、电商客户、商贸流通企业开放共享。邮政企业主导农村电商物流市场,整合民营快递公司农村物流发展平台,实施服务创新、科技创新,发挥邮政优势,服务实体经济,加快推动农村电商发展,解决"两个最后一公里"。同时建设科学信息化、流程化、扁平化物流作业自动化。

依托物流体系平台,承接民营快递下行业务的同时,助力邮政代理金融业务攻坚转型,助力邮政农村电商渠道平台拓展,助力农产品进城,实现各项业务协同发展。

(三)示范带动,助推农特产品上行

一是开展文创工作,助推上行。重点在包装设计、创意、产品概念等方面重新挖掘和定义沙县农特产品的价值属性。同时,借助县域公共品牌——沙邑珍品的平台,为加盟的企业提供活动策划、产品文创包装设计与视频拍摄、代运营、分销体系等服务。二是对接平台,助推上行。围绕沙县小吃及特色农产品,不断加大对第三方电子商务平台的招商力度,同时积极培育电商综合平台、专业平台和公共服务平台,进一步壮大电子商务发展载体,提高电子商务应用水平。三是培育典型,助推上行。发挥中央厨房龙头作用,整合民营快递,实现多方共赢。依托

“县、乡、村”三级物流体系，坚持开放共享的原则，搭建“快邮合作”共享平台，为全品牌快递提供下行通道，实现民营快递下行共同配送。四是树立品牌意识，提高农产品知名度。建立溯源机制，做好产品文创工作，同时利用大型电商平台打响本地知名品牌。

（四）突出重点，提升供应链体系发展

一是持续推进电商平台发展。沙县立足优势谋布局，围绕特色做文章，集中力量打造一批功能定位明确的电子商务发展承载平台。二是持续推进供应链体系发展。规范品牌管理，把控产品质量；建立分销系统，打通走出去渠道；丰富供应链平台，助力农产品上行。三是持续推进可追溯体系发展。对接农产品供应链信息平台，为每个入选产品建立静态溯源对应的二维码入口，让生产信息透明，全程可追溯，增加产品的可信度。四是电商助推“沙县小吃”转型升级。搭建一体化管理平台，对产业进行互联网及数字化改造，线上与线下并进，促进小吃产业升级，同时利用大数据和互联网改造供应链。

二、取得成效

（一）发挥电商优势，助力乡村振兴和脱贫攻坚

一是发挥电商龙头企业作用，带动产业扶贫，实现贫困村村财务收入有保障、贫困户家门口就业的产业扶贫效果，推动精准扶贫，促进了农产品上行，同时缩短了脱贫致富的进程。二是开展电商培训，助推精准扶贫，为建档立卡贫困户学员提供创业指导、创业培训、电子商务开店技术培训及电商销售技巧培训等服务，不断完善电商人才培育机制和孵化机制，辐射带动全县电商产业人才队伍发展。三是电商助力贫困村，畅通脱贫之路。在电商服务网点选址优先向符合条件的建档立卡贫困村或省级贫困村倾斜，一定程度上解决了农副产品的滞销问题，同时缩短了脱贫致富的进程。依托农村电商服务站点、物流点、农产品冷藏库等设施，为村民提供商品代购、产品代销、生活缴费、物流快递等便民服务。四是积极开展“助农联盟”行动，形成助农扶贫合力。五是发挥电商多体系作用，利月县域公共品牌影响力，助力扶贫攻坚。

2019 年，沙县电子商务交易额 12.8 亿元，同比增长 11.3%；网络零售额 8.55

亿元,同比增长14.77%。累计网络零售额排名位列全市第3位,为沙县经济社会发展、产业转型升级提供了强有力的支撑。

(二)构建新型邮政农村电商物流平台经济社会效益

三级物流体系服务平台建设是积极响应国家乡村振兴战略,探索对接精准扶贫新模式,把握地方政府电子商务进农村综合示范县有利契机,有效应用新技术,建成的邮政物流公共服务体系。沙县邮政分公司争取了政府补贴资金420万元,搭建平台框架,不断以邮政元素进行填充,将先进的行业理论与沙县物流、经济现状相结合,创新城市物流集中配送中心(City Logistic Distric,简称CLD)模式,以"延伸的仓储增值服务+高效的同城物流配送服务",打造开放共享的"1+10+120"县、乡、村三级公共物流服务平台。

(三)履行央企担当,提升服务质量

一是服务能力提升。物流体系共配置干线运输厢式汽车15辆,投递车辆50辆;开设投递邮路61条,单日总里程3516.88公里。二是服务时效提升。全面实现县至乡"T+0"、县至村"T+2"配送能力(建设前县至乡"T+1"且周六排休、县至村"T+3"),并不断优化完善,扩大县至村"T+1"服务范围。依托各乡镇邮政支局(所)设立10个乡(镇)物流服务站,负责下辖120个村级物流服务站点的运维支撑工作,用快递物流连接起乡村发展的"最初一公里"与"最后一公里"。三是三级物流体系服务平台建设有效提升了服务工作时效和质量,很好地履行了邮政的政治责任和社会责任。

(四)邮快合作,服务农村

坚持平台共享开放原则,实现各民营快递公司邮件依托三级物流体系实现快速上下行的服务能力。达到以下成效:一是响应政府号召,践行央企"助力乡村振兴"责任担当;二是拓宽乡镇市场,逐步实现邮政专营,有效提升农村快递揽收量;三是摊薄普通服务成本,根据具体的服务模式制定相应的资费标准,利用县域干线剩余运能提升效益。截至2019年9月,已累计送件超10万件,日均300余件,为群众节省快递取件费超20万元。

（五）农村电商，畅通工业品下乡渠道

三级物流体系共享下行物流仓配平台为本地商贸企业提供快速稳定、辐射面广、价格低廉的下行通道，助力工业品和快消品下乡，满足农民生活、生产需要，同时配套代收货款、资金结算、信用贷款等综合服务。

（六）助农联盟助力脱贫攻坚

通过实施“助农联盟”行动，至 2020 年吸纳本地企事业单位及经销商数量达到一定规模，形成常态化的联动机制。建成沙县农特产品种植户动态数据库（重点采集“一乡一业”“一村一品”、本土传统农业、民间手工农业、农业龙头企业、农民专业合作社、农业股份公司、家庭农场、小农户等相关信息），以及农产品由产至销全流程服务体系，基本突破本地初级农产品返城销售瓶颈，帮助优特农产品种植者提升经济效益。

第十章　江西省农村物流服务品牌

案例 10-1　分宜县"城乡公交 + 物流电商 + 共同配送"服务品牌

分宜县隶属江西省新余市，位于江西中部偏西，袁河中游，县城位于省会南昌、湖南长沙中间，交通区位便利。分宜县农村经济发展基础良好，区域内道路交通等基础设施完善，农村物流供需平衡，是江西省农村物流体系最为发达完善的县区之一。分宜县整合公交、物流、快递、电商资源，创新"城乡公交 + 物流电商 + 共同配送"服务模式，实现站场、线路、运力资源共建共享，打造农村物流服务新供给。

一、分宜县主要做法

1. 强化顶层设计，统筹全县规划，建立有效工作机制

2014 年，分宜县委、县政府出台政策，支持建设"分宜公交物流园"项目，合理规划布局建设占地 55 亩、建筑面积 4 万平方米的集"公交客运 + 物流快递 + 电商仓储"的综合园区。2019 年，出台《分宜县深化交邮融合创新农村物流服务品牌实施方案》，印发了《分宜县深化交邮融合创新农村物流服务品牌实施方案的通知》(2019 年 33 号)，坚持政府主导、部门联动、明确各职能部门分工，建立了有效工作机制，大力支持交邮融合发展。2021 年，《分宜县国民经济和社会发展第十四

个五年规划和二〇三五年远景目标纲要》中明确提出要大力发展农村物流,发挥“互联网 +”的带动作用,继续推进农村电子商务发展,大力推广分宜县“交邮融合”“农村公交客运 +”“邮政农村普遍服务投递 +”等模式,致力打通农村电商三级物流通道,助力农产品进城出村,实现快递配送网格化、一体化。今年又将客货邮融合发展纳入全县重点深化改革项目,重点推进、着力打造农村物流全国名片。

2. 加强基础建设,完善公路网络,建立物流网络体系

2018 年,分宜县以实施电子商务进农村示范县项目为契机,在城区设立了 51 个社区快递服务点,在乡镇建成了 10 家电子商务综合服务站(快递超市),在 107 个行政村建立村级快递揽投点,编织出一张能够覆盖全县 85% 快递业务量的服务网,建立起支撑物流服务网格化的县乡村三级网格化配送服务体系。全县公路总里程达 1433.076 公里,其农村公路总里程 1285.254 公里,2013 年至今投资 61023 万元,新建改建农村公路总里程 276.076 公里,通行政村公路已于 2005 年底全部通畅。25 户以上集中居住的自然村于 2017 年底在全省率先完成全部通硬化路。在市财政补贴农村镇村公交的基础上,按照“四好公路”运营好的要求,分宜县财政部门兜底补贴,2020 年 6 月实现了全县建制村通客车全覆盖。

二、典型企业做法

分宜县整合公交、物流、快递、电商资源,建设集公交客运 + 物流快递 + 电商仓储功能为一体的“分宜公交物流园”项目。利用乡镇 100% 通公交优势,全部采用公交运输上、下行物品,创新“城乡公交 + 物流电商 + 共同配送”服务模式,实现站场、线路、运力资源共建共享,打造农村物流服务新供给。

1. 化零为整,整合快递行业资源,推动物流降本增效

分宜县通过一系列的抱团整合,将各家企业的资源整合在一起,减少不必要的环节和人员,从而降低经营成本。邮政、圆通、中通、韵达、申通、百世、顺丰、极兔 8 家快递企业,通过下乡业务的整合、分拣场地的整合、配送车辆的整合以及派送人员的整合,大大提升农村邮件投递时限,提升了农产品和电子商务包裹的上行速度,规范了行业市场秩序,提升了竞争力,降低了企业配送成本、用工风险和意外风险。

2. 连点成面,加快城乡三级网点建设,实现快递配送服务网格化、一体化

为保证快递配送时效,分宜县根据地理位置特点,在城区街道设立了 51 个社区快递服务点,在乡镇建成了 10 家电子商务综合服务站(快递超市),在 107 个行政村建立村级快递揽投点,编织出一张能够覆盖全县 85% 快递业务量的服务网,建立起支撑物流服务的县、乡、村三级配送体系。

3. 去繁为简,统一物流服务流程,创新配送模式

分宜县推动“四通一达”、邮政、江西慧驰、华翔公交等多家合作,利用城市公交的闲暇时间段,开设公交运送快递下乡的专线,通过统一分拨、统一运输、统一投递、统一收件、统一分摊成本,实现快件下乡、物资进城双向流通,并将县城及 9 个乡镇和部分行政村的快递网点串联起来,构建城乡一体化的同城配送网络,合力打造县、乡、村三级全覆盖的城乡配送体系。

4. 产学一体,开发物流共享平台,助推农村物流发展

2019 年,新余学院开始成立博士团队,与江西慧驰供应链共同研究分宜且三级物流体系建设,开发了一套集物流信息、农产品信息共享的平台,新余学院因该科研项目获批 2020 年江西省交邮融合农村电商物流工程研究中心。

三、取得成效

(一)节约物流成本

通过整合公交,物流、快递在同一场站作业,确保了安全、减去了短倒的物流成本,免去了快递件二次过安检机和无法上安检机的安全风险,所有快递件无论农村与城市都能当日达,实现了同城商品交易物流收费散户 5 公斤以内 4 元/件,续重 0.5 元/公斤,大客户 1 ~1.5 元/件的强势亲民物流服务,可让全县所有农产品变成商品。利用电动物流车、公交车做运输工具,可实现一天多频次城乡往返运输,在保证客运及货运的同时,节约了能源,减少了污染排放,物流费用节约超过 50%,既保障了时效,又做到了节能减排。

(二)增加村民收入

服务网点的成立及其后期维护发展,公交配送体系的维护发展,都离不开大

量人员投入,而其中包括简单物流配送、服务网点日常维护运营等工作完全可以由当地剩余劳动力承担。目前,分宜物流快递运营平稳,配送车辆保有量约100 台,物流快递服务网点约 180 家,从业人员约 1000 余人。配送人员收入 4500 ~ 8000 元/月,增加收入 40% 左右。

(三)带动周边发展

通过结合“客货邮融合”项目,构建了布局合理、规模适中、需求匹配的配送节点网络,实现各级配送节点间的紧密衔接,利用公交车实现快件下乡、物资进城双向流通,构建城乡一体化的同城配送网络,打通分宜与周边县市的物流瓶颈。现已形成全县邮件快件物流全方位的融合发展配送网络,达到以社区、乡、村无盲点的全覆盖自主物流服务体系,有效解决物流快递、生活快消品、农资等产品进城出村、入村到户的“最初和最后一公里”难题。

(四)助力乡村振兴

通过整合公交,物流、快递在同一场站作业,确保了安全、乡镇、村农产品 3 元/2kg 到达城市入户的物流服务,可让全县所有农产品变成商品,解决了农村劳动力就业、让农村抛荒土地恢复生机、助力传统农业的开发利用。同时,农民自己亲手耕种的农产品,带给城市里的亲朋好友,进一步拉近了亲情距离。农产品进城可使农村贫困人口都能劳有所获,巩固脱贫成效,助力乡村振兴。在“乡村振兴脱贫攻坚”上保证了农村物流、电商贸易畅通,体现了“交通强国”的宏伟目标。针对脱贫攻坚,可绝大部分转为产业脱贫,使各贫困户都能劳有所获,解决了农产品的运销难题。

(五)推进养老服务

新余市是全国农村“颐养之家”的首发地,全市帮助解决了一万余名当地留守、独居、困难老人的用餐不便和精神孤独等问题。70 岁以上的老年人,只要交纳200 元/月,就可一日三餐在“颐养之家”食宿。该做法得到了社会各界人士的关注和好评,也得到了国家相关部委、江西省政府的认可,并准备在更多范围推广。为贯彻落实上级指示,推出了为离家偏远、身体不适的老年人送餐服务,收费为每人每月 120 元,可免费为老年人提供 120 医疗救助电话服务、电商代购代销,每月

1～2次将老人们的生活、身体状况视频发给儿女。提供个性化的增值收费服务，如洗被服、搞卫生等，丰富老年人业余生活。现在在分宜镇试点，得到了广大居民的一致好评。

案例10-2　安福县"交邮商农供融合，助推农村物流发展"服务品牌

安福县境内交通便捷，县城位于省会南昌、湖南长沙中间，杭南长高铁、沪昆高速、浙赣铁路横贯东西，武吉高速和蒙华铁路纵贯南北。安福县高度重视农村物流发展，积极推动出台相关政策，支持农村物流三级网络节点体系建设，促进各部门、各领域农村物流资源整合共享，创新运营组织模式，推动交邮商农供融合，助力农村物流发展。

一、安福县主要做法

1.加强政策引导，加大扶持力度

一是促进交邮合作。"快递+邮政+交通"交邮融合服务模式得以成功运营，得到了江西省邮政局、当地政府及相关部门的高度重视和支持。江西省邮政局领导、吉安市委市政府领导先后莅临调研指导，特别是吉安市邮政管理局，为促成合作，反复进行调研，提出了建设性意见，并在江西省邮政局指导下，联合交通部门和县政府将"快递+邮政+交通"服务平台作为交邮合作项目重点打造，协调吉安市城投公司给予资金支持、人才支持。

二是加强部门协同。交通运输局建立融合发展工作对接机制，积极联合农业农村、商务、供销等部门和邮政公司建立推进农村物流体系建设工作协调机制，建立高效物流管理体制，支持县乡公路客货运站拓展建设物流服务网点建设，加强建制村通客车与建制村对接物流工作的协同联动。

三是加强组织领导和宣传培训。各地各单位充分利用广播、电视、报纸、宣传栏等主流媒体和自媒体，广泛宣传公交、邮电、电商、物流深度融合的创新做法和实际用途，采用村干部培训、妇女培训、农村技术能手培训等多种培训方式，对广大村民进行交邮融合创新业务培训。

四是强化资金支持。安福县政府出台了《安福县促进电子商务发展扶持办法(试行)》，其中对电商进农村和发展农村物流提供了补助标准。

2. 完善基础设施，强化物流发展保障

一是加强用地规划保障。县级以上人民政府将邮政和快递业发展纳入国民经济和社会发展规划，并与国土空间、综合性交通运输体系规划相衔接，统筹考虑邮政和快递园区、邮件和快件处理中心等基础设施用地需求。对邮政和快递建设项目符合法定划拨范围的，可以划拨供地；对入驻符合现代物流业发展规划的物流园区、物流配送中心、电商园区等快递企业的项目用地，以及为生产配套的快递仓储物流用地，可按规定享受工业用地政策。

二是做好服务网点建设和规划。安福县农业农村部门积极推进益农信息社建设，利用村委、村超市等既有资源建成225个农村益农信息社，为村民提供"买、卖、问、办"服务，同时提供物流、快递取物等服务。安福县供销社推动供销电商公司在各乡镇设立服务网点，目前已在13个乡镇设立了电商服务中心，在26个行政村设立电商服务站。整合了安福县益农信息社、微商等优势资源，组建安福县农产品电商运营中心。此外，安福县合理利用占地100亩、建筑面积4万平方米的集公交客运、物流快递、电商仓储一体的"安福公交物流园"项目，督促企业完善物流园区各项功能，帮助企业推进交邮融合工作朝着更加规范化，科学化方向发展。

三是鼓励转换运营模式。充分利用安福县城乡公交一体化的等优势，因势利导，采取优惠政策，鼓励、帮助优势企业整合全县公交、物流、快递业务，试行"客运+货运两网合一"服务模式。提高站场、线路、运力等资源共建共享，打通农村"最后一公里"。

四是加快综合信息平台建设。按"政府引导，市场化运作"原则，整合电商、公交、物流信息平台，建设县、乡、村物流信息化综合平台，实现货物信息化、运力信息化和配送信息化。实现信息数据互通共享，提高物流配送效率，节约物流资源，有效降低物流成本，促进县、乡、村双向物流通道顺畅。

3. 健全农村物流网络，深化交邮融合

一是完善服务站点网络。安福县设立了100多个县、乡、村三级物流体系服务网点，利用乡镇100%通公交优势，全部采用公交运输上、下行物品，选购先进的分拣设备、标准托盘、集包笼等装备，统一分拣、装卸。

二是加快建设“产配销”一体化综合服务平台。通过“交邮合作”项目，推进邮政、快递、公交协同发展，构建以公交为线，城市、乡镇、村级网点为面的城乡配送综合服务网络。充分发挥快递服务点多面广投递全覆盖的优势，将城乡电商快递服务网点打造成一体化综合服务平台。一方面，指导网点建立用户微信群，密切与用户的联系沟通，挖掘用户的代购、代买、代送需求，扩展服务内容，提高用户黏性。依托新公司建立的同城配送平台大数据，分析城乡居民的消费习惯，进行粮油、有机农产品、特色水果等产品和生活消费品的销售，提高网点盈利能力。另一方面，叠加邮政、电信业务和村级公益服务，丰富和延伸网点业务种类及服务功能，提升网点综合服务能力，增加客流量，提高网点收入。

三是拓展“交邮融合”业务范围。在农村地区开展居家养老送餐服务，与村委签订协议，为缺乏自理能力的居家老人送餐，费用是每月 150 元。在送餐过程中，将村民自己种的蔬菜等农产品通过公交车带到城区，由快递网点配送到村民的亲人或县城预订客户家里，满足城市居民对绿色农产品以及亲情乡情的需求。积极融入“乡村振兴”战略，加强与相关部门沟通协调，主动对接项目服务，发展空间和潜力巨大。

四是推进“多站合一”。交通运输、供销、农业农村、商务等部门与快递公司、邮政公司、客运公司间坚持推进资源共享、节点共建，实现“多站合一”，降低农村物流节点建设成本，搭建共同配送基础。

4. 加快农村电商发展

一是开展电商扶贫。2019 年 10 月 16 日，“安福县首届电商扶贫产品购销对接会”在县金岸广场成功举办。二是加强电商培训。安福县商务局积极组织立翔职业技术学校和供销社、邮政公司、阿里巴巴等拥有电商平台的部门和企业在县乡村开展了电商扫盲培训和就业培训，邀请了电商专家授课，农村专业合作社、电商企业、农村妇女经济能人及有意向的贫困户参加了培训，进一步扩大了电商宣传力度。

二、典型企业做法

1. “邮快融合”，开展共同配送

按照平等、自愿、互利、共赢的原则，实现整合资源共享，拓展农村寄递市场，服务农村电商发展,助力脱贫攻坚和乡村振兴。2020 年 6 月 30 日,安福邮政与 11 家民营快递签订了快邮合作协议,为安福县章庄乡代运输和代投邮件。

2."邮旅融合",提升服务品质

随着安福县农村生态产业、电商经济等新业态迅猛发展,紧盯快递运营市场新动向,调整契合旅游类乡村经济快递网络布局,将农村快递物流服务直接送进旅游景点的土特产店,打通"旅游 + 农产品 + 快递"服务生态链。

3.资源整合,实现"多站合一"

供销电商公司加快整合各方资源。在平都镇、横龙镇、泰山乡、洋溪镇、严田镇、钱山乡、山庄乡、金田乡等设立了惠农服务中心。乡镇惠农服务中心将供销电商、农村物流、供销保险、58 同镇、京东便利店整合在一起,为安福县农民提供了网上代购代销、日用消费用销售、农村金融、涉农保险和线下物流配送服务。

4.创新平台化运营模式,促进资源共享

安福县昌安物流公司对安福县福顺物流公司、安福昌信物流有限公司、兴宏托运部、永昌托运部等优势资源整合,整合申通快递、圆通快递、韵达快递、中通快递、百世汇通五家公司成立专业农村物流企业,接纳全县所有品牌的物流、快递末端派送业务,利用公交车做运力工具,遍布全县各乡镇物流电商服务网点。

(1)打造融合发展的四大平台

打造融合发展的四大平台,包括交邮融合的物流平台,通过与新余学院的合作打造自有的物流管理服务平台;城乡融合的电商平台,开发自有的电商商业服务平台;乡村振兴的服务平台,依据相关乡村振兴政策,因地制宜制订相关养老、帮扶、融合等高质量发展服务品牌;大众创业的孵化平台,依托清华启迪、新余学院的科技力量,根据区域特点打造差异化产业发展,提供科技孵化。

(2)运营模式

通过整合所有的公交、物流、快递和电商利用互联网管理手段形成生态圈服务模式。打通农村"城品下乡、乡品进城"的壁垒,组建县、乡、村三级物流体系;整合全县所有工业品下行和农产品上行的末端服务;每个行政村至少设立一个功能齐全的服务网点;传承中华民族孝善文化理念,拉近亲情交融;利用公交车做廉价且多频次发班的优势运力;发挥城区高密度服务网点服务功能。

三、取得成效

(一)促进农村物流降本增效

安福县开展“快递＋邮政”服务模式，截至10月27日，累计共配送快件13560件，为民营快递节约成本2712元。7月，为京东、极兔开通了山庄赤谷两个乡镇的快邮合作乡镇。另疫情期间，安福邮政为顺丰带运钱山、泰山、浒坑、章庄快件0.3万件，节约成本0.15万元。

(二)助力产业发展，助推脱贫攻坚

安福县积极组织安福县邮政公司、供销社电商公司、广电网络电商公司等电商平台企业深入贫困村，对贫困户进行点对点帮扶，开展电商进农村、入农户精准扶贫活动，同时加强贫困村农产品产销衔接，解决“卖难”问题，促进农民增收。金兰柚、火腿、洋溪小鱼干等本地农特产品变成网货，线上、线下同时销售，增强了安福县电商扶贫实效。

(三)疫情期间保障居民供应，为滞销农产品解难题

安福县农产品电商扶贫运营中心主动出击，利用其覆盖县镇村的服务网络优势，积极与滞销贫困户对接联系，推出“线上下单、无接触配送”模式服务村民，减少疫情的传播扩散，保障农村居民生活必需品供应。确保所有配送员上岗前做到了体温测量记录，并佩戴医用外科口罩，到各行政村村口后通知各行政村站点负责人统一取货保持一定距离，确保与村民无直接接触。真正做到了一手抓疫情，一手抓服务能力提升。疫情期间，安福县电商扶贫运营中心共帮助农户解决滞销的鸭子2300只，鸡1000只，黄芽菜700斤，包菜500斤，莴笋1000斤，香菇1200斤，鸡蛋、鸭蛋、鹅蛋5000个，有效地缓解了农产品滞销的问题，保障农村居民生活必需品的供应。

案例10-3　安远县“智慧园区＋智运快线＋数字平台”服务品牌

安远县位于江西省南部，地处闽粤赣三省交汇处，是珠江水系东江源头和长江

水系赣江上游发源地。安远县创新探索“智慧园区＋智运快线＋数字平台”三位一体的城乡绿色智慧物流发展新模式，有效打通农产品出村进城的“最初一公里”和消费品下乡进村的“最后一公里”，解决了加快发展农村寄递物流、推进快递进村的“五个关键问题”，有望走出一条由农村物流革命带动农村产业革命的乡村振兴之路。

一、安远县主要做法

1. 顶层设计

以创建城乡交通运输一体化示范县为主抓手，深入推进农村物流发展。

一是高位规划强保障。通过聘请专业团队编制《安远县城乡交通运输一体化创建实施方案》《安远县农村物流十四五发展规划》，切实明确工作的目标、内容、责任、经费及工作保障等内容，高位规划统筹农村物流工作。同时，强化组织保障，及时成立以县长为组长，县政府分管领导为副组长，县交通运输、财政、发改、商务等20多个部门为成员的农村物流发展领导小组，密切配合、共同协作，及时召开专题会议，研究解决工作中存在的问题和困难，确保农村物流工作高效有序开展。

二是完善县乡村物流体系建设。在县级层面，推进商贸服务型物流枢纽建设，建设集电子商务、现代物流、智能仓储为一体的安远中国柑橘产业物流园、电商快递物流产业园、高速出口物流运输仓储中心，形成骨干通道、核心园区、配送中心和末端网点组成的大物流网络，构建高效县级物流配送网络体系。在乡级层面，依托乡镇客运站，充分利用现有客运场站资源，建设乡镇物流分拨集散中心，打造集“客运场站＋中转仓储＋分拨配送＋综合服务”的乡镇客运站，发挥“上接县、下联村”的农村客货运节点功能，推进乡镇客货邮综合服务站点体系建设。在村级层面，依托已有村级交通运输服务站，推进乡村农村物流网络节点的标准化建设和规范化运营，深入实施“快递进村”工程，提升快递物流网络到村覆盖率，打通了群众出行和农村物流快递的最后一公里。截至2021年，已建成乡镇交通综合客运站17个，村级交通服务站20个，邮乐购站点172个，电商物流网点89家，物流寄递企业25家，行政村物流覆盖率达到100%，实现乡镇收寄物流覆盖100%。初步形成“以物流园区为载体、以城乡融合的物流配送体系为支撑、以智慧物流为重点”的县、乡、村三级物流体系。

三是推进资源整合。依托乡镇综合客运站、村级交通服务站点，充分整合镇村客运、村邮乐购、电商快递、供销网点等资源,鼓励邮政、快递、电商、供销等企业入驻乡村客运站,打造成集交通服务站、产业合作社、农村电商平台、乡村物流点、农资储蓄点、便民服务点于一体的“交通+多站点”的服务站点,搭建了“客货邮融合”的总体发展框架,推动客货邮融合发展。

2. 扶持政策

一是优先安排城乡交通运输一体化建设用地。凡经全县综合交通规划、城乡公交、货运网络线路方案确定的城市综合交通枢纽、物流场站、农村客运站、招呼站等重要公交基础设施,优先安排建设用地计划。

二是加大对客货邮融合、城乡客运公交化改造、城乡运输信息平台建设的政策支持力度。支持客运企业开通偏远山区客运车辆代运信件包裹等多项业务,提升自身造血功能;支持村级交通运输服务站建设,引入外部快递企业资源,实现多站合一、资源共享。

三是适当放宽城乡货运物流企业市场准入条件。对申请经营农村物流、冷链物流、智慧物流的企业,实行优先办理、手续简化的政策,努力培育发展物流企业。对全国前20强物流企业在安远县设立市级及以上区域性总部,且为安远县电子商务企业提供物流服务的,给予一次性10万元奖励。支持物流企业设立村级投递代办点,凡在村一级设立邮件代办点的,给予物流企业每村3000元补助。

四是实行财政补贴、补偿等激励制度。积极支持农村客运站、候车厅、通达农村的货运场站建设补助资金纳入县财政预算。逐步建立完善城乡交通运输一体化财政补助和经济补偿机制。对服务于农村的公交、客货运企业(车辆),进行经济补贴和补偿。各有关部门、乡(镇)政府应在站场用地、行政规费、税费、行政许可等方面对城乡交通一体化建设给予大力支持、配合,能减则减,能免则免,尽量简化手续。对县内规模以上物流企业运营期间所缴纳增值税、企业所得税、城建税、印花税,按县财政实得部分的65%比例按月给予奖励。县内物流企业在纳税期间守法经营,未出现虚开发票等违法行为的,经县税务部门审核后,由县财政部门于次年再给予上述税种县财政实得部分10%的比例奖励物流企业。

二、典型企业做法

1. 网络节点共建共享

在县、乡、村三级节点建设运营中,县依托乡镇综合客运站、村级交通服务站积极整合道路客货运、邮政投寄、包裹快递、金融信息、产品销售、日常收费等资源进驻乡村客运站，推进乡村客运服务与商业服务体系融合、快递下乡与城乡物流配送体系融合、工业品下乡与农产品进城渠道融合，搭建“一点多能、一网多用、功能集约、便利高效”的“客货邮融合”的服务站点，发挥乡村站点存量资源的有效价值，实现站点与商业网点业态互补。

2. 运力资源互补互用

2020年1月，安远县委、县政府在县电子商务办公室基础上创新组建国有企业——安远县东江电商集团，谋划开展“智慧园区+智运快线+数字平台”三位一体的城乡绿色智慧物流发展新模式具体工作。

该发展模式的主要思路和做法是：瞄准新一轮科技革命和产业变革，加强新型基础设施布局，推动第五代移动通信、互联网、大数据、人工智能等与物流产业深度融合，构建城乡绿色智慧物流综合解决方案；布局完善县乡村三级城乡物流网络节点体系，提高网络节点覆盖率，选择各级网络节点建设集约化智慧园区，实现“一点多能、一网多用、多站合一”；构建基于近地低空索道和智能穿梭机器人的智运快线，实现县、乡、村三级城乡物流网络节点间全天候实时运输；运营数字平台实现产供销信息互联互通，充分释放农村内需潜力；智慧园区、智运快线、数字平台三要件相互支撑、相互赋能、协调发展，立足各级网络节点布局产业集群，提升节点设施综合服务能力，发挥中心带动和辐射效应，逐步发展形成新型城镇化的“示范带”和乡村振兴的“晴雨表”。

一是建设智慧园区。投资20亿元，建设占地521亩的电商产业园，围绕发展需要，建设集电商快递物流园、智能分拣中心、冷链物流中心、农产品集散中心、物流大数据中心、5G直播大厦、数字产业园等配套设施于一体的县级智慧物流总仓，深度融入商品供应链数字化、智能化、在线化管理，实现电商快递统收统配，形成巨大的聚集效应。

二是搭设智运快线。构建基于近地低空索道和穿梭机器人的智运快线，通过架设近地低空索道，支撑由云端系统控制的穿梭机器人在索道上自动驾驶，实现县、乡、村三级城乡物流网络节点间即时运输，满足城乡物流“少批量、多批次、多品种、长距离”的运输需要。穿梭机器人设计载质量为100公斤，可24小时进行配送，运行时速最高可达60公里，可实现县域内随时发送、一小时到达。100公斤货物运输100公里，直接成本仅为3~5元，较传统物流方式下降50%以上。目前，鹤子镇智运快线工程覆盖1镇7村，近地低空索道线路总长约16公里（复线约32公里），直接服务1.7万余人口。

三是构建数字平台。依托运营智运商城、智运云店、智运骑士、智运闪送等一系列数字平台，通过联盟、加盟等方式整合镇内分散商户，搭建数字平台，充分发挥网店经营、线上团购、直播带货、短视频营销等商业模式，构建完整的数字平台生态链。平台完善团购、秒杀、短视频、直播、集采等功能，加快实现了传统商业"让数据多跑路，让群众少跑腿"的数字化转型，帮助"小农户"连接"大市场"，推动城乡生产与消费有效对接，大幅提高农民收入。目前，平台日活跃用户数超过3000个，日均订单超过300单、营业额超过2万元，村播"网红"不断涌现，不少从大学生回乡创业兴业。

3. 多方融合发展

打造产运销一体化农村物流服务体系。通过鼓励交通运输、邮政、快递企业与农业生产企业、商超、电商、农产品经销商等跨行业联营合作或组建产业联盟，以电子商务平台及商贸流通企业为载体，以物流运输为纽带，建立"种植基地＋生产加工＋商贸流通＋物流运输＋邮政金融服务"一体化的供应链体系，积极推广"寄递＋电商＋农特产品＋金融"产业扶贫模式，实现产、运、销一体化的农村物流服务，畅通农产品产销衔接机制，支撑农村地区经济发展。

三、取得成效

（一）解决网点下沉问题

该发展模式规划县级智慧物流园区用于统收统配，盘活乡镇和村级交通场站资源建设完善各级物流节点，在兼具公路货运站、交通管理站、公路养护站基本功能的基础上，可灵活吸收邮政网点、供销网点、快递公司和电商平台服务网点功能，特别是拓展了经营困难、运营效率不高的各类镇村网点的服务范围，无需大规模新建各级寄递物流综合服务站，最大限度地利用现有设施，发挥存量资源的有效价值。

（二）解决运输组织问题

该发展模式依托智运快线实现智能化、轻量化、无人化运输，实现延伸到村、随时发送、准时到达。由于不再依赖传统运输机构、运输队伍和运输装备，打破传统寄递物流服务和时间限制和空间限制，有效解决传统寄递物流服务定时定点配送、村民需赴圩镇收发货物的诸多不便。末端节点管理人员能够提供更加方便、灵活的运输服务，完善残疾、高龄、失能、留守等人群的物流服务保障，让改革发展成果更多、更公平地惠及全体人民。

（三）解决产业配套问题

该发展模式整合生产制造、仓储配送、商贸流通、配套服务等各环节资源，不断拓展服务范围、服务领域、服务内容，为城乡一、二、三产业融合发展提供了"产供销运"一体的供应链综合物流服务。远期能够产生显著集聚效应，依托物流网络节点可以自发衍生出邮政寄递、停车装卸、仓储配送、流通加工、电商快递、餐饮服务、休闲旅游、房地产开发等多种功能，有效推动县域和周边经济高质量、跨越式发展。

（四）解决成本收益问题

该发展模式盈利渠道清晰，近期可通过收取直接运输费用、仓储租金、冷库租金以及与快递企业合作分成等方式实现盈利，远期可依托逐步发展壮大的产业规模和消费规模实现二次增收。与此同时，直接运输成本仅为用电成本，100 公斤货物运输 100 公里，直接成本仅 3 ~ 5 元，较传统物流方式下降 50% 以上，间接成本（如建设养护、运营管理、营销推广等）可随运输网络规模扩大而稀释摊薄，形成规模效应，并不断巩固。

（五）解决绿色发展问题

该发展模式主要采用电力等清洁能源驱动运载装备，自然资源占用少、污染排放水平低、抵抗灾害能力强，与既往的运输网络、能源网络、通信网络互不排斥，与现有的自然风貌、重要建筑、关键设施较好融合，与未来的建设规划、产业规划、功能规划相得益彰，有助于健全绿色低碳循环发展的流通体系，探索流通领域实现碳达峰、碳中和新路径。

依托这一模式，安远县选择位于县西南部的鹤子镇开展试点工作，试点项目于 2020 年 8 月 28 日启动建设、12 月 12 日开通运营至今，取得了明显成效，智慧园区布局优化完善、智运快线建设连点成网、数字平台运营出彩见效。依托这一模式,安远县成功创建国家电子商务进农村综合示范县、全国数字乡村试点示范县,成功打造具有示范意义的全国农村物流服务品牌。

案例 10-4　泰和县“电子商务 + 农村物流”服务品牌

泰和县位于江西省中部偏南,东北靠吉安市青原区,南邻万安县,西南毗遂川县,西接井冈山市与永新县,北连吉安县。泰和县依托农村物流项目推动建设农村电商、快递物流复位网络体系,打通县、乡(镇)、村三个双向通道,实现农特优产品进城、工业品下乡的渠道,解决快递服务“最后一公里”的难题,形成“电子商务 + 农村物流”发展的新模式,为泰和县的发展带来了较好的社会、经济效益。

一、泰和县主要做法

1. 顶层设计

在泰和县人民政府出台的文件及内容、支持政策方面,为加快泰和县电子商务产业发展,结合“多站合一、资源共享”的模式,打造好县、乡、村三级农村物流网点建设,泰和县商务局和交通运输局联合发布了《关于明确我县“电子商务 + 城乡配送”三级物流网点高效配送企业的通知》,确保泰和县县、乡、村三级农村物流网点全面覆盖,将江西德敏实业有限公司明确为县级“电子商务 + 城乡配送”三级物流网点高效配送企业。

在全县农村物流的统筹规划方面,泰和县打造最具竞争力的电商物流产业园区和泰和线上、线下商城,县域农特优产品交易的商贸物流集散地,构筑泰和县经济发展新增长点,促进商贸一体化产业升级。目前,泰和县人民政府将“电商 + 物流”一体化产业园委托给江西德敏实业有限公司运营管理。

在建立工作机制方面,根据《国务院办公厅关于推进电子商务与快递物流协同发展的意见》(国办发〔2018〕1 号)精神要求,泰和县在以下五个方面建立了商贸物流工作机制:一是强化制度创新,优化了协同发展政策法规环境;二是完善了电子商务快递物流基础设施;三是优化了电子商务配送通行管理;四是提升了快递末端服务能力;五是强化了标准化智能化,提高协同运行效率。

在县乡村物流体系建设方面，随着建制村"两通"的实现，在泰和县交通运输局和各乡镇、村委会大力支持下，江西德敏实业有限公司建立了电子商务＋城乡配送仓储中心，以全县农村客运站为网点，打造多个乡镇级城乡配送中转站，以农村客运站为基础，建立乡镇级商贸物流网点，承担农特优产品、快消品、消费品的商贸物流高效配送工作。

此外，江西德敏实业有限公司运营的傲农城乡配送中心下属的县、乡网点均与阿里巴巴、京东电商平台合作，现有城乡配送专业作业车辆18台，按照企业文化特色统一了车型、标志、外观，开通了四条农村物流专线，从而突破了农村物流和电子信息的瓶颈，解决农村"买难、卖难"等问题，实现"网货下乡"和"农产品进城"双向流通的最后一公里运输。

在出台标准规范方面，泰和县出台了一系列加快农村物流发展的相关文件，如《关于加快全县电子商务产业发展的实施意见的通知》(泰府办字〔2016〕1号)、《关于印发泰和县农村物流三级网络节点体系建设规划的通知》(泰交字〔2017〕147号)等文件。

在推进资源整合方面，由江西德敏实业公司牵头整合县域内物流快递资源，建设服务电商的公益性物流快递仓储分拣运营中心，建立开放、共享的电商物流快递信息数据应用平台，补充购置快递分拣设备、配送车辆等，开辟县城到乡村的快递配送线路及网点，解决县域农村物流配送"最后一公里"的问题。

2. 扶持政策

在农村物流节点方面，政府及各部门大力支持农村物流发展。通过融合小、散及不成规模的物流企业，使得"电子商务＋农村物流"交邮融合服务模式得以成功运营，同时也得到县政府及相关部门的高度重视和支持。2020年4月30日，泰和县人民政府与江西德敏实业有限公司签订了《泰和县"电商＋物流"一体化产业园运营合作协议书》，明确将泰和县泰和大道旁原常泰缝纫机配件厂2200平方米的场地和办公楼提供给江西德敏实业有限公司用于发展泰和县物流产业园。

在农村公路建设方面，政府各相关部门协调配合。以泰和县交通运输局牵头，建立物流企业发展工作对接机制，联合农业、商务，供销等部门建立推进"电子商务＋农村物流"高效管理体系，泰和县交通运输局无偿提供各乡镇公路客运、货运站给江西德敏实业有限公司用于建设县、乡、村三级物流服务网点体系，加强各乡镇乡村与物流工作的协同联动。为了提升农副产品产地商品化的处理水平，加快推进电商进村，成立了泰和县电商物流产业园。

在装备技术方面，江西德敏实业有限公司拥有较为完善的装备技术。在硬件方面，江西德敏实业有限公司自有性能优良的货运车辆 11 辆，整合社会车辆 50 辆，确保货运畅通，按时递送。在软件方面，江西德敏实业有限公司拥有授权发明专利 1 件（一种用于快递智能物流的贴签设备），软件著作权 20 件，广泛应用于物流快递智能化、信息化。打造泰和县“电商 + 物流”网络一体化。同时，江西德敏实业有限公司正在与江西农业大学合作“互联网 + ”中国城乡商贸流通一体化研发，共建博士后工作站和大学生创新创业实践基地，以提高公司“电商 + 物流”网络一体化效益。获得了泰和县交通运输局、县供销社、县科技局等部门的政策支持。

二、典型企业做法

江西德敏实业有限公司加强与江西农业大学等高校科技合作，共建博士后工作站，有效推进“电子商务 + 农村物流”模式的发展。泰和县政府协调各方，支持该公司加大线上线下结合力度，即线下建立县乡村农特优产品电子商务网点、智能仓储物流中心，配置车辆，整合农特优产品，开设农村电子商务产业孵化平台（包含农村电商人才培训、农业人才培训及农村电商社会化服务人才培训）。线上后台数据建立及网站建设，塑造了适用于“服务三农”的现代“电子商务 + 农村物流”服务品牌，推动农业升级、农村发展、农民增收。目前，该公司已建立云农、傲农、惠农、志农等四大信息平台。

（1）云农——智能仓储管理中心。智能仓储解决方案对仓库到货检验、入库、出库、调拨、移库移位、库存盘点等各个作业环节的数据进行自动化数据管理。

（2）傲农——城乡仓储物流一体化配送管理中心 IT 系统。完善城市仓储设施的规划布局，优化车辆通行、停靠、装卸有关政策，解决“最后一公里”问题，优化仓储运输综合成本，实现精准配送。

（3）惠农——农村电商平台。目前，已开发德敏惠农商城小程序。农村电商的市场规模在扩大，模式不断演化，由单一的网络零售向网络零售、网络批发并重转变，从传统电商向社交电商、社区电商并重转变。

（4）志农——培训中心。建立新型职业电商、农技、职业培训基地，培养一批有文化、懂技术、善经营、会管理的电商、农技人才队伍，打造一批农村电商人才。

三、取得成效

（一）成本控制

通过“四通一达”快递整合，城乡公交、同城物流有益结合，优势互补、合作共享模式，大大降低了物流、快递的运行成本，提高了时效和服务质量，减少了城市交通拥堵和交通风险，降低了碳排放。网点服务员由原来派件员变成了加盟合作商，贯彻落实了国家降税减费政策，规避了用工风险，提高了服务质量。整合工作岗位，缩小派件区域范围提高服务时效、节省部分工资。综合计算农村网点费用节约大于50%。

（二）服务品质和消费体验

按照“一村培育一品、一品带动一店、一店致富一片”的要求，进一步推动“一村”基地向规模化、特色化提升，“一品”培育向标准化、品牌化发展，“一店”运营向规范化、专业化转变，实现“一村一品一店”全面提档升级。

（三）带动就业

农村电商服务网点建立后，按照每个乡镇一个中心站，每个行政村一个服务站的配置，县级网点100处，乡镇级网点21处和村级网点150处。可解决农民就业320人，带动农村农民创业人数约1500人。电商孵化平台基地建立后，按照50个农村电商公司的入驻规模，每个电商公司运营人员平均若为10人，可以新增就业500人。另外，“现代城乡物流仓储商贸一体化平台”的建设和运营，需要物流人员约400人、仓储管理人员50人，商贸服务人员和提供各类配套生活服务，为当地居民提供大量的就业岗位。

（四）安全环保

通过整合物流、快递、电商资源，有效控制了作坊式小微企业作业安全问题。统一仓储、分拣、配送对物流体系进行改进，形成了环境共生型的物流管理系统。通过运输方式的转换可削减总行车量，包括转向铁路、海上和航空运输，通过有效利用车辆，降低车辆运行、提高配送效率，合理规划网点及配送中心，优化配送路线，提倡共同配送，提高往返载货率等；使用“绿色”运输工具，降低废气排放量。共同配送，以县级一定区域内的配送需求为对象，人为地进行有目的、集约化地进行配送。同一行业或同一区域的中小企业协同进行配送。统一集货、统一送货可以明显地减少货流；有效地消除交错运输缓解交通拥挤状况，可以提高县内货物运输效率，减少空载率；有利于提高配送服务水平，在保证配送服务与效率的同时，节能减排。打造出一条具有中国特色的经济与生态相协调的现代环保物流体系。

（五）联动产业推进

随着物流资源向物流园区的集聚，生产消费物流需求得到有效满足，园区的规模不断扩大，与周边产业的良性互动和联动发展日益明显，在带动区域经济发展中的作用日益突出。

（六）消费帮扶，助力乡村振兴

（1）开展电子商务和农业知识培训。由泰和县人社局牵头多家民营企业进行对电商就业者、政府电商工作者和农村居民开展电商及其他专业知识培训。2015 年至今，培训了约 3600 人次，包括贫困户约 70 人。

（2）提升电商行业吸纳贫困人口的能力，引导推动一些电商销售企业开展用工扶贫。

（3）开展电商和家政扶贫培训，组织扶贫产品厂家参加电商直播。

（4）电商企业开展下行和上行扶贫。

（5）2016—2019 年，泰和县大力推动阿里巴巴、邮政公司等电商企业帮扶贫困户，帮助贫困户网购，扶持贫困村合作社网售产品，开展电商扶贫站点整改提升工作，开展电商扶贫培训、品牌推荐、用工、争资等工作。

（6）2021 年以来，泰和县政府大力实施消费帮扶，动员各单位积极通过脱贫地区农副产品网络销售平台购买农副产品。推进“数商兴农”，引导市场力量对接销售农产品金额超过 800 万元。

第十一章　山东省农村物流服务品牌

案例 11-1　惠民县"电子商务 + 乡村快递共配"服务品牌

惠民县位于黄河下游、鲁北平原，是环渤海经济圈、山东省会济南城市群经济圈、山东半岛蓝色经济区的叠加地带，是对接天津滨海新区的桥头堡和连接京津、苏浙的重要通道。境内交通四通八达。随着"城乡高效配送——乡村快递共配"模式不断成熟，惠民县农村物流呈现出显著的降本增效效应，服务品质和消费体验不断升级，劳动就业、产业开发和脱贫攻坚成果突出，有力地支撑地方经济社会发展。

一、惠民县主要做法

1. 以基础设施保障农村物流发展

(1) 构建完善的交通运输网络。

截至 2021 年 10 月，惠民县实现农村公路路网提档升级 237.34km、养护大中修 751.5km、危桥改造 37 座、客运站点建设 420 个。自 2019 年以来，惠民县强力推动滨州乐安黄河公路大桥及接线工程、济滨高铁、章庆高速、商高高速等重大交通基础设施的落地实施，进一步优化完善区域路网结构，为物流业发展提供有力的交通保障。

(2) 构建信息平台矩阵。

依托县域特色产业发展优势，加强行业垂直平台和综合平台建设。一方面，引入第三方平台，与阿里、京东、苏宁易购、网库网、邮政买卖惠平台深入合作，推动产业向数字化转型。2019年5月，惠民县入选山东省“村播计划”试点县，利用“淘宝直播”平台培育农民主播，推广特色农产品。另一方面，利用平台优势引导建立了中国绳网、中国白蜡网、中国国槐网、惠民农耕、山东鲜吃、供销e家等30余家自有平台，形成了多维度信息平台矩阵。

(3)构建示范平台矩阵。

高标准建成惠民电商产业园，以打造1个智慧园区、融合10大网络销售平台、重点培养100家优势企业、开设1000家网销店的“四个一”工程为依托，带动全县电商发展。建立汇集1000余种非物质文化遗产、工业和农副产品的特色体验馆，示范引领线上线下联动运营与销售。统筹全县涉农资金、扶贫资金，高标准创建省级现代农业产业园，建立“5333”扶贫模式，趟出了一条农产品电商与脱贫攻坚有机融合的乡村振兴新路子。

(4)构建创新平台矩阵。

依托县电商培训中心及各镇(街道)电商产业园，建立了县、镇两级电商培训基地，整合创业服务机构、创业导师资源，对接高等院校、科研机构，开展各类电商培训60余期，培训人员3600余人，打造专业化电子商务人才队伍。定期开展以“电商创业·乡村振兴”为主题的惠民青年电商创新创业大赛，集中扶持一批科技含量高、商业模式新、发展前景好的青年创业项目和乡村振兴电商项目。成立惠民县电商协会，推进政企交流、行业互动、标准制定等工作，依托电商触发产品探索创新，成功举办了两届淘宝五金行业中国绳网名城电商大会。

2. 以电子商务带动农村物流发展

(1)完善组织体系。

县委、县政府成立了惠民县电子商务工作领导小组，设立电子商务服务中心，高标准制定《惠民县电子商务发展规划(2018—2020)》，将电子商务发展列为全县经济社会发展综合考核专项指标，通过奖励、补贴、贷款贴息等方式推动产业高质量发展。2019年又把“电子商务发展”“促进电子商务转型”等内容写入了县委工作要点和《政府工作报告》，把“聚力改革创新，优化营商环境”作为改革发展的重点，为新技术、新产业、新业态、新模式的萌生创造了优质条件。

(2)完善运营体系。

坚持政府推动、多元参与，建立“一核、三心、多星”的电子商务运营体系，形成了覆盖全域、协调统一的电子商务服务生态圈。一核:即惠民县电商产业园。三心:即以“中国淘宝镇”李庄镇和姜楼镇为中心的绳网电商特色小镇,以皂户李镇和石庙镇为中心的花卉苗木电商特色小镇,以孙武街道和魏集镇为中心的旅游电商特色小镇。多星:即700余处村级电子商务服务站,成功完成了邮政“买卖惠”“乐村淘”“喜门红”等网点布局。

(3)完善物流体系。

加快推进农村流通现代化布局,构建县、镇、村三级物流通道。县级层面,依托惠民县电商产业园建立电子商务物流分拨中心,整合“四通一达”等快递物流企业,配备产品体验、网商孵化、智慧仓储、集中配送等多种功能,提供物流中转、代收代发等综合服务,年货运量达到61万吨,日配送量达到6万余件。镇级依托电子商务服务站和邮政镇级网点建立物流配送中心,村级依托邮政村级网点设立物流服务站,实现集中仓储、规范打包、快速发货、统配统送,打通“工业品下乡”和“农产品上行”双向通道。

3.以人才培养助力农村物流发展

惠民县以提升电子商务培训转化率为目的,建设电子商务及物流培训基地,结合本县实际情况设计培训课程,实施精准培训,满足多样化电子商务培训需求,逐步构建起多层次的电子商务培训体系。通过建设电子商务及物流培训基地、开展多层次培训、组织外出学习、举办以“电商创业·乡村振兴”为主题的惠民青年电商创新创业比赛等方式培养人才。

二、典型企业做法

溪鸟共配是阿里巴巴集团支持乡镇与县域物流资源整合提效的项目,是由菜鸟快递与股东快递(中通、申通、韵达)共同出资成立的合资公司,是菜鸟乡村业务的延伸和拓展。溪鸟共配以一套自主研发的信息系统为平台,将各家快递公司系统接入平台,通过操作终端读取快递信息录入平台,平台依据快递公司不同再分别上传到各公司系统,实现了操作统一、信息分流。

溪鸟共配主要业务有两部分,第一部分是溪鸟乡村共配,整合包裹从城市到乡村的末端运输和派送网络,让快递网络在乡村多网合一,提升乡村末端派送效率,减少场地及人力资源的浪费,降低成本,提升乡村消费者的购物体验,做好乡村派送的“最后一公里”。第二部分是溪鸟农产品上行业务，利用整合好的乡村共配末端网络做农产品上行业务，联合淘宝、天猫、盒马、大润发等阿里系线上线下渠道统一采购和销售，同时通过流量倾斜等方式，帮助零散农户和大型农企做好水果、生鲜的产供销解决方案，做乡村到城市的供应链和物流解决方案。

推进农村客运、货运、邮政快递融合发展，形成客货邮一体化发展新模式，解决农民群众幸福出行、物流配送和邮政寄递“最后一公里”，为农村群众提供便捷高效的运输服务。截至2021年10月，建成客货邮融合站126个，开通客货邮融合运营线路15条。

通过政府引导、企业参与，在溪鸟提供的信息系统支撑下，实现统一分拨、统一运输、统一配送、统一服务标准和统一信息系统的“五统一”。通过共同出资建立分拨中心，整合车辆和人力资源，集中仓储、统一分拣、统一配送，降低了流通成本，提升了运营效率，更加便捷通畅的快递服务网络带动了电商从业者的发货积极性，提升了当地农村“产包裹”的能力，快递员揽件业务量较此前有较大提升。

三、取得成效

1. 物流降本增效明显

快递共配的落地，用足了农村物流资源，也使得农产品进城“首公里”和消费品进村“末公里”渠道双向打通，农产品出村物流成本明显降低。电子商务和快递融合发展改变了乡镇快递网点的单一服务，物流功能进一步提升，如农产品采购，信息收集，电子商务培训，工业品销售、代购，快递广告结合，仓储式配送，不同快递物流环节进行功能整合，形成综合服务功能，较大提升了服务的效率和水平，降低了电子商务的运营成本，农产品进入外地供需市场日益便捷化。

借助与多家快递公司签订合作协议、实现利益合理分配，公司间的资源得到有效整合，快件下乡成本降低，代收点运行和时效更加稳定，快件积压问题得到有效解决。自动化流水线 + 信息化操作系统，让快递扫描入库、分拨出库效率大大提升。

2. 服务体验有效改善

随着物流企业下沉农村市场数量增多，竞争与合作效益直接或间接地促推了农村物流服务品质不断升级，广大农村群众享受到更多专业高效的物流企业服务。在快递共配模式中，外地产品进村、本村产品出村的快递需求得到专业物流服务，让农村群众享受到愈加完善的物流服务和消费体验，农村消费者、生产者同城镇消费、供给市场融合更加紧密，地域物流服务体验差异进一步缩小。

3. 农村劳动就业增收支撑得力

基于农村物流的有序发展，传统的部分增收屏障日渐消除，农村群众就业增收渠道得到有效拓宽。农村农产品进入城镇消费市场的时空缩短，消费受众渠道增多、消费可能性和消费配送保障不断增强，优质农特产品通过线上市场的客观议价相对公平，都为农村农产品外销提供了有力支撑。同时，快递的进村出村业务直接激发农村本地的物流服务本身的创业、就业、服务机会，愈来愈多的人参与到农村物流服务行业中就业增收。不断下沉、创新的农村物流服务模式，为农村地区带来灵活多样、体量巨大的就业岗位。

4. 物流产业在农村焕发生机

随着代表性物流企业下沉至农村市场并结合农村、农产品、农民等要素的特殊性，物流企业整合的“溪鸟共配”、村淘宝店、村电子商务服务中心、农村服务中心等农村物流创新模式应时而出并不断升级，农村物流显现出巨大的产业势能和生机。

5. 农村物流有力助推脱贫攻坚

电子商务和快递行业在农村服务中心融合发展，切实解决了农村群众就业增收、脱贫致富的短板，物流技术和渠道打通了传统农村农特产品向外走“产销运”瓶颈。通过各镇办建立“快递 + 助农电商服务中心”，解决了很多农村缺市场、缺营销等传统短板，打通了“农产品进城，工业品下乡”的双向流通通道，逐步形成集“产—销—运”为一体的完整产业链条，帮助农民销售农产品，提高了他们的劳动积极性，实实在在为其增加收入。

案例 11-2　崂山区“电子商务 + 农村物流”服务品牌

崂山区是山东省青岛市辖区，位于山东半岛南部，青岛市东南隅，黄海之滨。东、南濒黄海，西邻青岛市市南区、市北区，西北邻李沧区，北接青岛市城阳区和即墨区。崂山区以电子商务为牵引，搭建以“日日顺”为代表的电子商务平台，完善农村物流服务体系。为落地城乡间的高效配送，日日顺整合县村配送资源搭建“城村通”平台，打造特色信息化体系，提供优质服务解决方案。

一、崂山区主要做法

1. 顶层设计

(1)注重规划引领、政策引导。

2014 年 12 月,崂山区研究出台了《崂山区电子商务产业三年发展规划(2015—2017 年)》,为电子商务发展提供了重要指导。先后出台了《崂山区关于促进电子商务发展专项资金管理办法(试行)》《崂山区支持对外贸易发展暂行办法》《关于加快农村电子商务发展的实施意见》,为促进崂山区电子商务发展创造了良好环境。为加快电商发展,各街道积极行动,沙子口街道成立了由主要领导牵头的沙子口电商领导小组,并结合本地实际出台了《关于进一步推动街道经济转型升级扶持发展的若干措施》,其余各街道也都制定和采取了相应的措施,在全区范围形成了区街两级齐抓共管的工作局面。

(2)注重夯实基础、科学布局。

积极推进青岛国际创新园(简称东园)和海尔云谷(简称西谷)建设,初步形成"东园西谷两翼协同,多点布局支撑联动"的发展布局。金家岭金融聚集区已汇聚金融机构和类金融企业 530 家,初步形成了业态相对完善、功能较为齐全的金融业态体系,为全区电子商务发展提供了重要支撑。依托本土龙头企业大力发展了家电家居大件物流和"最后一公里"快线智慧物流,与一体化解决方案和供应链集成的第三方物流形成互补,组成比较完善的电商物流支撑体系。

(3)注重多元发展、凸显特色。

围绕家电电子、大宗商品、特色农产品等优势产业以及居民日常消费、社区服务、会展旅游等领域形成了一批各具特色的本土电子商务平台。海尔集团、青岛大宗商品交易中心、新锦桥电子商务、速普商城等重点行业、领域的电子商务平台建设特色鲜明。依托青岛国际会展中心等大型城市功能设施打造的 3D 展示、咨询、票务、营销等多功能旅游和民生服务电子商务平台稳步推进。抢抓青岛市获批跨境电子商务试点和崂山区获评青岛市跨境电商重点产业园区的发展机遇,重点推动 B2B、B2C 跨境电子商务平台建设和境外海外仓建设,跨境电子商务率先取得突破。

(4)注重农村电商品牌打造、助力农民增收。

农村电子商务三级服务网络建设日趋完善,已建成街道公共服务中心 3 处、社区服务站 20 余处。积极打造特色服务平台及“品质崂山”公共服务品牌，沙子口搭建的“微服务”微信平台，每日为辖区 2 万人提供 10 大类综合信息服务；王哥庄搭建的“傲江山”电商平台，已入驻农产品商户 331 家、产品 40 余种；“品质”崂山 logo 已设计完成并进行版权注册登记。借助电子商务助推“鲅鱼节”“樱桃节”等特色节庆活动，如樱桃节期间，北宅街道和顺丰速递合作设立生鲜快递点 30 处，发出樱桃快递 9100 余单，销售樱桃 3 万多斤，创收 60 余万元，使农民得到了实惠。

2. 扶持政策

2013 年，崂山区获得电子商务示范基地中央补助资金 1000 万元，2015 年崂山区确定了第一批电子商务试点项目 17 个共投资 615 万元，2016 年崂山区确定了第二批电子商务发展专项资金扶持项目 10 个扶持金额 315 万元。经过几年的发展，崂山区电子商务水平不断提升，推动了传统制造业转型升级，推动了传统外贸模式创新，推动了农村电商快速发展，促进了居民创业增收。区内从事电子商务产业人员已超 5 万人，海贸云商、新协航、新华锦等跨境电商外贸进出口达 9 亿美元，电子商务发展对崂山区经济发展做出了积极贡献。

二、典型企业做法

日日顺是海尔集团旗下综合服务品牌，以诚信为核心，以社群为基本单元，做有温度的触点网络，致力成为物联网时代社群最佳体验迭代生态圈。日日顺旗下有日日顺物流、日日顺乐家、日日顺乐农等产业平台和高端农特产品生态品牌——乐家诚品。

在网点覆盖范围方面，日日顺物流首先实现大件领域真正的进村入户、无处不达。日日顺已在全国搭建了 10 个前置仓，136 个智慧仓，6000 个大件送装网点，总仓储面积达 600 万 m^2，仓库利用率达 95%，每个仓库的辐射半径达 150 ~ 200km，实现了首个全网共享的三级分布式云仓网络。全国干线班车线路 3300 条，区域配送线路 10000 多条，10 万辆汽车，20 万服务人员，送装覆盖全国 2915 个区县，年配送总量达 650 万吨，是中国唯一一个实现全网覆盖的大件物流企业。

日日顺物流联合日日顺乐家、日日顺乐农两大生态平台，构建了一张覆盖全国城乡范围的有温度的触点网络体系，通过零距离交互用户需求，创造用户最佳体验。日日顺物流平台依托 10 万辆汽车小微触点，吸引了众多的社会资源加入，优势互补，协同发展。

为落地城乡间的高效配送，日日顺整合县村配送资源搭建“城村通”平台，定位是：①快递最后100m的统一服务平台，为城市工业品下行，农村农产品上行，提供由县到村的一体化入户配送服务；②专门的农村物流落地服务平台，主要搭建农村末端快递共配平台，包括小顺管家进村上行揽件并集货到县的HUB共配中心和由县级配送中心下行进村入户配送。

三、取得成效

1. 销售到村，送货到门，服务到户

以青岛市平度区为例，在青岛市平度区建设了800m^2HUB共配服务站，拓展了11个乡镇服务站，已开通一条途经凤台街道—万家镇—兰底镇—南村镇—郭庄镇—古岘镇—麻兰镇的班车线路，将线路途经区域的快递到达时间由3天缩短为1天，真正做到了“销售到村，送货到门，服务到户”，解决了大件网购市场的“最后一公里”的配送难题。

2. 平台信息化完善，引流优质互联网企业

“城村通”平台已搭建起以TMS/WMS/OMS/BMS信息化系统为基础，以驾驶人手机端、用户手机端、微信端、400客服电话为辅助的，承载订单量达2亿单/年的全体系“最后一公里”智慧物流信息化平台。该平台妥投率100%，24h限时达率>98%，用户满意度>99%。出色的平台运营能力和服务效果吸引汇聚了大量的配送车辆和企业/个人客户资源。服务客户包括天猫、京东、海尔商城等国内大型电商平台，小米、小牛等新兴互联网品牌企业。平台车辆峰值在线7万辆，日均运营2.5万辆。服务品类逐步从家电延伸到家居、健身器材及出行产品。

3. 绿色生态物流，节能降本增效

日日顺物流在社会整体硬件环境相对固化的环境下，通过减少货物全产业链的流通环节、运输车辆的单程运输转变成往返班车运输两大手段实施节能减排的绿色物流发展目标，满载率达95%。日日顺物流联合福特、昌河、长安等汽车品牌为物流“最后一公里”及农民定制农用电动车，每公里用电成本大约是燃油汽车的1/6，并可为村民提供充电桩的安装、运营等服务，有效地解决了农民在生活出行中的高成本问题。

案例 11-3　蒙阴县“电子商务 + 联配联送”服务品牌

蒙阴县地处临沂商贸圈和省会经济圈交汇处，毗邻济南、泰安、淄博。蒙阴县农村物流的快速发展，不但带动了电商蓬勃兴起，而且为果品业提供了新的发展助力。同时，客运、快递、邮政三方合作，促进了企业降本增效，实现了快递进村，为沿线群众提供了便利，有效提升了群众的获得感和幸福感。

一、蒙阴县主要做法

1. 顶层设计

（1）完善三级物流体系基础设施。

蒙阴县大力实施农村公路工程提升改造，进一步提高了城乡路网的畅行能力和通达深度，行政村、较大自然村均通上了硬化路，基本实现了户户通。扩大农村物流基础设施网络覆盖面，支持乡村末端配送点建设，按照“多站合一、资源共享”的模式，完善了“3 + N”的物流配送网络，即整合完善县、乡、村 3 级物流站场设施，已经建成县级物流服务中心 1 处，乡镇级物流服务站 12 处，村级物流服务点 350 处，初步形成了县中心、镇站、村点三级三位一体的农村物流实体网络，在城区设立了 N 个快宝驿站。

（2）构建集约高效的电商服务体系。

以电商进农村综合示范项目为抓手，推动县乡村三级电商服务体系建设。已建成占地 1.8 万 m^2 的县电子商务公共服务中心，集生产服务、物流配送、人才培训、产品展销、创业孵化、品牌打造六位一体，引入电商服务企业、电商企业 37 家，以助力农产品上行为核心，提供电商技能培训，品牌培育服务、创业孵化、形象打造、包装设计、电商代运营，农产品线上、线下展销品牌、电商沙龙交流、农企金融对接等增值服务。针对农村妇女、待业青年、返乡青年、贫困户等意向群体开展电商从业知识普及培训。为进一步方便乡村电商从业人员和老百姓通过电商卖货，推出电商包装物服务，主营各类纸箱、快递箱包、彩箱礼盒、胶带、网套等。

（3）强化组织保障，确保工作顺利推进。

着力推进农村客货邮融合发展，成立工作专班，落实领导力量和工作人员，形成工作合力。进一步明确分工,交通部门负责协调有关客运企业,整合农村物流资源,对接上级主管部门,及时调度、汇总、上报相关情况;邮政部门负责整合邮政方面的有关资源和线路,协调快递企业;商务部门负责协调电商企业,整合有关平台;供销部门负责整合物资配送资源;农业、果业部门重点对果品产业涉及的企业、环节等进行协调。各部门、单位在各司其职的基础上,以促进客货邮融合发展为核心,形成推进工作开展的合力。

2. 扶持政策

为加快物流业和电商发展,蒙阴县委、县政府出台了一系列政策文件,整合商务、交通、果业等相关资源,明确目标任务,细化工作措施,扶持引导物流、电商融合发展。一是大力扶持物流业发展。坚持高点定位,规划引领,聘请上海海事大学编制了《蒙阴县物流业发展规划》(2018—2025)。二是大力扶持电子商务发展。出台了《关于实施“电商兴县”战略加快电子商务发展的实施意见》(蒙政发〔2014〕13 号),制定了《蒙阴县电子商务进农村综合示范工作实施方案》(蒙政办发〔2018〕16 号)等文件。三是以电商销售带动蜜桃产业高质量发展。立足蜜桃产业大县实际,为适应蜜桃产业和电商发展需要,制定了《蒙阴县“国家蜜桃综合标准化示范区”建设实施方案》(蒙政办发〔2014〕12 号),巩固提升“蒙阴蜜桃”品牌、技术、市场优势,延伸蜜桃电商销售、存储、运输等配套产业链条,打造完备的现代蜜桃产业体系。

二、典型企业做法

蒙阴县成立“快递 e 站”,实现了快快合作、邮快合作、交快合作的“联配联送”。整合资源,信息共享,以城乡客运班车代替快递专车,快递、邮政统一汇集、集中分拨、一车统配,推动了物流降本增效改革和客货邮融合发展,既为广大群众提供了便利服务,又有力地推动了当地经济社会发展。

随着市场的发展,快递服务费日趋降低,市场竞争日渐激烈,快递企业“联合配送,抱团取暖”的意向日益明显,在政府的引导下,蒙阴县“快递 e 站”应运而生。“快递 e 站”首先把全县所有快递公司的快递、快运业务进行了整合,继而与邮政开展了合作,将邮政报刊、包件等配送整合到快递配送网络,在县级物流服务中心统一分拨后分批派送。县城内的快件直接送达各大社区、小区设立的快宝驿站,发往乡镇服务站的下行件，不论哪一家快递公司都在县分拨中心统一分拣，分拣后专车直送乡镇物流服务站，实现了“一个区域、一批货、一辆车、一站到达”。“快递 e 站”的成立，使蒙阴县的快递业化零为整，联合发展，大大节省了企业的配送成本，提高了配送效率。

“快快合作”“快邮合作”模式，优化了县城—乡镇间的物流配送，但乡镇—农村之间的配送末梢仍未完全打通，除了设集市具备一定聚集功能的村庄外，仍有部分村庄没有实现即时直送。为解决这一问题，发挥城乡客运通达全县所有行政村的优势，积极摸索出了“交快合作”模式，顺利打通了物流配送的“最后一公里”。具体来说，就是县级物流服务中心的件下行至乡镇物流服务站后，按照城乡公交线路途经的村再次进行分拣，之后由发往各条线路的城乡公交车“捎带”往村级物流服务点，返回时再将各个村级物流服务点的上行件“捎带”回乡镇物流服务站。如此一来，物流配送网络覆盖面大大提高，基本实现了“农村物流村村通”，节约了成本，方便了群众。

三、取得成效

1. 取送效率大大提高，促进了果品销售

“联配联送”的发展模式启用后，每天有十几趟城乡公交车往返，沿线村产生的快递随到随走，任何时候都可以送到服务点上去。早上的快递，中午就可以在县级综合服务站装车发出；下午的快递，第二天早上就可以发往全国各地，时效性大大增强，果品外销实现了“快、鲜、好”。蒙阴本地的蜜桃，当天摘下，隔日就可以摆上北京、上海等大城市的商场超市和群众的餐桌，据统计，上海的三个桃中，就有两个来自蒙阴。蒙阴果品甚至走出国门，远销到了阿联酋、英国等国家，深受市场好评和人们喜爱。据了解，仅 2020 年 7 月，蒙阴县通过电商销售的蜜桃就达 210 万单，并且线下卖 1 ~ 3 元/斤的蜜桃，线上卖到了 5 元、8 元甚至十几元的高价，身价翻了许多番，蒙阴蜜桃的知名度、美誉度大为提高。

2. 快递企业的运营成本大幅降低

以前，蒙阴县中通、圆通、申通、韵达等各个快递公司都有自己的一套配送网络，每天都要各自派车发往乡镇，配送资源浪费，成本高，效益差，有时出现配送不及时现象。客货邮融合发展模式的出现，以城乡公交车“捎带”快递，发往乡镇服

务站的下行件，不论哪一家快递公司都可以分拣后送往三处客货邮综合服务站之一，然后由城乡公交车送往乡镇，上行件亦然，从各个村、镇由城乡公交车“捎带”回客货邮综合服务站，节省了各个快递公司的燃油支出、人员工资、车辆损耗等费用，大大降低了企业的运营成本。据测算，快递企业配送成本降低了近70%。

3. 客运企业的经营收入得到提高

随着经济社会的快速发展，私家车日益增多，网约车也应运而生，群众出行可供选择的方式多种多样，仅靠乘坐城乡公交车的模式成为了历史，城乡客运企业的经营状况每况愈下，甚至出现了入不敷出的亏损状况。在这种情况下，“联配联送”的农村物流发展模式为城乡客运企业创造了新的收入来源，挽救了企业濒临破产的窘迫状况。具体来说，城乡公交车“帮助”快递企业捎带快递，快递企业支付给客运公司一定的费用，这笔费用远低于快递公司自行往乡镇派车送货产生的费用，对快递企业来说节省了成本，对客运企业来说积少成多，增加了效益可观的“意外”收入，实现了双赢。通过场所租赁、收取运费等，每年可增加客运企业收入约50万元以上。

4. 为群众提供了便利

“联配联送”模式特别是客货邮融合发展线路的开通，使沿线群众享受到“快递直接进村”的便利，融合发展线路沿线的每个村都有一个位于路边的客货邮服务点，基本都是依托的三农服务站、小卖店，群众取、送快递不需要再往乡镇服务站跑，在本村就能够及时取、送，与县城群众享受到的服务一模一样。

案例11-4　金乡县“基地建设+仓配一体”服务品牌

金乡县隶属于山东省济宁市，地处中国东部的鲁西南平原腹地，位居环渤海经济带、淮海经济区和鲁南城市带，地理位置得天独厚。金乡县结合地方农业特色、产业规模，充分考虑邮政在服务农村电商市场、仓储中心、邮运网络建设方面取得的实践经验与发展成效，探索推出“基地建设+仓配一体”服务模式。

一、金乡县主要做法

1. 顶层设计

(1)服务地方农产品基地建设。

围绕“一县一品、一镇一品、一村一品”建设，邮政先后与多家农业合作社、家庭农场签订合作协议，开展产前、产中、产后全流程服务，提供助农贷款、农业保险、寄递配送、产品宣传、农村电商等配套服务。

①金乡县特色农产品资源丰富，各镇街形成特色农产品基地。金乡县常年种植大蒜70万亩，带动周边种植超过200万亩，年加工出口量占全国的70%以上。各镇街围绕一镇一品建设，形成具有特色的农产品基地。例如，鱼山镇的大蒜标准化种植基地、马庙镇的马坡金谷种植基地、卜集镇的辣椒种植基地、胡集镇的白梨瓜种植基地、金乡街道的葡萄种植基地、化雨镇的金针菇种植基地、鸡黍镇的山药种植基地等。金乡县坚持规模发展与品牌打造同步的原则，品牌农业已成为金乡县现代农业发展的重点工程。

②电子商务快速发展，为仓配一体合作共享提供了业务需求。金乡的直播电商依托丰富的特色农产品资源发展迅速，约有1000余家直播带货电商，直播电商带货年交易规模突破1.8亿元，成为鲁西南最大的短视频直播带货电商基地。已建成运营亿九电商产业园、智慧电商产业园、金微电商产业园、山禄国际大蒜电商产业园、凯盛农产品电商基地、马庙蒜通天下电商产业园、羊山直播小镇等电子商务园区。金乡县商贸物流园荣获省十佳物流园区，被命名为“中国物流实验基地”。凯盛农产品物流园区成为“南菜北运、北菜南调、西果东送”的区域性集散地。

(2)搭建仓配寄一体化服务平台。

乡镇以普通仓为主，县级建设普通仓+冷链仓模式。镇仓打造为农产品转运集转地，打通农产品从乡镇到城市的配送环节，并通过县仓建立联通县域，辐射到外县、外市、外省的邮运网络。

金乡县邮政公司建设县级仓储中心10000m^2，12处镇级服务中心各建400m^2仓储一处，均采用前店后仓的方式。县级仓储设施为普通仓+冷链仓，乡镇仓储为普通仓。乡镇仓是农产品聚集转运仓，通过乡—县邮路把农产品集中到县仓，生鲜产品进入冷链仓存储，在县仓通过邮政快递网络分送到全国各地。

金乡城区各快递公司都在县城加快仓储布局，提升服务质量，增强客户黏性，提高自身竞争力，实现业务的不断增长。韵达在开发区建立大型仓储和分拣中心约7000m^2；中通、申通、百世汇通与圆通合作，在开发区建立仓储和分拨中心约1.5万m^2。同时，招收社会电商商家入仓，实现农产品的收购、储存、销售、仓配一体化运作。

2. 扶持政策

金乡县为贯彻落实国家邮政局《快递进村三年行动方案 2020—2022 年》精神，进一步推进快递进村工作。为进一步补齐快递进村的基础设施的短板，突破消费下行、农产品上行打响“快递进村”最后一公里。2021 年以来，金乡县紧紧抓住济宁市政府将“快递进村”列入“为民办十件实事”之一的政策机遇，坚持因地制宜，积极构建工作机制，以“市场主导、政府引导、项目引领、政策扶持”为推进路线图，全面整合各类资源，稳步推进全县快递进村工作。县政府先后出台了《金乡县开展快递进村试点工作方案》《关于进一步加快推进快递进村工作实施意见》等多个指导意见以及指导方案，成立工作专班，明确责任分工，搭建合作平台，打通上下游渠道，切实畅通农村地区快递服务，确定了快递进村基本原则和工作目标，尤其是镇街政府，按照建制村属地积极参与村村通快递工作，全力全速推进快递进村工作，为今后的特色农副产品网络销售打下坚实基础。

二、典型企业做法

1. 按照政府规划，融入地方农产品基地建设

金乡县围绕“一县一品、一镇一品、一村一品”建设，形成了具有较强代表性的农产品基地。例如，司马镇的香菜基地，王丕镇的芹菜基地，肖云镇的甘蓝基地……一个个农业特色基地正成为加快品牌农业发展进程的有效载体。通过确定基地农产品，施行区块化运作，邮政先后与多家合作社、家庭农场签订了统一播种、统一施肥、统一农技指导的“三统一”合作协议，开展产前、产中、产后全流程合作，同时搭载助农贷款、农业保险、寄递配送、产品宣传、农村电商等全业务服务。2020 年上半年以金乡大蒜、马庙金谷小米两大基地为试点，合作模式正在有序推进。

2. 注重产品溯源，建立质量可控的农产品体系

为积极推广“龙头企业 + 合作社 + 农户土地入股”规模化、集约化、标准化种植模式，金乡县在生产资料监督、农业生产技术指导等方面加大支持力度，在政策、人力等方面予以有力支撑，涌现出了一批典型合作社代表。一直以来，邮政扎根农村，致力于扎实开展三农服务，2021 年先后组织召开各类科学种田施肥、病虫

害统一防治和科技讲座等“送科技下乡”活动讲座200余场,服务农户2.52万人,配送优质农肥近万吨。通过与合作社合作,一方面提供惠农贷款服务,推出个性化金融产品,解决资金难题有办法;另一方面提供包括农资配送在内的农技一体化服务,对生产流程全程化监控,确保农产品质量有保障。

3. 结合区位布局,搭建仓配寄一体化服务平台

以邮政仓储建设为端点,建立端到端的物流配送网络。乡镇以普通仓为主,县级建设普通仓+冷链仓模式,镇仓打造为农产品转运集转地,通过共享乡镇到区县的邮路,打通农产品从乡镇到城市的配送环节,农产品集中到县仓,生鲜进行冷链存储。并通过县仓建立联通县域,辐射到外县、外市、外省的邮运网络。目前已建立县仓1处、面积10000m^2,镇级服务中心12处,采用前店后仓的方式,单个仓储面积为400m^2左右。

4. 开展交邮合作,实施运路共享提速模式

在乡镇仓储到县仓的转运环节,金乡县邮政与交运公司积极合作,推进交邮合作、运路共享模式。根据《山东邮政寄递网网络规划和能力建设方案(2020—2023)》精神,交邮合作内容针对乡镇上行邮件(含仓储农产品),由各邮政支局按照作业计划与公交车准点对接,确保所有上行邮件在规定时间到达客运站,由公交公司安排专人运送至区县级邮件处理中心(或县仓),确保当日发出,保证了农产品配送时效。

5. 加强综合支撑,提供培训+推广+销售多元服务

(1)共享邮政电商资源,协助政府加大农村人才培训力度。政府针对地域特色农产品及助农电商客户,联合邮政部门提供电商培训,助力当地农产品销售。2021年全县共开展各类培训45次,培训7200人次以上。同时,邮政还依托仓储优势,免费为电商客户提供仓储场地,转运农产品至仓储等服务。

(2)将农产品纳入邮政分销体系,助力政府对外宣传推广。依托“邮走济宁”微商城、邮乐网、淘宝店、学习强国积分扶贫等互联网平台,开展金乡县特色农产品线上宣传推广,并由邮政快递送往千家万户。通过运作司马黄桃、胡集白梨瓜、马庙金谷、辣椒、大蒜等农产品,实现线上销售额800万元。其中,邮政仓储电商客户亿亩农田助力销售县政府主推品牌金乡大蒜,日均销量6000单以上,单日峰值近20000单。

(3)搭建农超、农社、农邮供销平台,实现邮+服务模式。农超,即通过政府搭建农超对接平台,优质农产品通过邮政配送到连锁商超,目前已与爱客多、百意、联华等商超达成合作协议;农社,即与社区开展团购合作,借助邮政及其他快递揽投队伍,实现优质农产品进社区;农邮,即依托济宁全市210家邮政支局场所搭建农产品平价购微超市,依托全国邮政大网,向外县、外市、外省邮政推广金乡地区基地优质农产品,采取落地配、抛单模式,把农产品邮运过去。

三、取得成效

(1)坚持合作经济模式,以基地建设为中心,对于建立较完善的农产品质量可追溯体系具有很好的促进作用和实践意义。

(2)结合邮政惠农合作项目,从解决资金难、物流难、销售难角度出发,能够激发合作社发展活力,培育并壮大其发展规模。

(3)"基地建设+仓配一体"与"一镇(村)一品"工作相辅相成,互为促进。这一共享模式一旦运作成熟,对于集约化、规模化、标准化种植将起到很好的促进和支撑作用。

(4)农民收益显著提升。以合作社/家庭农场为一个团体,推进规模化、标准化种植,生产成本降低,产品质量得以提升,具有竞价优势,生产端获利空间更大;依托仓储中心,利用邮政、社会快递、交运公司等配送网络,可有效节约运作成本,销售端定价具有相对优势;在邮路单日往返费用不变的情况下,农产品配送产生的溢出收入均摊了邮政、交运公司等企业网运成本,传统邮件成本下降,同步增加了合作企业效益。

案例11-5　莱西市"共享平台+邮政快递"服务品牌

莱西市位于胶东半岛中部,隶属于青岛市,地处山东胶东经济圈几何中心,是青烟潍威1小时经济圈的交通枢纽,东临莱阳市,西以小沽河为界与平度市相邻,南沿五沽河同即墨区交错接壤,北、西北靠招远市、莱州市。莱西以市场需求为主导,优化农村普遍服务网络,提升农村物流配送能力,实现邮政快递合作,快递到乡镇、配送到农村,打造"共享平台+邮政快递"的农村物流服务体系。

一、莱西市主要做法

1.“莱西经验”影响深远

2020年是“莱西会议”召开30周年,2013年11月,习近平总书记在山东考察时着重强调,发端于莱西的村级组织配套建设,在全国起到了很好的示范引领作用。希望山东增强进取意识,勇探新路。“‘敢为人先’早已镌刻在莱西城市发展的基因里。”莱西市委书记庄增大在接受《青岛日报》记者专访中提到的。新华社记者在对莱西邮快合作的采访中,也深切地感受到当地邮政公司与政府相关部门一道,在邮快合作工作中以敢为人先的拼搏精神,创新作为、攻坚克难,深化拓展“莱西经验”,在几乎没有经验可以借鉴的情况下,把“想”的问题,用“干”来给出答案,市镇村三级物流体系构建初具规模,社会效应经济效应显现明显,总结提供出邮快合作的“莱西经验”。

2.搭建平台

莱西市向所有快递、物流公司和从业人员开放,向全市市民、商家提供仓储、配送、快递等物流服务。莱西市政府出台的《莱西市其他营利性服务业及交通运输业提质升级奖励政策》《莱西市关于支持直播行业发展促进电子商务新业态的奖励政策》《莱西市支持存量实体经济扶持政策》等,积极扶持当地物流业发展。

3.多方支持到位

一是莱西市委市政府全力支持。莱西市邮政分公司结合邮政普遍服务、疫情期间的国企担当,向莱西市委市政府多次专题汇报邮快合作推进工作。莱西邮快合作工作被写入中共莱西市委工作报告中,并出台相关配套支持政策。

二是莱西市政府加强沟通联系。莱西市政府分管副市长会同莱西邮政分公司及相关人员先后到福建省沙县等地实地学习考察邮快合作和邮政三级物流体系建设。

三是莱西市交通运输局、发改局、商务局等部门强化协同。莱西市邮政分公司参与起草《莱西创建快递示范城市方案》、向莱西市政府提报了《建设莱西市邮快电商产业港(园)打造三级物流体系需求报告》;莱西市交通运输局会同政府相关部门正在出台为邮快合作“量身定制”的《创建城乡交通运输一体化示范市工作方案》,将对邮政市、镇、村三级体系建设给予专项扶持资金;同时结合交邮合作,提供市、镇两级交通局自有园区场地,筹划建设莱西邮快合作三级物流体系。

四是莱西市所属镇办支持。河头店镇政府、院上镇政府分别给邮政免费提供场地合计1600m^2。两乡镇政府与邮政一起建设镇、村邮快合作服务站点,为邮政邮快合作提供公益服务岗,政企携手共同推动邮快合作发展。

五是莱西市支持邮银协同深化惠农合作。莱西邮政与莱西邮储支行联合莱西市农业农村局达成惠农战略合作。三方将充分发挥各自优势,以促进新型农业经营主体高质量发展、促进小农户与现代农业有机衔接为目的确立合作关系,通过在普惠金融、农事服务、农产品进城和惠农特色服务等领域强强合作,助推乡村振兴。

二、典型企业做法

1. 提升政治站位,主动开放平台资源,建立邮政快递合作机制

莱西市邮政分公司率先落实国家邮政局"两进一出"工作部署和市政府"突破莱西攻势"的工作要求,稳步推进"邮快合作"模式,推进快递下乡。与此同时,莱西市邮政分公司积极响应国家提出的电子商务进农村号召,搭建开放共享的三级物流体系,积极发展农村电商和快递业务。

2. 发挥网络优势,推动邮快合作双方开展互惠互利的业务合作

莱西市邮政分公司进一步探索拓展邮政与快递的合作空间,以市场需求为主导,根据彼此合作意愿和诉求,积极利用双方的优势互补,优化农村普遍服务网络,提升农村物流配送能力,实现邮政快递合作,快递到乡镇、配送到农村,形成"一县一仓配、一乡一中心、一村一站点"的农村电子商务物流服务体系,解决快递进村"最后一公里"的服务瓶颈问题,降低社会物流总成本,打通农产品上行、工业品下行双向交流。

3. 不断加大投入,优化线路,强化运力,为项目实施筑牢流通基础

在政府扶持邮政投入共同搭建"邮快合作"共享平台电商物流集散中心可以看到,顺丰、圆通等民营快递公司将一车车邮件送到这里,工作人员忙着将各乡镇邮件分拣、扫码入库、生成各乡镇交接清单。接下来,邮车会将这些邮件运送至各乡镇的中转仓,再转运至村里的服务站点。最后,服务站点工作人员通知村民取件。由于平价揽件吸引村民通过邮政渠道寄递邮件,莱西邮政公司农村收件量增

幅超过20%。“普惠”快递服务惠及了莱西近200个行政村、30万村民。

4.强化管理规范,确保邮件安全,提升服务质量,保障农村百姓用邮体验

为保证进出口邮件安全、投递服务标准规范、普遍服务水平提升,莱西市邮政分公司在青岛市、即墨区邮政管理局及上级管理部门的指导帮助下,建立健全邮快合作管理安检责任体系、加强并完善内部管理制度、操作规程,加强分拣、投递人员队伍建设,强化队伍管理、加大教育培训力度,对分拣、投递人员开展经常性教育培训,出台学历晋升机制,鼓励分拣、投递人员积极考取职业资格或职业技能等级证书;强化投递服务质量咨询服务、建立用户沟通交流平台。推进人才评价,严格对分拣、投递人员的履职考核。

三、取得成效

1.找准“突破点”,坚持政府引导,补齐物流体系建设短板

顶格推进农村物流业发展,立足全市农村电商发展实际,先后制定出台其他营利性服务业及交通运输业提质升级奖励、支持存量实体经济、支持直播行业发展促进电子商务新业态等奖励政策。对符合要求的企业通过财税扶持、资金奖励、办公用房补助、行业激励等多种方式切实解决企业发展难题,积极引进优质企业的同时大力扶持当地物流业发展,进一步提升农村物流配送市场化运营能力,为打造市、镇、村三级物流体系奠定基础。免费提供场地支持,统筹镇级原有园区场地。两镇已与邮政合作建设镇、村合作服务站点160余处,同时为邮快合作提供公益服务岗,携手共同推动邮快合作发展。

2.抓好“合力点”,整合物流资源,构建三级物流服务体系

积极响应“电商、快递进农村”政策,通过邮快结合项目,打造市、镇、村三级物流体系,解决快递进出农村“最初一公里”和“最后一公里”问题。已建成并投入使用市级物流集散中心1处、镇级邮快合作处理中转中心2处、村级邮快合作服务站160处。莱西市邮政分公司与当地“三通一达”等6家快递公司合作,日进件量超过2000件,“双11”处理峰值达5000件。

莱西市共设城乡公交站点770余个,日均发送公交450余车次,为充分发挥城乡公交车次多、密度大,覆盖面广的优势,积极促成邮政公司与青岛城运集团战略合作,着手推进“交邮合作”项目,进一步助力“邮快合作”快递进村提质增效。依

托邮政集团覆盖万村千乡、连接千家万户的网络布局优势，搭载公交集团优越的运输网络，由交运客车将所有邮政支局特快邮件带往莱西市局，提升邮件运输效率，在节约邮政运输人力、货车等各项成本的同时，给交运公司也带来收益，提升交运客车装载率，实现站场、线路、运力等资源共建共享达成共赢。

3. 形成"落脚点"，创新运营模式，打通惠农便农绿色通道

自"邮快合作"三级物流体系建成启用以来，借助便利成熟的货物流通网络，不断拓展农产品销售渠道，积极搭建惠农便农平台，为农产品从生产到销售提供扶持与指导，有效地促进农业增产、农民增收。成立"助农联盟"破解农产品销售难题。组织莱西市邮政分公司、邮储银行联合成立"助农联盟"，搭建线上线下展示展销平台，通过线上电商平台开展"网红带货""专题直播""镇长上线带货"等活动，直播卖出的货物利用线下寄递渠道破解农产品进城销售瓶颈。提供农产品绿色包装解决方案、乡村农产品上行物流解决方案和电商平台解决方案等服务，帮助农业种植户、养殖户、专业合作社、家庭农场、小农户做好农产品上行工作。

4."打通最后一公里、畅通国内大循环"邮快合作发挥积极作用

莱西市邮政分公司2020年以来大力推进的邮快合作快递进农村项目，取得了良好的社会效益，得到了当地政府的支持扶持和百姓的点赞好评。莱西市邮政分公司通过创新"县域物流集中配送中心"模式，激活原有的乡村邮政体系，打通农产品上行渠道，在城市与乡村之间铺设一条高效、顺畅、惠民的"高速路"。构建三级物流体系，实现邮快合作，降低了物流成本，解决了服务农村'最初一公里'和'最后一公里'物流集散问题。青岛市邮政公司以莱西邮政邮快合作三级物流体系为范本，在全市邮政复制推广，解决农品上行痛点、农村物流难点，助力乡村振兴。

5. 莱西市政府出台为"邮快合作"量身体制城乡一体化方案

莱西市政府依托莱西市"共享平台＋邮政快递"农村物流服务品牌，积极整合农村物流资源，实现农村物流网络节点多站合一、资源共享，推动交通运输与农业、商务、供销、邮政快递在农村地区融合发展，提高农村物流网络覆盖率，全面推进全市农村物流高质量发展，起草《关于加快推进市镇村三级农村物流服务体系建设的实施意见》。

6. 邮快合作惠民生引众多媒体关注

青岛莱西邮快合作自2020年7月份试运行以来取得了广泛的社会好评，邮

快合作惠民生保畅通，得到了新华社、新华网、学习强国、《中国邮政报》《齐鲁晚报》《青岛日报》、山东邮电报公众号等行业内外媒体报道关注报道，形成良好社会反响。2021 年 4 月 28 日至 29 日，新华社山东分社、《大众日报》《中国邮政报》记者一行组成媒体联合采访组走基层，从济南至莱西驱车近 400km，到青岛莱西河头店镇对邮快合作快递进村情况进行实地深入探访。

第十二章　河南省农村物流服务品牌

案例 12-1　浚县“客货邮同网融合、多站多网合一”服务品牌

河南省鹤壁市浚县位于河南省北部，地处安阳、濮阳、新乡、鹤壁等城市辐射带的中心位置，区位优越，交通便利。近年来，浚县不断完善城乡交通基础设施，推进城乡交通运输协调发展，坚持“城乡统筹、资源共享、路运并举、客货兼顾、运邮结合”，已初步形成了以县城为中心、乡镇为节点、建制村为网点，遍布农村、连接城乡、纵横交错、多站合一、资源共享、多方合作的城乡公交和物流配送、农村电商融合发展的网络，破解了农村物流配送“最初一公里”和“最后一公里”难题，同时通过县级物流中心与干线快递网络有效衔接，并向上下游延伸，有效推动浚县农村经济快速发展。

一、浚县主要做法

浚县高度重视农村物流发展建设工作，将该项工作纳入政府工作报告，作为政府重点工作来抓。浚县县委书记、县长多次对农村物流建设工作情况进行督导检查。

一是成立领导小组。为推进工作深入开展，成立了以县长为组长，主管县长为副组长，交通运输、各镇（街道）、发改委、财政、农业农村、公安、国土等有关部门负责同志为成员的农村物流配送工作领导小组，为加快农村物流发展，建设交通

运输服务体系基本建立提供坚强的组织保障。

二是健全合作组织。根据浚县农村物流发展和公交、物流配送、农村电商企业实际情况，组织成立以浚县惠龙公交有限公司为主，物流快递、商贸和邮政公司为辅的农村物流配送企业合作组织。整合各镇、行政村的城乡公交网络和综合运输服务站点资源，完善优化运输网络，形成了"客货邮同网融合、多站多网合一"的城乡交通运输一体化服务体系，打通了农村物流配送的"最初一公里"和"最后一公里"。

三是建立工作机制。建立了由交通运输、发改委、公安、财政、国土、城建、农业、商务、供销、邮政、扶贫办等部门和有关企业参与的联席会议制度，定期研究农村物流配送发展工作，及时协调解决工作中遇到问题和困难，形成了政府主导、部门联动、企业参与、齐抓共管的工作机制。

四是出台扶持政策。县政府先后出台了《浚县农村物流发展规划》《浚县乡镇综合服务平台建设规划》《浚县农村客运网络规划》《浚县城乡交通运输一体化发展规划》等多项规划，实行土地优先审批供给、原乡镇交管站改造免费使用、政府投资建设县域农村物流快件共配周转中心由企业使用、镇村综合服务站点设施设备补贴等多种优惠政策，其中县域农村物流快件共配周转中心总投资 1.2 亿元，对城乡公交物流配送近年来补贴 2000 余万元。

二、典型企业做法

浚县县域内客货运输业务由惠龙公交公司统筹运作。

1. 共用县乡村三级农村物流节点设施

浚县惠龙公交公司根据遍布镇村的城乡公交网络资源，通过以下方式建立县、乡、村三级物流配送体系，完善物流配送网络节点。

县级物流中心——浚县惠龙公交公司投资 1500 多万元，在浚县汽车客运总站建立面积达 4100m^2、设施设备齐全的县级物流配送中心。配送中心对所有"下乡快件"按照乡镇进行集中分拣，通过城乡公交和小型物流车辆进行集包运输，将货物运送至乡镇综合运输服务站、村级综合运输服务站(点)。为了克服城乡公交车辆配送大件物品的不便，浚县惠龙公交公司还专门购置了近 30 台小型专业配送车辆，辅助城乡公交进行农村物流配送。配送车辆如图 12-1 所示。

乡镇运输服务站——浚县惠龙公交公司将全县 7 个镇的原交管站升级改造

为乡镇综合运输服务站，如图 12-2 所示，对运送至服务站的物流快件按照城乡公交线路进行分拣，由城乡公交车辆或专业配送车辆快速将快件配送至各村综合运输服务站点。

图 12-1　专业配送车辆

图 12-2　乡镇运输服务站

村级物流站点——在全县 438 个行政村主要选择超市、农资服务社、村邮站、移动营业厅等农村群众聚集点，通过合伙方式设置村级综合运输服务站（点），由村级站（点）配送至村民家中。

乡镇综合运输服务站、村级综合运输服务站（点）不仅是农村物流配送、快递收发的分拣、调配中转站，还是群众生活的综合交通运输服务中心。群众在这里不仅可以收发快件，还可以进行公交卡办理和充值、长途售票、预约定制用车服务、校车服务、旅游服务、出租车网约车服务等综合交通运输服务，同时还提供农资信息、农产品网上销售与实体展示、农村电商购物等多种综合型服务，实现了农村多站多网合一、综合发展。既方便了农村群众生活，解决农村物流配送“最初一公里”和“最后一公里”难题，也实现了资源共享，有效降低成本，增加了收入来源，能够确保镇、村综合运输服务站（点）长远良性发展。

2. 共享运力、配送线路资源

浚县惠龙公交公司运用遍布城乡的公交网络资源和县、乡（镇）、村三级农村物流配送体系，通过城乡公交车辆的富余装载空间以及小型专业物流配送车辆进行农村物流配送，以客带货，件到即送，将快件更高效配送至各镇、各村、各户，实现了客货同网融合发展。对于客流量大、小件物流配送需求高的线路，浚县惠龙还开通专门的货运公交。目前，浚县惠龙县、乡、村各级综合运输服务站点日均快递收发单量已达 3 万单左右。同时，公司还与邮政企业合作，整合城乡公交、邮路运行网络，为邮政企业运送快件，弥补乡村邮政寄递频次不足等问题。

3. 建立客、货、邮、电商合作体系，实现发展共赢

浚县惠龙公交有限公司和“三通一达”等快递配送企业达成合作协议，在县、乡、村各个运输网络节点统一物流设施设备的配置标准，统一仓储、包装、分拣、装卸、配送，实现了收件派件集中管理，各类物资有序集散、高质高效配送，促进农村物流配送统一发展。

同时，探索“城乡公交 + 物流配送 + 车站 + 城乡通电商 + 旅游服务 + 劳务输出等”客货同网融合、多站多网合一的城乡交通运输一体化发展模式，既实现了城乡公交与物流配送、邮政、电商其他行业的优势互补和融合发展，又极大地方便了百姓的生产和生活，缩小了城乡发展的差距，扎扎实实地为打赢脱贫攻坚战，实现乡村振兴贡献了交通力量。

4. 加大科技投入，实现信息化发展

为提高农村物流配送的安全性、便利性、服务性，近年来，浚县惠龙公交加大对农村物流配送科技投入，投资 400 余万元建设了多个农村物流配送相关信息平台，推动了信息化发展。

一是建立“浚县交通出行”微信公众号。依托浚县汽车客运总站和浚县惠龙公交公司，建立了“浚县交通出行”微信公众号，及时发布交通信息，并提供公交实时定位、物流快件查询、长途班线信息查询、电商购物、农产品展示等多种交通信息化服务。

二是建立浚县“城乡通”物流信息服务平台。群众可以根据需要，获取各类农村物流配送信息，网上选择普通公交带货、专业货运公交配送和专业小型货运车辆配送等不同的物流配送方式，可以实时查询公交车辆配送路线、车辆位置和车内实时监控，促进各类农村物流配送信息及时采集、发布。

三是建立浚县“城乡通”商城电商平台。“城乡通”商城所提供商品一律超低价、高质量，所有农、特产品和其他商家进入电商销售平台，平台不加价，不收取任何费用。同时线下村民可以将拥有的农、特产品免费在浚县客运总站实体示范店“城乡通超市”和各镇便民服务站展示销售，切实提高农村群众生活的便捷度和生活质量。

5. 实行惠民措施，提升群众幸福感、获得感

浚县惠龙公交出台了多项惠民措施，如“城乡通”物流配送在运营期间 3 年内

对全县实行免费到村物流快件配送；对于劳动模范、贫困户、残疾人、退役军人、两参军人等特殊群体实行终身免费到村物流快件配送；“城乡通商城”线上平台线下示范店，农、特产品和其他商家进入均不加价、不收取任何费用；对于农村父母外出打工，留守老人接送孩子上下学不方便的情况，提供免费“邮寄儿童”服务；对于留守老人不会使用智能手机等问题，专门设置了全国免费服务电话和本地固定电话，方便老人拨打。

三、取得成效

1. 社会效益逐步显现

浚县惠龙县乡村三级综合运输服务站（点），为农村群众配送农特产品、快件和日用消费品，建立了覆盖全县所有乡镇及行政村的农村物流配送网络，畅通了农村物流配送“最初一公里”和“最后一公里”，打开了农产品进城和工业品进村的双向流通渠道，带动了农民增收脱贫，进一步推动实现“乡村振兴”战略。

2. 物流配送成本有效降低

浚县惠龙整合了城乡公交、物流快递、邮政、农村电商等各方面资源，完善了县、乡、村三级物流节点网络体系，采取市场化经营模式，规范整治分散的物流配送资源，扬长避短，互惠合作，有效地降低了物流配送成本，提高配送效率。

3. 推动全县城乡交通一体化发展

浚县惠龙通过客货同网融合和县乡村三级综合运输服务站点建设，实行多站多网合一，优化资源配置，降低运输成本，提高运输效率，逐步构建起了高效的城乡交通一体化服务体系，使客货运企业得到效益，农民群众取得实惠。

案例 12-2　栾川县“依托乡镇客运站构建农村物流网络推进客货邮融合发展实现共同配送”服务品牌

栾川县位于河南省西部，素有“四河三山两道川，九山半水半分田”之称。洛栾快速通道、国道 311 及省道 322、328、244、521 横贯全境。郑栾、洛栾、栾卢、尧栾西、渑栾等多条高速直通省会郑州、副中心城市洛阳，连接周边省市，交通便利，联通四方。

一、栾川县主要做法

1. 高度重视、强力推进

为深入贯彻国务院、交通运输部和省交通运输厅关于农村物流发展工作部署，加快推进“四好农村路”建设，县委县政府高度重视，成立了以主管副县长为组长的农村物流发展工作领导小组。领导小组建立联席会议制度，定期召开会议，协调项目推进，谋划栾川农村物流事业发展。制定了《栾川县农村物流网络节点体系建设实施方案》，按照“县级物流中心 + 乡镇运输服务站 + 村级物流服务点”的总体目标，科学规划，统筹安排，明确责任分工，健全工作制度，协同解决项目建设中的规划、土地、建设、运营等问题，确保工作推进扎实有效。

2. 完善设施，整合资源

2018 年 6 月，县政府以招商引资方式与郑州现代物流有限公司（以下简称公司）签订了战略合作协议，由公司的下属企业郑州永康物流产业发展有限公司（以下简称永康物流）投资建设和运营栾川农村物流项目，在引进资本的同时，也引进了先进的物流管理经验和技术，使栾川具备了利用信息化平台整合农村物流资源的技术条件。

项目充分利用原有的闲置用地、乡镇客运站和电子商务进农村网点等存量资源，进行新建或改扩建，既节省了土地资源，又加快了项目的推进速度，降低了项目建设成本。农村物流网络节点体系项目总投资 3294 万元，共建设 1 个县级物流中心、14 个乡镇运输服务站和 160 个村级物流服务点。

3. 优化组织，融合发展

在农村物流网络节点体系基础设施完成后，县政府出台了《栾川县交通运输局关于开展栾川县物流业规范管理专项行动的通知》，同时联合县公安、消防、城市管理等部门对全县物流企业开展规范管理专项行动。通过近两个月的努力，最终将位于城区内 35 家物流企业整合入驻县级物流中心，并整合了客运、邮政、快递、电商、农村淘宝、冷链、旅游等资源；乡镇运输服务站整合了客运、物流、快递、农村淘宝、快消品、农资、农产品流通加工、信息服务等多种物流资源；村级配送服务点通过加盟的方式整合了农家店、便利店、村邮站等便民服务点，实行统一标准、统一管理、统一配送。

在县交通运输局、商务局、邮政公司的组织下，栾川安泰城乡客运、栾川永康物流、栾川邮政公司、“四通一达”快递、极兔等快递企业开展客货邮合作。永康物流采用货运巴士专线，定时定班从县城物流中心向14个乡镇运输服务站配送货物；14个乡镇运输服务站实现了“一站多能、多站合一”的构想。从乡镇到村的配送，充分利用安泰公司村村通客运优势配送到村物流服务网点，不仅提高了配送时效降低了配送成本，又提高了客运的综合收入。农村物流共同配送流程如图12-3所示。

图12-3 栾川县农村物流共同配送流程图

4. 政策支持，专职帮扶

县交通运输局协助项目建设单位栾川永康城乡物流积极争取省交通运输厅补助资金，项目一期工程共获得省交通运输厅补助资金900万元，减轻了企业投资压力。同时，县政府给予永康物流土地租赁优惠政策，包括分拣平台租赁前5年房租不变，按建筑面积每月每平方米11元的租赁价格且免一年园区管理费；同时政府和园区投资方又对前期进入园区的带头物流企业给予12个月到3个月不等的免租期。

二、典型企业做法

栾川县永康城乡物流有限公司积极创新农村物流商业模式，以“补足基建短板，创新组织形式，整合物流资源，实施同仓共配”为路径，不断探索农村物流多业态融合发展的新模式，形成了“基础网络+信息平台+统一配送”的农村物流网络体系。

1. 利用闲置土地，建设农村物流三级网络

（1）县级物流中心。投资1134万元，改扩建绿苑农产品电商物流中心园区，形成了具有高度集散功能的县级物流配送中心。如图12-4所示。目前，县级物流中心建设有物流和快递分拣平台、仓库、冷库等物流基础设施，停车场、司机之家

等配套设施，已入驻物流及其他企业 44 家。

图 12-4　栾川农村物流县级物流中心园区内实景

（2）乡镇运输服务站。在交通方便的三川、白土、合峪等 8 个乡镇在客运站基础上，对硬件和软件设施进行了新建和改造，对没有客运站的乡镇，则在乡镇政府帮助下征用建设用地，新建仓库、门面房等基础设施；在每个服务站安装了视频监控，配置了托盘、叉车等设备，升级为乡镇运输服务站。使原有的客运站增加了物流、快递、电商货物中转分拨配送，快消品和农资等前置仓储，农产品加工暂存，电商、仓卖等便民信息服务的综合功能。目前共建成 14 个乡镇运输服务站，投资 2000 多万元，入驻的快递企业包括圆通、中通、申通、百世汇通、韵达等。乡镇运输服务站如图 12-5 所示。

（3）村级物流末端网点主要依托农家店、村委会、小超市等的闲置场地，每个投资约 1 万元，配备物流终端设备，统一门头形象，负责末端派送和货件揽收、信息收集发布、电商及农产品代购代销等，目前投入运营的已有 160 个村级物流末端网点。如图 12-6 所示。

图 12-5　栾川农村物流网络乡镇运输服务站内实景

图 12-6　栾川农村物流网络村级物流网点

2. 整合多方资源，开展客货邮融合共配

（1）农村物流与干线物流的融合。栾川永康物流和 35 家物流企业都建立了乡镇配送合作关系,在县级中心园区将上游抵达的干线物流货物集中装卸分拨,通过落地配和统仓共配方式进行农村物流网络配送。同时,农产品上行的收发解决了空车回程问题,增加了物流企业的收入。

(2)零担物流与快递进村的融合。永康物流采取班线化共同配送方式,在县物流中心,各家物流、快递的下行货物到达栾川后进行集中分拣,凡向乡镇和村配送的货物由永康物流统一调度配送车辆配送到乡镇运输服务站,再由乡镇运输服务站配送到村级物流网点。目前栾川乡镇配送共有 3 条线路,5 条城区配送线路,乡镇配送实现一天 1 ~2 次配送,城区配送实现一天 4 次配送,覆盖全县 14 个乡镇,辐射 70% 的行政村,让居民足不出户,配送到家。

(3)农村客运与物流快递的融合。栾川 14 个乡镇运输服务站中有 9 个是在原乡镇客运站基础上改扩建,具备利用客运运力的天然优势。对于到村的小件包裹,通过客运车辆配送到各乡镇运输服务站,既降低了其他途径配送到村的成本,也增加了客运车辆的收入。目前,栾川农村物流网络已实现每天集中配送 30000 多件(含快递配送),上行农产品货运量 4000 多件。

(4)农村物流与商贸物流的融合。通过整合物流与商贸配送,开通乡镇运输服务站的前置仓功能,使商贸经销商的配送业务成本大大降低,解决了商贸企业配送成本高、补货周期长、乡镇物资流通慢等短板问题。已经有 20 多家快消品经销商委托栾川永康物流开展乡镇统一配送业务。

3. 规范化服务,解决退城入园企业的后顾之忧

(1)开展园区统一落地装卸、分拣、配送业务。公司组织 40 余人的专业装卸队伍,为入驻园区企业提供装卸和分拣服务,为车辆安装卫星定位系统,掌握每台车辆的行进路线和进入园区时间,及时组织到货卸车和配送装车。装卸时效从原来的平均 4h 降低为 1.5h/车,园区共减少装卸工 100 余人。

(2)专业化园区管理服务,提供拎包入园服务。县级物流中心为入驻企业提供了停车、办公、餐饮、住宿、金融、交通、安防、安检等配套设施和服务,使物流企业可直接“拎包入园”,解决了企业在经营管理中的后顾之忧,也方便了政府对物流企业的规范化管理。

4. 信息系统融合,打通最后一公里物流配送数据共享

打通农村物流信息平台的数据瓶颈。公司针对农村物流研发了城乡物流配送信息系统,同时与长通、宇鑫等 20 多家省内的零担物流企业签订合作协议,在

县城以下末端配送上实现货物、货款、运费等信息对接，避免共同配送的信息重复录入，提高了生产效率。

5. 建立物流标准，加快农村物流模式推广

由于农村物流缺乏运营管理和服务标准，导致服务效率低、成本高、质量差，更不利于大范围复制推广。永康物流制定了物流配送全链条系列化标准。设施标准化。物流分拣平台的货台高度、整体高度、建筑跨度、防雨，双面分拣的卸货作业区域宽度，快递分拣的进深等均设立标准化数据参数。装备标准化。利用标准化配送车辆（2500mm 车厢）、托盘（1200mm × 1000mm）、周转筐（600mm × 400mm），统一规格叉车、地牛等装备。服务标准化。包括装卸分拣标准化、配送流程标准化、配送费用标准化。

三、取得成效

栾川县农村物流网络体系节点项目的建设，改变了当地物流基础设施落后的面貌，并与其他城市配送平台有效对接，实现产销直连，为栾川的农副土特产品上行打开了市场；创造了农村物流场站共享、服务同网、货源集中、信息互通的发展新局面。

1. 带动农村基础设施建设

栾川县通过发展农村物流，带动当地农村基础设施建设投资。将 8 个乡镇客运站、1 个县级客运站和 5 个集体建设闲置用地整合为乡镇运输服务站，将原有的农家乐、便利店、邮乐购等便民服务点升级改造为村级物流服务点。

2. 物流降本增效作用突出

通过客货邮整合、统仓共配和信息互通对上下游物流资源的有效整合和集中高效共同配送，使农村物流的成本明显降低。配送费平均降低了 20% 左右，乡镇送达时间由 2 天缩短到 4h，服务能力和服务质量明显提高。

3. 加速农村消费升级进程

农村物流网络的建设同时也刺激了农村消费，通过物流把农民的日常生活用品送下乡。农村消费从过去的集市购买转向网络购物，从无品牌向小品牌、知名品牌演进，且寄往农村的快递产品中，家电类和化妆品类等升级类产品增长迅猛，

农村消费升级的步伐加快。

4. 带动农村人力就业创业

县乡村三级物流网络节点体系项目建设及网络化运营解决约150人直接就业和带动加盟就业人员接近300人。

5. 实现农村物流持续发展

通过“1+14+160”多点型农村物流网络体系建设，实现农村物流服务覆盖全县各乡镇、建制村比例达到100%。通过统一农村物流站点标识，样式、颜色、编号“三统一”，实现物流标准化，建设栾川县农村物流服务品牌。

6. 助力农村特色经济发展

通过数据平台与城市共同配送平台的对接，实现了产销直连，为栾川的农副土特产品打开市场创造了有利条件。

案例12-3　内乡县“客货邮商融合发展”服务品牌

内乡县位于河南省西南部，南阳盆地西缘，自古有“守八百里伏牛之门户，扼秦楚交通之要津”之说。内乡县在乡村振兴战略的推动下，积极促进各类资源有效整合，探索出客货邮商融合发展农村物流服务新模式，对畅通产销衔接机制，助力农村地区脱贫攻坚、乡村振兴具有重要意义。

一、内乡县主要做法

1. 加强顶层设计

县政府相继出台《内乡县农产品网络流通标准实施方案》《内乡县农村物流及“最后一公里”解决方案》《内乡县电子商务进农村县、乡镇、村三级物流解决方案》《关于推进“互联网+”农村物流行动实施方案》等，以改进和提升农村物流服务供给为主线，以提高农村物流服务覆盖率和服务品质为目标，加快建设县、乡镇、村三级农村物流网络节点体系、培育龙头骨干物流企业，大力推进互联网与经济社会各领域深度融合和创新发展，构建资源共享、服务同网、信息互通、便利高效的“互联网+”农村物流发展新格局。到2020年，“互联网+”农村物流行动取得突破性进展,“互联网+”新业态经济增长动力逐步显现,基础支撑和制度保障初步完善,现代农村物流体系框架基本建立,依托南阳寅兴电子商务科技有限公司,形成县、乡镇、村三级农村物流网络节点体系。

2. 推进基础设施建设

构建县域现代农村物流服务新体系,整合县域内物流资源,开通了县城至乡村的多条物流配送专线,建设了1个县级物流配送中心和15个乡镇级物流服务站点、100个村级物流服务点,物流服务覆盖了全县288个行政村,把快递物流的末端从乡镇延展到自然村,打通了农产品上行和消费品下行的“最初一公里”和“最后一公里”。

仓储配送中心,用于网购商品的集中和对乡镇服务站的配送;检验检疫、分拣、切片、分类、清洗、包装、保鲜等农产品初加工和鼓励有条件的企业发展农产品精深加工。

乡镇级物流服务站,依托万村千乡市场工程乡镇商贸中心或规模直营店,充分发挥其销售、配送、金融、邮政、电信、家电维修等服务功能,建设O2O体验店,承担线下体验功能,设立乡镇区域物流周转仓,负责对村服务站的配送,完善农村物流配送体系。

村级物流服务点,结合新农村改造工程建设,充分利用万村千乡市场工程网络、村民活动中心等现有资源,在每个行政村建设农村电子商务配送点,为村民提供网购网销(代购代销)、缴费、充值、订票、代收代发、代换代退、引导宣传等服务。

3. 促进资源整合

整合了县域内14家物流快递企业,实现了物流货物和快递包裹的“统进、统配、统送”,采用编码“内乡县电商园物流配送中心NX+编号(编号为乡村物流站点编号)”的模式,直接由县级物流配送中心按照编号和预先设定的线路递送到村级物流站点,16~18h内即可递送到收件人手中,这比以前各企业各自为战时期的平均2~3天,节约了时效2天左右。

4. 加大政策扶持

在农村物流节点建设方面,投入财政资金935万用于县乡村物流配送体系建设。支持县域电子商务公共服务中心和乡村电子商务服务站点的建设改造。中央财政对此项的支持数额按30%,即450万元;县级财政对此项计划使用800万元,两项合计共 1250 万元。

二、典型企业做法

南阳寅兴电子商务科技有限公司(以下简称公司)负责内乡县乡村三级物流服务体系建设。该公司联袂县域 14 家物流快递企业,在全县范围内高质量建设运营了 203 家电商服务站、115 家物流服务站,开通优质邮路 5 条,实现了全县 288 个行政村的全覆盖,使内乡成为全市第一个真正把快件送达乡村的县,有效促成了“客货邮商融合发展”体系。

1. 网络节点共建共享

公司积极主动与乡村日用百货店、村卫生室、乡镇客货运输站等站点相结合,挑选有经营能力、有服务精神的人员合作,不仅实现多站合一,还积极向这些站点布局人力资源服务(劳务介绍、招生等)、普惠金融服务、物资代购服务等多项业务,在与百货站点、卫生室、客货运输站共享站点的同时为这些站点的经营人员增加了收益。

2. 运力资源互补互用

偏远乡镇的农村物流配送,公司与客运班线公司协商,让利给客运班线,最远的一件补贴 2 元。一些孤村独户情况,寅兴公司与收件人协商,放在比较大的村子服务站,或者通过微信群,了解到其周边当天有到集镇买卖物品需求的群众、邻居,代为捎货,公司分路途远近给予其补贴,最远的 5 元一件。

3. 多方融合发展

公司以农村物流为纽带,通过产地 + 合作社 + 物流运输 + 电子商务的模式,发展产运销一体化服务模式,开通淘宝店铺、拼多多店铺、抖音小店,把家乡的特产优点推介向外面世界,提高了家乡农副产品的价值。农村物流服务站也脱胎换骨发展成一站多业态势,由单纯的收发快递服务电商,延伸到小额信贷服务、农资下乡和农产品收购加工。

三、取得成效

内乡县“客货邮商融合发展”模式,实现了城乡供求信息的对称,深刻地改变了乡村经济的生态结构,促成了产业的转型升级。

一是促进产业升级。物流体系的发展,催生了“订单农业”经济,大片大片的荒坡被改良成水果、中药材、茶叶、花卉种植基地;废弃的农舍被改造装修成民宿;水库、果园发展成观光农业,裹挟着我县的油桃、紫薯、中药材、茶叶等农作物种植事业“推背前行”,实现产业升级。

二是带动农村就业。电子商务和网络信息技术的发展,使得抖音、快手、淘宝,直播经济与实体生产实现了有机结合。余关镇杨晓琴、夏馆镇张理杰、赤眉镇齐泽英等乡村“能人”由水果经营户演变成农产品经纪人;马山口镇李庆元这样的外出务工者成为回乡创业的典范;曹平这样的外地人被吸引到我县马山口镇从事中药材加工事业。大片的茶园、果园、花卉苗木、中药材基地,以及乡村企业的诞生促成了农村闲散劳动力成为新时代的产业工人,解决了大量的农村人口就业问题。

县乡村三级物流体系深入农村,拓宽了内乡县农村居民的视野,更新了我县农村居民的观念,从根本上带动了农村居民的脱贫致富,加快了乡村振兴的速度,缩小了城乡发展的差距,为整体经济发展做出了积极贡献。

案例 12-4　卫辉市“传统运输企业转型升级完善农村物流配送体系”服务品牌

卫辉市地处河南省北部,北依太行,南临黄河,素有“南通十省,北拱神京”之称,境内京广铁路、石武高铁、京港澳高速、荷宝高速、国道 107 穿境而过,贯通县乡村的三级交通公路网络基本形成,交通优势突显。卫辉市是全国小麦商品粮基地、中原地区最大的禽蛋生产基地和林果蔬菜基地,在农业、畜牧养殖业健康发展的大形势下,卫辉市探索出一条“农村物流 + 邮政快递”的有效途径,通过打造“三站合一、三网融合”的农村物流运营模式,做到送货上门、收货到家,解决老百姓收发货物“最后一公里”的难题,构筑扶贫、助贫、助力三农的高效通道。

一、卫辉市主要做法

卫辉市政府将农村物流发展纳入卫辉市城乡交通运输一体化建设工作目标,制定了《卫辉市现代物流业发展规划》,完善工作机制,成立了以政府主要领导为组长、各乡镇、各职能部门主要负责人为成员的工作领导小组，对农村物流发展进行统筹规划，强力推进。出台了《卫辉市农村公路建设养护配套资金补贴办法》《卫辉市农村客运运营车辆补贴办法》《卫辉市城市公交运营补贴办法》等一系列财政补贴政策，大力支撑农村物流快速发展。从顶层设计上保障了农村公路建养、管理和农村客货运输、城市公交、农村邮政等城乡交通运输服务稳定运营，为农村物流健康发展打下了坚实基础。

同时，充分发挥卫辉交通区位、铁路三级货运站等优势，以冷链物流、电商物流、快递物流为重点，加快智慧物流配送体系建设，深入推进商贸物流标准化，积极探索推进物流园区第三方运营，加快建设中通快递豫北(卫辉)智能科技产业园，推进韵达(卫辉)电商物流产业园项目进度，积极跟踪顺丰创新产业园等项目，加大公铁物流园推进力度，不断完善乡村物流设施，推动城乡配送网络向末端延伸。

二、典型企业做法

1. 建设县级综合物流园区

2010年，在卫辉市委市政府的大力支持下，卫辉市交通局积极引导卫辉市第二汽车运输公司转变经营理念，整合现有交通资源发展农村物流。以卫辉市第二汽车运输公司为依托，在企业濒临倒闭，大批职工下岗的情况下，多方争取资金注册成立了卫辉平原交通物流有限公司，对原有场地进行改造建设，打造成一个集物流信息发布、货物仓储、组织调度、班车运营、停车等功能于一体的综合物流园区。

首期物流园区工程总投资1580万元，占地面积35亩，建设仓储及配套建筑面积4500m^2，配套办公、住宿等建筑面积2500m^2。卫辉市区45家物流商户进驻经营。园区为商户提供十项优惠政策，包括：统一配送进出货物、提供网络信息服务、统一配置消防安全器材、统一提供监控及保安服务、代办各种证照、优惠房屋租金、提供优惠食宿、协调金融部门到园区统一办理货款、统一协调货物理赔事宜、统一为商户办理人身及车辆保险手续。已达成月货运量18万吨，货物周转量达310万吨，物流货值达亿元以上。县级物流园如图12-7所示。

2. 构建农村物流三级网络节点

卫辉市以“园、站、点”为载体，构建了县、乡、村三级农村物流网络体系。城区建立平原交通物流园，乡镇建立物流站，行政村建立物流点，打造以平原交通物流园为龙头，乡镇物流站为骨干，村级物流点为节点的农村物流网络体系，覆盖全市、分工明确、规范运作、高效便民。

图 12-7　卫辉平原交通物流县级物流园

利用乡镇客运站，将“农村客运、农村物流、农村公路养护”进行融合，改建为“三站合一”的乡镇交通运输管理站，在三级农村物流网络中发挥着承上启下的作用，促进了农村物流的快速发展。由此构建了平原交通物流园——乡镇物流站——村级物流点的三级交通农村物流体系。全市已建立乡镇物流站 9 个，促进了农村物流的稳步持续发展。农村物流站如图 12-8 所示。

图 12-8　卫辉孙杏村镇“三站合一”农村物流站

设置村级物流点。村级物流点在农村物流网络中起基础性的作用，受所属乡镇物流站监督和管理，是最基层的执行者。主要负责汇总本村群众生产生活资料的需求信息并联系购进本村农副产品及企业产品的统计、信息发布及外运、运输车辆的联系等。在设置村级物流点时，遵循“服务贫困乡村、服务新农村、服务新型住宅社区、服务特色民营企业”的原则，合理规划物流网点布局。利用物流班车实现群众所需生产生活资料的运进和农副产品及企业产品的运出;借助农村客运村村通的优势和邮政网络,方便群众小件运输,实现边远偏僻农村物流网络的全覆盖,打造了方便快捷、及时省钱的农村物流网络。已建立新型农村住宅社区物流点6个,乡镇特色民营企业物流点4个,村级物流点总计达212个。

3. 与邮政部门开展合作

三级农村物流体系的建设不仅充分发挥城乡客运运力资源,以及客运班车定时、定点、快捷、价优、覆盖农村、山区线路城乡面广的优势,同时与邮政部门合作,整合快递、运力资源,创新实施交邮合作模式,设立村级交通邮政综合服务站,利用客运班车空闲行李舱,将沿线乡镇、村的信件、快递包裹等运送到村级交邮综合服务站,同时再将村里收寄的包裹转运回来,将快递业务延伸到乡镇、村。建设汽车站城乡一体化分拨中心和乡镇便民综合运输服务中心,通过合伙方式把村级交通邮政综合服务站提升为乡村综合服务站点,将客运、邮政、物流、快递、电商、商务、“四通一达”等多种服务集于一体,形成“客货同网融合、多站合一”的运营模式。有效缓解客运经营企业在车辆运营成本上的压力,又拓宽了在以往因村镇快件量小、经营成本高,而选择放弃农村市场的物流快递运输企业业务范围。

三、取得成效

1. 探索出一条传统运输企业转型发展的新路子

卫辉市原第二汽车运输公司经营效益不佳,在政府及行业管理部门的支持下,于2010年实现转型重组,注册成立了卫辉市平原交通物流有限公司,并在原第二汽车运输公司的厂区内进行改造,同时整合了散落在市区经营不规范的几十家物流商户,逐步建成为一个综合物流园区,彻底改变了卫辉市辖区无一家大型货运物流场站的局面。

2. 拉动了农村地区就业

平原物流通过电动三轮车,将部分送到乡镇物流站的小件货物直接送到村级物流点或居民家中,同时将部分村级物流点的小件货物送至乡镇物流站。各种运力资源不仅得到充分利用,此举还安排下岗职工再就业人员200余人,收到了明显的经济和社会效益。

3. 畅通了城乡间物资流通网络

平原物流投入100多万元扩建4500m^{2}的装卸平台和仓储。目前,卫辉市已建成太公镇、上乐村、李源屯、孙杏村等9个乡镇物流站及张王屯、四合新村、南辛庄等212个村级物流点,开通物流班线4条,各类物流班车36辆。“三网融合”基本实现了市内半个工作日到达、省内当日到达、省外次日到达的高效物流配送网络。

4. 方便了广大农村居民的货物收发

农村物流班车实现“门到门、点对点”的精准定向服务,构建了农村物流货运配送网络,有效打通农村物流“最后一公里”。农户通过电话等信息终端,农村物流车辆就能够及时将农户的新鲜蔬菜、水果等农产品送到市区农贸市场,不仅方便了群众,同时也提升了运作效率,降低了物流运输成本,为农民增加了收益。

第十三章　湖北省农村物流服务品牌

案例13-1　赤壁市"交通运输+电子商务+邮政快递融合"服务品牌

赤壁市位于湖北省东南部，是武汉城市圈和长株潭城市群的交汇点及长江经济带开放开发的前沿。京广铁路、武广高速铁路、京港澳高速公路、武深高速公路和107国道纵贯全境，陆水河通江达海，长江黄金水道依境而过，素有"湖北南大门"之称。发达的区位交通条件、完善的配送节点体系以及旺盛的电商消费需求，为赤壁市农村物流发展创造有利条件，形成了"一点多能、一网多用、深度融合"的农村物流发展新模式。

一、赤壁市主要做法

赤壁市按照跨部门共建共管，跨行业联营合作发展新机制，通过充分发挥交通物流、商务、供销、邮政等各部门的管理和资源优势，以及康华智慧物流园、邮政、快递等企业的主体作用，对资源进行整合共享和优化配置，形成了"一点多能、一网多用、深度融合"的农村物流发展新模式。

1.加强交邮合作，构建农村邮政物流服务网

交通运输企业利用乡镇农村物流综合服务站、物流班车等交通物流设施，邮政企业在农产品进城运输、小件快递以及分销商品捎带等方面提供方便，并针对

邮政运输的专业性、时效性和特殊性，在物流园区划分邮政快件受理、发放专区，对加急快件可优先安排物流班车、农村客运班车运输，提高邮件运输效率。邮政企业在151个村邮站（邮政农村电商服务站）叠加物流功能、充分利用农村物流班车、市区到乡镇的客运班车代运邮件。

2.深化交农融合，构建农资农副产品配送网

通过湖北康华物流园、供销合作社、快消品经营批发商建立的战略合作协议，依托供销合作社的农村服务社布局农村物流综合服务点，并利用农村三级物流配送网络优势，为“新合作”等企业提供辖区各乡镇物资配送服务，为各乡镇农产品提供运输服务。

3.力促交商携手，构建农村集并采购配送网

通过对区域内各乡镇小卖部业收集信息整理、汇总、分析，加强与商家洽谈，携手小卖部，开通了货运班线，负责为小卖部集并采购货物，并承担货物运输及配送，为乡镇小卖部增加利润点。

4.协同电商物流，构建电商快递配送网

在康华智慧物流园建立快递集中分拣中心，组建专业化分拣及配送队伍，引导赤壁域内快递企业入驻，由康华物流园发展有限公司全面负责各快递公司的快件分拣及区域配送工作。快递企业只需负责快件揽收一个环节，中间货物分拣、装卸、配送环节由康华物流园运作，实现城乡物流运输和快递产业链的一体化整合。

5.建立多业多点、资源集聚的农村物流服务体系

一是以康华物流园的“两园”资源为支撑，以智慧物流园和电商孵化产业园的下乡货源（农资、日用品、药品等）、电商快递包裹为支撑。康华入园物流企业11家，快递企业5家，电商3家。目前，通过康华物流园下乡的各类货物年运输量达到10多万吨，电商快件包裹50多万件。二是以下乡农资和日用品为支撑。赤壁市“万村千乡市场工程”累计建设、改造农家店224家；供销部门已累计建设村级综合服务社175家、农资农家店163家、恢复重建基层社8家、新建庄稼医院11家，2018年全供销社系统商品购销总额达20多亿元，其中，年销售各类化肥3万多吨，农膜500多吨，农药650多吨。三是以农产品运输为支撑。近几年，赤壁市大力推进“一村一品”工程，建设了优质稻基地35万亩、优质油菜基地30万

亩,优质蔬菜基地 5 万亩,楠竹基地 38 万亩,特色水果基地 7 万亩,高效茶叶基地 8 万亩,水产基地 23 万亩,培育了竹海生态畜牧养殖合作社、丛林生态养鸡专业合作、三民种养殖专业合作社、小山村特种动物养殖专业合作社等一大批养殖合作社,大量的农林特产品需要在农村及城乡之间运输。四是以农村电商网购商品为支撑。湖北康华智慧物流园与中国第一家村镇 O2O 电商平台乐村淘合作,园区建立乐村淘县级运营中心,在 10 个镇级农村物流综合服务站、140 个村级服务点设立服务点,以农村电商销售的提成和物流下乡补贴来弥补农村站点及物流班车的开支。五是以农村药品配送为支撑。赤壁华顺城乡物流公司与湖北华源医药有限公司建立了战略合作伙伴关系,提供赤壁市及周边地区的 125 家药店、农村医疗机构的药品配送,年配送量预计达到 8500 多万元,将为华顺物流公司创造近 250 多万的运费收入。

6. 建立政府主导,部门主推,企业主营的工作机制

政府主导:成立了在市政府统一领导下,由交通运输主导、商务、供销、邮政、农业等部门共同参与的农村物流融合发展工作领导小组,建立协调工作机制,制定支持物流业发展政策,设立物流发展专项资金,细化了农村物流融合发展实施方案,明确了相关部门发展农村物流的责任。

部门主推:交通部门先行主导、推进有力,商务、供销、邮政、农业等部门按照各自职责,加强沟通对接,及时协调解决农村物流融合发展工作的重点和难点问题。

企业主营:农村物流市场主体充分利用各自资源优势积极参与农村物流融合发展工作,康华物流园利用园区资源、主动担负起农村物流发展重任,建设三级农村物流节点网络;邮政充分发挥网络优势,积极与交通物流部门开展在农村物流融合发展方面的合作;客运公司利用农村客运班车“村村通”资源,承担小件物品的配送业务。

二、典型企业做法

赤壁市三级物流节点体系的主要建设模式为:康华物流园发展有限公司以康华物流园为依托,统筹县级农村商贸流通市场、农资配送中心、电商、快递、干线物流、农村药品配送等各类资源投资建设。

1. 建设农村物流网络节点

(1)赤壁市农村物流中心。以康华智慧物流园为依托,统筹县级农村商贸流通市场、农资配送中心、电商、快递、干线物流、农村药品配送等各类资源投资建设赤壁市农村物流中心。农村物流县级中心面积为11950m²,包括农村物流三级配送中心、快递分拨中心、农村药品配送中心、农村日用品仓储中心、农资配送中心、物流信息交易中心、农村电商服务中心等功能区块。

(2)乡镇农村物流综合服务站。按照"多站合一"的模式,通过改造或新建方式建设镇级农村综合运输服务站和物流综合服务站。对现有客运站具备改建条件的,改造成农村综合运输服务站;对不具备改造条件或无客运站的镇,新建物流综合服务站。乡镇农村物流服务站面积一般为100~200m²,具有信息收集发布、货物仓储、邮政快递、农村电商、便农服务、农资、农产品代购代销和配送等功能。在服务站的规范化管理方面,做到了"四有上墙",即站点职责、管理制度、服务流程、收费价格;"四区分开",即农产品信息交易区、邮政快递区、综合物流服务区、农村电商服务区;"四薄台账",即寄件台账、派送台账、收购台账、网购台账。

(3)村级农村物流综合服务点。通过开展"交供合作、交邮合作、交商合作"等形式,以农村供销合作社、村邮政服务点和农家超市为依托,建设功能齐全、服务一体的村级物流服务点。村级农村物流服务点面积一般为30~50m²,具有信息收集发布、快件包裹收发、网上代购、农资代购、农产品收购与代销、便民服务(助农取款、缴费服务、票务服务、乘车服务、社保服务等)等功能。通过三级网络体系建设,有效整合了县域内农村物流政策资源和行业资源,实现了多部门、多产业、多功能的融合。

2. 开通"四定"农村物流班线

按照便民、低耗、高效的原则,购置适合农村道路运输条件的货车15辆,开通"定时、定点、定线、定车"的"四定"农村物流班线5条,实现县、乡、村的双向货物运输配送服务和"门到门、点到点"的无缝对接服务。农村物流班线如图13-1所示。

3. 加快农村物流信息系统建设

康华智慧物流园在农村物流中心投入170万建设农村物流信息平台,配备专业信息化设施、设置信息发布区、交易区、货车卡务服务中心,同时,整合农业、供销、邮政管理等相关部门信息资源，对乡村信息服务站、农村综合服务社、超市、邮政“三农”服务站、村邮站、快递网点等基层农村物流节点的信息系统进行整合和升级改造，推进农村物流信息终端和设备标准化，实现与县级农村物流信息平台的互联互通。培养和发展农村物流信息员，及时采集农村地区供需信息，并通过网络、电话、短信等多种形式，实现信息的交互和共享。

图 13-1 农村物流班线

4. 实行标准化运营

由康华智慧物流园投资成立专业的农村物流公司——赤壁华顺城乡物流配送有限公司，对农村物流运营实行统一管理，其中县级物流中心的配送实行“统一调度、统一合同、统一价格、统一核算”管理模式。乡镇服务站实行站长负责制，市场化运作，企业化管理。村级服务点实行与村点（包括包裹寄送服务点）合伙人签订服务协议，实行市场化运作，按网点实际完成的工作量进行绩效管理。

5. 制定农村物流服务标准

制定了《农村物流三级配送服务规范》《县级农村物流仓储运营中心服务规范》《县级农村物流仓储运营中心建设规范》《镇级、村级物流综合服务站点建设规范》等4项标准，并以标准为核心，推进农村物流的节点建设和运营中的“五统一”，即装修式样统一、站牌标识统一、设施配置统一、服务范围统一、服务标准统一。

三、取得成效

赤壁市农村物流三级配送体系的建设和运营，在提升农村物流服务能力与水平、促进农村经济发展、精准扶贫方面的效应逐步彰显，达到预期的效果。

一是较好解决了农村物流基础设施薄弱问题。农村物流三级配送体系建成后，解决了赤壁市农村物流基础设施建设落后、缺乏物流资源集聚基地、运输组织固有场所较少等问题。

二是较好解决了农村物流市场主体不匹配问题。农村物流三级配送体系建成之前，在邮政企业、农业供销社等主要国有企业之外，个体、集体、私营、股份制等农业物流企业也快速发展起来。但从总体上看，当前农村物流市场主体与农村日益增长的需求还有差距，存在诸如组织网络不健全、规模比较小、市场覆盖面较窄等问题。

三是较好解决了农村物流公共服务平台缺失问题。农村物流三级配送体系建成之前，由于投入不足、重视不够，以及参与企业积极性不高、行业整体素质不高，导致农村物流公共服务平台建设严重滞后，尚未建立具备数据交换、信息发布、智能配送、库存管理、决策分析等功能的综合性服务平台，造成物流信息不能共享，通过信息化手段提升农村物流运作水平的能力较低。通过在康华智慧物流园建立物流公共信息平台，实现农村物流供求信息的收集、整理、发布平台，使信息资源共享，将农村物流信息进村入户，最大程度地解决农民“买难”和“卖难”问题，实现“农民不出村，信息服务送上门”，让广大农民享受现代物流发展带来的方便，促进农民增收。

四是较好解决了农村物流服务规范化程度低问题。农村物流服务规范化程度比较低，缺乏农村物流服务相应的行业规范和标准。通过建立农村物流服务相关服务规范,提高了农村物流规范服务程度。

五是推进了农业产业化进程,促进了现代农业发展。通过农村物流网络规模化、专业化、信息化的物流管理模式和专有的、分类的物流配送体系,在产前通过与邮政公司、农资公司合作的“三农”农资企业联系合作,能够保质保量地为农民提供包括种子、化肥、农药、饲料、农膜以及农机具等农用物资,从而满足农业生产发展需要;在产中,通过实现订单农业,农村合作社等物流组织根据市场需求和客户的个性化要求农民统一组织生产、种植、技术指导,不断扩大专业化种植基地规模;在产后,利用信息技术及其管理方法通过龙头企业的桥梁作用,有机链接加工、仓储和销售环节,提高流通速度,从而提升农产品的异地转化价值,促进现代农业的快速发展。

六是有效解决了乡镇工业企业物资进出难的问题,服务区域经济发展。通过农村综合物流服务站的网络平台,根据乡镇工业企业的实际需求,进行货运资源整合,实行科学配置、合理运用,打破制约乡镇工业企业因货源物资分散、运力分散造成的流通难的瓶颈问题,探索开辟我市车埠等部分乡镇工业企业的物流通道,实现货物专业化运输和专线运输的需求,服务区域经济的发展。

七是较好解决了农村物流双向通道的瓶颈问题。三级农村物流服务体系建成运行后,农村生产资料、生活用品通过客车捎带配送、信息员投送、物流班车、邮政车辆配送等,使物流服务延伸到了“最后一公里”,实现了村民在家门口收寄包裹;自从有了农村物流综合服务点,农民能买到便宜的生活用品,农民网购一件商品,价格比实体店便宜至少 20% 不说,到手的物流成本比以前降低了 30% 以上。此外,村民的农产品通过村级服务点代售,解决了农产品销售的“最初一公里”问题,实现了村民在家门口卖农产品,既节省了时间,又在降低物流成本的同时,增加了收入,特别是对只有少量农产品出售的农民来说受益最大。据统计,三级农村物流体系建成运行后,降低农村物流成本至少在 20%。

八是为精准扶贫提供了物流支持。赤壁农村物流精准扶贫工作以余家桥乡大岭村、新店镇朱巷村、赵李桥羊楼司村等 3 个建档立卡贫困村为试点,正按照行动计划有条不紊地展开,据统计,一个月内,3 个试点村通过农村物流综合服务点收发包裹 352 件、销售鸡鸭等家禽 186 多只、鸡鸭蛋 10600 个、竹笋 3510 斤,其他蔬菜 1260 斤,实现农产品及农副产品交易额 28730 元,减免物流费用近千元,试点村的农民已经从农村物流的便利服务中得到了实惠。

案例13-2 竹山县“交通运输+邮政快递融合”服务品牌

竹山县，古称“上庸县”，隶属湖北省十堰市，位于湖北省西北秦巴山区腹地，竹山县是湖北省、全国“四好农村路”示范县、国家第一批“城乡交通运输一体化”创建示范县，也是湖北省农村物流融合发展省级试点示范县。近年来，竹山县深入推进交通运输与邮政快递融合发展，农村物流服务体系健全完善，为打赢脱贫攻坚战和乡村振兴提供有力支撑。

湖北省十堰亨运集团物流有限公司（以下简称亨运物流）深入探索交通运输与邮政快递、电商、商贸、农业、供销、金融、院校等产业融合发展，使物流、快递服务覆盖全县17个乡镇电商服务站和147个村级电商服务点。同时，延伸物流服务功能，实行跨界融合、资源整合，促进物流、商流、信息流、资金流多流合一，实现“以商养运、以运促贸、多业融合、共赢发展”的城乡供应链一体化发展，以此推动实施国家乡村振兴战略、推进脱贫攻坚，促进竹山县的经济发展。

一、竹山县主要做法

1.健全完善三级物流网络节点体系

升级电商物流运营中心。整合竹山县物流中心（物流园）货物资源，建设6200m^2的亨运物流竹山电商三级配送运营中心（其中仓库3500m^2，露天堆场2700m^2），设仓储区、安检区、分拣区、冷冻冷藏区、装卸作业区、运输调度中心、配送站场等，同时拓展节点集疏运服务平台等业务，除自有零担货物分拣外，另吸纳其他快递企业及零担物流企业进驻园区，实行集中化、统一化管理，进行统一入仓、统一安检、统一分拣、统一配送服务，建成农产品、农资、农村消费品的流通加工和仓储配送、邮政快递分拣分拨、农产品冷藏及低温仓储配送等的集散中枢。亨运物流竹山电商三级配送运营中心已实现社会零担货物、邮政快递的仓储、装卸、分拣、调度、配送等服务功能。此中心通过城乡物流管理系统、网点可视化管理系统及钉钉办公系统，上可连接十堰总部货物集散中心，下可连接竹山县、乡、村各站点。

2.建设物流运营调度中心

一是建设竹山县城乡物流配送公共信息服务平台。收集、整理、发布竹山县物流供需信息,有效融合社会物流、快递企业、广大农资农产品经销企业、电子商务服务中心、商贸企业及传媒机构信息资源,为其提供资源共享服务,实现各方信息的互联互通、集约共享和有效联动,及时高效组织调配各类物流资源,保障物流配送信息及时、准确、畅通、可追溯,同时向竹山县电子商务服务中心开放数据接口。二是建设车辆调度平台。实时监控车辆运行轨迹,加强车辆调度,提高运输效率,降低运输成本。三是建设城乡物流数据中心。下行货物方面,与集中分拣设备实现配套协同,实现货物入仓、分拣、出仓及跟踪信息一体化管理;上行货物方面,从站点揽货、汇聚、入仓全程实现信息一体化管理,对各网点的货源数据、发货数据、到货数据、代收货款情况进行全程跟踪、收集、整理和分析,对各网点作业现场进行监控,实现县、乡、村网点可视化管理,对农副土特产品进行线上交易及追溯管理,通过对各项大数据的跟踪,优化运行环节,整合现有资源,确保公司物流、商流、信息流及资金流的统一与畅通,为城乡物流大数据分析提供依据。

3. 整合运力、线路、车辆和人员

以衔接竹山县乡(镇)电商综合服务站和村级电商服务点,所有线路配送车辆均按照定线、定点、定时、运价统一、服务统一、配送统一的“三定三统、共同配送”要求运输,实现县、乡、村三级物流配送体系运营,覆盖竹山县全部乡镇和村电商服务站点,保障货物及时送达,打通竹山县农村物流快递上行及下行通道。在现有配送线路基础上,根据竹山县地理位置实际情况,分为东线、西线、南线、北线共4条运输线路。根据运输线路规划,整合自有车辆、社会车辆、村村通车辆,定线、定车、定人,实现竹山县164个电商服务站点全覆盖。在竹山县配备配送车辆20台,其中县级分拨中心配备3台厢式电动提配车辆,各片区配送线路上每条线配备2台厢式电动车辆、2台配送车,储备冷链配送车辆1台,用于时令农产品运输;利用亨运集团竹山城乡公交有限公司村村通客车149台,用于村点揽货与快递派送。根据车辆在线路上配备情况整合驾驶人员,实现定人定车,保持车、人与网货供应基地、服务站点密切配合,信息互通,提高货物运输效率,确保配送时效。

4. 推进业务融合发展

利用公司十堰区域城乡物流配送一体化服务体系,通过“互联网+电商物流+商贸+金融”一体化运作,建设集电商货物受理、货物仓储、快递代收代配、再生资源回收、农资、农产品代购代销和配送等功能的服务站点。利用精斗云系统,上接生产厂家、大型农贸市场、商超,整合代理商、经销商、品牌商货品资源进入统仓统配服务中心,通过线上订单管理系统、仓储管理系统、物流管理系统及线下专业物流团队的运作为经销商提供统一的仓储、配送、管理、运维及物流金融一体化的互联网供应链服务。下联农村合作社、电商服务站点、县乡村小卖铺、农产品基地,在人员密集的地点建设“左邻右舍”便民服务站点,通过特色农副产品、零担货物、再生资源回收等上行货源及生产、生活物资、邮政快递、零担货物、冷藏、冷冻食品、日用品及工业用品等下行货源的往返运输,形成竹山县农村物流配送通道。此外,与十堰市及竹山县农商银行合作,为竹山县的中小企业及个体经营者辅以供应链金融服务。

二、取得成效

1. 畅通农产品上行和工业品下行

竹山县大力推进农村物流体系建设,亨运集团竹山客运有限责任公司投资1.03亿元建设占地129亩的竹山县物流中心(物流园);整合竹山县邮政快递、电商、商贸、农业、供销等各物流资源,建成农村交通运输综合服务站17个,村级物流配送点180个;利用邮政站点网络,探索实行“客票进所入网,邮政进站上车”模式,全面开展物流代收、商品代购、服务代办、金融代付等综合服务;推行小件客运捎带、大件货运班线的“客货联盟”及“交邮共建”运营模式,建立“快递超市”,实现城乡物流服务网络与干线物流网络无缝融合,有效解决了网购不能到村、农产品无法进城的难题。

2. 带动了农村地区就业,提高了农民收入

结合全国“农村电子商务示范县”创建,竹山县引进阿里巴巴、京东、邮乐购等实力企业,建成集网购网售、创业培训于一体的秦巴电商城。并把党员群众活动中心作为电商主阵地,无偿提供业务场所、技术培训,新建250个村级电商服务站,通过线下三级渠道站点与线上电商服务平台,打通商品下乡和农产品进城通道,带动5000人创业就业,加快了农民脱贫致富步伐。

3. 降低了配送成本

亨运物流整合竹山县物流、快递资源,利用17个农村交通运输综合服务站和180个村级物流配送点,自运营以来,运费成本下降20%,深受竹山县物流、快递公司、客户和农户的好评。

第十四章　湖南省农村物流服务品牌

案例14-1　耒阳市“电子商务+农村物流”服务品牌

耒阳市位于湖南省东南部，京广铁路、武广高铁、京珠高速公路、107国道、320省道等多条交通干线在境内交织成网，耒水、舂陵江四季通航，是湖南省重要的交通要塞。近年来，耒阳县整合全市特色产业、电子商务、商贸供销、邮政快递、站场运力、金融资本等农村物流市场各类要素，发挥企业市场主体作用和创新积极性，加强与京东、淘宝、拼多多等电商平台的对接，不断完善县、乡、村三级节点服务网络，提高农村物流网络覆盖率和整体服务水平。

一、耒阳市主要做法

(1)坚持政府主导，把部门行为上升为政府行为，把发展农村电商物流作为市委市政府为民办的实事来推动。聘请高校电商物流专家对农村电商物流发展规划进行科学编制，确定各阶段发展目标；科学定位，按照“市场配置资源，政府营造环境”的原则，充分发挥电商物流企业主体和市场配置资源的基础作用，把握好发展重心；分类推进实现农村电商物流可持续发展。

(2)推动电商和快递物流深度融合协同发展。以市级电商物流服务中心为载体，整合全市所有农村快递物流资源及特色农产品资源，充分利用农村电商物流综合服务站点、258个益农信息社服务站、邮政、供销等系统网点，构建电商物流服务体系，最终在30个乡镇街道办事处建设农村电商物流综合服务站，377个行政村建设电商物流综合服务点，形成了“县有中心、乡镇有站、村有点”的三级电商物流服务网络。

(3)出台电商物流支持措施政策，支持现代电商物流业发展。采取财政贴息或奖补方式，主要用于支持购置现代化、智能化快递物流设施设备、电商平台开发利用等，以及业绩突出、贡献较大的电商物流企业。重点支持耒阳市福源乡村物流有限公司市级电商物流营运中心、物流集散中心及福源优选社区电商平台，提升农村电商物流集散的商贸、市场、仓储、电商、物流等服务功能。

(4)完善机制，提升农村电商物流带动力。即建立多部门参与的综合协调机制，成立了以副市长为组长，交通运输、商务、农业、邮政等多部门主要负责人为成员的领导小组，明确目标、任务和责任，加强对全市农村电商物流工作的领导；建立多领域发展的市场运转机制，充分发挥交通运输行业资源、网络和服务优势，打造具有交通特色的农资产品配送“绿色”通道，形成灵活高效的农村电商物流运作模式；确保全市农村电商物流产业稳健发展。

二、典型企业做法

耒阳市福源乡村物流有限公司是集快运物流、冷链、农产品进城、工业品下乡、仓储、社区电商等服务性企业。作为省内首批从事电商物流综合服务行业的团队，积累了丰富的电商物流运营经验，形成了科学的管理体系。其在县乡村三级节点网络布局、物流运输网络铺设、先进技术应用、标准化物流装备投入、物流市场拓展、服务品质提升、物流资源整合和运营模式创新等方面的主要做法如下。

(一)县乡村三级节点网络布局

耒阳市福源乡村物流有限公司以“市场运作、政府引导，优势互补、因地制宜”为原则，以提高配送效率、降低物流成本为目标，构建耒阳市“县、乡(镇)、村三级电商物流体系”架构。

1. 县级电商物流服务中心

通过整合邮政、顺丰、天猫优品、溪鸟等物流资源，依托福源公司县级电商物流服务中心，建设县、乡镇、村电商物流综合服务站点三级节点网络。县级电商物流服务中心负责提供全市仓储、电商、配送、分拨、转运等服务，同时承接全市社会快递进出口处理，打造市域内统一开放平台，实现市域范围内的快递包裹中转分拨工作。县级电商物流服务中心包括以下功能：

(1)运输组织功能。包括中转、装卸、分拣、配送。

(2)信息交易功能。车货信息收集、发布、匹配和交易。

(3)仓储服务功能。主要包括农产品普通仓储(农村日用品)，专业仓储(农药、化肥)。

(4)物流增值服务功能。包括流通加工、包装等服务。

(5)货物集聚功能。集聚各乡镇农产品，将农产品统一集中到物流服务中心，向城市配送。

(6)电商快递服务功能。包括为电商企业提供公共服务和快递包裹分拣、配送等。

(7)电商物流人才培训功能。包括电子商务基础知识、网上开店及技巧、网购操作等技能培训和村镇站点管理服务培训等。

2. 乡镇电商物流综合服务站

在全市30个乡镇、街道办事处设置电商物流综合服务站，解决县级电商物流服务中心与村级服务网点之间的中转，乡镇电商物流综合服务站包括以下功能：

(1)货运功能。一是利用农村客运班线发展小件快运；二是利用福源公司快递物流专车共同配送，为村民服务。

(2)农产品上行配送功能。组织当地适销的农产品，统一向县级电商物流服务中心配送。

(3)电商服务功能。提供电子商务产品展示、代销代购服务。

(4)电商培训功能。提供农村电商创业青年和农村消费者的电子商务基础知识、网上开店及技巧、网购操作等技能培训。

(5)便民服务中心功能。提供代办水电缴费、政务、金融、农技和就业等服务功能。

3. 村级电商物流综合服务点

在全市377个建制村依托福源公司县乡村三级电商物流综合服务平台设置村级电商物流综合服务点，面积不低于10m^2。实现农村电商物流各类物资“最初一公里”和“最后一公里”有序集散和高效配送，以及电商、快递等各类物流信息的及时采集和发布。村级电商物流综合服务点包括以下功能：

(1)快递包裹收寄功能;

(2)信息收集和发布功能;

(3)农资、农产品、电商产品等代销代购功能;

(4)政务、就业、网购等便民服务功能。

(二)物流运输网络铺设

依托福源电商物流园区建立县级电商物流服务中心,整合全市快递物流和特色农产品资源,利用淘宝、拼多多、微店小程序等电商平台,线上线下有机结合销售我市优质农产品。利用福源公司快递物流优势,通过该公司 E3 快递管理系统,将全市农村货物通过快递物流运输专车运送至乡镇电商物流综合服务站,村部沿线通过物流专车配送,物流专车不能送达的地方通过福源站点或农村便利店、农村合作社等节点负责人统一到乡镇取货,打通农产品进城、工业品下乡双向流通渠道。物流配送网络如表 14-1 所示。

福源乡村物流有限公司物流配送网络 表 14-1

配送网络	配送方式
县级电商物流服务中心→乡镇电商物流综合服务站	快递物流专车+冷链货车
乡镇电商物流综合服务站→村级电商物流服务点	快递物流专车+冷链车+村民自取

优化城乡物流配送线路,根据市域城区和各乡镇地理位置及交通情况,整合升级运输网络,整合邮政、顺丰、农村淘宝、溪鸟、天猫优品、四通一达等快递物流资源,由福源乡村物流有限公司投入巨资在全市开展县乡级三级电商物流共同配送,购置专业性货运车辆、机械化传送设备等现代化、智能化快递物流设备设施,打造 21 条物流配送专线,福源乡村优选社区电商已开通 6 条乡镇、4 条城区配送线路,定时、定班、定点发送物流共同配送"班车"。

(三)先进技术应用

耒阳市福源乡村物流有限公司引进 E3 快递管理软件及购置了高拍仪、自动化传送设备等现代化、智能化设施设备。通过 E3 信息系统,可以实现调度、整合,以降低成本,改善服务质量,提高竞争力。

主要表现在以下 8 个方面:

(1)提升管理和决策水平,增强部门间以及与分支机构间的协同,以实现提高效率,降低成本的经营目标;

(2)提升企业形象,改善服务质量,提高客户忠诚度;

(3)有效整合上下游资源,形成规模效应,获得竞争优势;

(4)构建一个从局域网到广域网到 Internet 的综合业务网络,以支持内部业务和对外客户服务;

(5)系统能支持集中与分布有效统一,既可以支持分布式机构的分布式网络,又实现数据的集中管理,保证各单元机构既可以与总部联机运行又可以单独脱机运行;

(6)实现过程的全程控制、全程跟踪、即时核查、智能报警;

(7)实现业务相关的财务及统计报表;

(8)构造安全、容错体系。

耒阳市福源乡村物流有限公司通过应用 E3 快递管理软件自建网点,公司集中财务结算,乡镇村网点统一与公司平台结算。向客户提供主动服务、智能服务、个性化定制服务、人性化服务等,利用互联网、电信移动等手段,借助巴枪、电子秤等工具,提高理货效率,并通过事前控制等技术,减少差错率。透过通信平台,实现区域中心间的数据共享,真正实现资源高效整合,并实现全程的货物跟踪监控。对业务员、收派件员、录单文员、客服人员等根据不同的工作性质进行考核管理,并与薪资结构挂钩。通过互联网进行物流服务供需信息的交互,实现发布货源、订单接收、订单管理、订单跟踪查询、费用结算等功能。同时,充分利用社会闲散运力提高快递配送效率。建立 TMS 运输管理系统,打通"最后一公里"的货物管理,打造高科技快递网络。

(四)标准化物流装备投入

福源乡村物流有限公司在标准化物流装备投入方面做法主要有:

(1)对物流对象物编码,按物流过程的要求,转化成条形码,物流大系统能够实现衔接、配合。在此基础上,实现电子信息传递、远程数据交换、统计、核算等物流活动。

(2)物流单据、票证的标准化,实现信息的录入和采集,将管理工作规范化和标准化。

(3)投入千余万元在水东江双洲建成了 60 余亩物流标准仓库。

(4)购买了标准运输车及冷链车、标准传输机具、自动化分拣传送机设备、立体货架、堆垛机、室内搬运车、出入输送设备、分拣系统、升降设备,以及计算机管理和监控系统等物流设施设备。

末端物流是送达给消费者的物流,实现物流标准化后,贯通全系统,可以实现“一贯到户”式的物流,其效益由速度加快、中间装卸、搬运、暂存费用降低、中间损失降低获得。从而物流成本大大降低,效益显著提高。

三、取得成效

1. 有效整合了分散的农村电商物流资源

逐步形成了集交通运输资源、基础设施资源、网络信息资源、品牌资源等为一体的农村电商物流网络体系,促进了农村交通电商物流的规模化、集约化发展。以耒阳市福源乡村物流有限公司为代表的龙头企业,是一家集快运物流、冷链、农产品进城、工业品下乡、仓储、社区电商等服务性企业,占地 60 余亩,在耒阳市各乡镇、办事处开设天猫优品服务站 22 个,电商物流综合服务站 125 个,配送车辆 20 余台,县级农产品展销中心 1 个(800 余平方米),网络覆盖全市。负责全市 48 个电商服务站(含 32 个省定贫困地)、258 个信息社服务站的建设及运营。通过线上线下销售和共同配送,有力地打通了农产品进城、工业品下乡双向流通渠道,改善农村生活,缩短城乡差距。快递物流下乡进村,破解耒阳市“农村最后一公里”难题。

2. 取得了良好的经济和社会效益

充分利用福源公司乡村优选社区电商、步步高小程序、淘宝、拼多多等电子商务平台,提升电商和快递物流协同发展水平,逐步形成了各具特色、行之有效的农村电商物流运作模式,有力地推动了全市电商物流业的现代化、智能化、数字化发展,企业收入及利润稳步提高,社会效益日益显现。耒阳市以福源乡村物流公司、邮政等为中心载体,全市农村日均快递物流量达 10 万余件。2019 年发送货物 10 多万吨,实现运输收入逾亿元,税收达到了 100 多万元。

3. 促进了农村经济的快速发展

随着农村电商物流工作的深入开展,农村电商物流对经济的贡献逐步显现,其有效促进了商品流通,提高了物流效率,降低了物流成本。将农副产品辐射到更大范围,实现了货畅其流,创造了商品的位移、时间价值,增加了农民收入。实现了农村电商物流企业与工商企业的良性互动发展，提升了经济运行质量。作为服务业的重要组成部分，直接带动了社会就业和 GDP 的增长。为广大农民节约物流成本近 800 余万元，安置农村剩余劳动力 1000 余人，有力拉动了全市的经济增长，为全市服务乡村振兴、助力脱贫攻坚提供了有力支撑。

4. 助农抗疫两不误

自 2020 年 1 月底疫情防控以来，电商物流企业为保障疫情防控物资和生活必需品的市场供应和开展“无接触配送”服务，实现双向物流，把全市乡下的时鲜蔬菜蛋品运进城区，及时有序将急需防疫医药用品和农村需要的日常生活物资配送到位，及时有效地解决了全市乡村生活物资的需求，实现了助农与抗疫两不误，得到了市委、市政府及老百姓的好评。

案例 14-2 攸县“电子商务 + 邮政快递融合 + 农村物流”服务品牌

攸县为湖南省株洲市辖县，位于湖南省东南部，罗霄山脉中段武功山西端。东邻江西省萍乡市、莲花县，西连株洲县、衡东县；南达茶陵县、安仁县，北接醴陵市。攸县大力推动农村物流发展，形成了以湖南星都物流有限责任公司为运营主体、以“城乡驿站”为统一品牌、以攸县星都物流园为核心、以乡（镇）村“城乡驿站”为支点，覆盖攸县全境、辐射周边县乡的农村物流服务体系。

一、攸县主要做法

1. 出台农村物流发展的扶持政策

攸县层面，近年来政府积极投入力量发展农村物流，在积极落实省、市两级上级领导部门相关扶持政策措施的同时，结合自身发展现状、发展特点，出台了多项有针对性的扶持政策，开展了一系列扶持措施，持续优化农村物流发展环境。

政策层面：攸县先后制定出台了《攸县促进产业发展政策》《攸县 2019 年“产业项目建设年”活动实施方案》《攸县脱贫攻坚产业扶贫奖励办法》等多项政策措施助力农村物流发展。

具体措施：一是通过积极培育和发展具有较强竞争力的物流企业，努力提高物流业的专业化、社会化，积极推进企业物流管理的信息化，培育成有较强实力的物流企业和经营户，具有本地特色的“物流 + 电商”服务网点覆盖范围达到100%，全面提升农村现代化物流水平，为统筹城乡发展、助力脱贫攻坚做出积极贡献。

二是提升农村物流运营管理水平加强政策配套。通过多年摸索，攸县发现增强农村物流品牌形象识别度对行业推广、服务品质提升有重要的作用。在市交通局指导下，以星都物流为企业主体，共同设计发布攸县农村物流站点的统一标识的“农村驿站”，实现了品牌形象、服务网点、服务内容、服务标准“四统一”，方便广大农村群众识别，并对服务实施监督。

三是鼓励企业搭建以农村物流为核心的多元服务平台。鼓励物流企业开展快消品代购、农特产品代收、整合快递收发、生活缴费、票务代理等涉农服务项目；为物流企业和农村服务网点优先开通了网银及移动结算端口；为农产品供应商与县内物流和电商业主提供更好的对接形式，以电商、网上预购、众筹、产地直采直供等方式促进本地产品走出去，策划了一系列农产品电商活动等，取得了良好的经济效益和社会反响。

2. 健全农村物流发展组织协调机制

攸县建立了由县级政府统一领导，交通局、自然资源局、财政局、发改委、农业局、商务局、供销社等多部门共同参与的农村物流工作领导小组，负责农村物流发展的相关工作，统筹协调农村物流发展。这一工作机制的建设，在乡（镇）-村农村物流节点的选择上发挥了巨大的优势。因为农村物流公益性强、物流强度低、节点多的特点，因此在节点建设上企业负担很重。攸县充分发挥各部门的作用，充分利用乡镇客运站、邮政局（所）、农资站、农村综合服务社等各类资源作为物流配送节点，在两年多的时间里，攸县600多个自然村全部设置了“城乡驿站”，为农村物流的发展打下了坚实的基础。

3. 统筹规划建设物流节点布局

近年来，攸县交通、农业、商务、供销等部门充分利用各行业的既有物流，加速推进“资源整合”和“多规合一”，统筹规划建设物流节点布局形成了“县有物流中心、乡有农村物流服务站、村有农村物流服务点”的农村物流发展格局。其中：县级节点依托“十三五”期间已经建成的星都物流园，具备零担专线、仓储配送、电商快递、信息交易、流通加工、物流增值、农产品外销等服务功能。乡（镇）级节点优先选择现有乡镇客运站、邮政局(所)、农资站、超市等,按照“多能合一”的模式进行建设,包括快递包裹收寄、电商产品展示、代购代销、信息采集发布、农产品收储代购、便民服务等功能,已经建成13个乡的农村物流综合服务站;村级节点(涵盖所有自然村)——优先利用农家店(超市)、农村综合服务社、村邮站等建设,建成了涵盖快递收寄、农资和外销农产品的临时存放、信息发布、便民服务、农产品外销等基本服务功能,实现了攸县600多个自然村的全覆盖。

二、典型企业做法

1. 创新优化,形成了“县-自然村”二级物流网络体系

湖南星都物流有限责任公司提出农村物流的核心是以县城为核心、乡镇为纽带、农村为腹地的,介于城市与农村之间的城乡物流结合体,是区域物流的基本组织单元,农村物流不能被单独视为一个独立体,要将其放置在区域、县域、乡村生产与消费整体物流环境中来考虑。星都物流对已有农村物流的运营实践进行了深入剖析与总结,对攸县农村物流业务特点、农村空间布局特征开展了系统分析,在传统三级网络的基础上,经过不断探索、研究,建设具有鲜明攸县特色的县-村(自然村)二级物流网络。

2. 物流网络往上通达全国主要城市,往下覆盖攸县及周边县

末端网点是农村物流的末端环节,也是广大农民对于物流体验最直接、感受最直观的环节。因此,末端网点的布局、网点的设计对于提升农村物流服务质量具有重要作用。为消除农村物流“最后一公里”,为广大农民提供最直接、最便捷的农村物流服务,星都物流将末端网点直接布设在自然村(或行政村)。目前,全县500多个村落(包括自然村、行政村,此外有7个距离远的村通过摩托车等交通工具进行二次接驳)及周边3县共计100余个村均设置末端农村驿站,直接覆盖范围超3000平方千米、覆盖人口118万人。提供规范性服务,末端网点的选择与设计遵行统一要求。为了提高服务规范性,星都物流对于农村网点的店面设计、运营要求做了统一规定。

3. 先进设施设备与信息技术助力物流效率提升

星都物流一是协助企业尤其是快递企业建设自动分拣设备,并积极引导不同快递企业共用自动分拣、装载设备。基于设备的共用,可有效整合不同品牌快递

企业的货源,统一按照线路(即13条农村物流线路)进行装载、配送。二是,星都物流自建两栋高标立体仓库,引入了现代化的智能仓储设施,包括智能货架自动堆垛机出入库电子信息系统等。通过智能仓储设施的应用,可直接为电商企业、经销企业提供快速的仓储、分拣服务,直接提升运作效率。

星都物流投入百万资金打造了“城乡驿站”农村物流服务信息系统,并和物流公司、快递企业、电商企业进行系统对接。星都物流借鉴快递企业经验,推出了标准化的“城乡驿站”物流面单。面单与农村物流服务信息系统对接,记录了经公司共同配送的每一票下行、上行货物的编号、时间、重量、货类、起止点、货主(收件人)信息、线路、网点等信息。

4. 依托节点建设促进“多网合一”,打造物流资源整合共享平台

集聚了快递、专线等不同物流主体及生产制造、销售渠道商。县域一级节点建设了数万平方米的优质仓储设施、数千平方米的城乡配送设施,通过招商、合作、对外租赁等多种形式,吸引了全县内超过50%的物流主体入驻,包括一百余条通达全国和直达省内零担专线以及邮政、四通一达、顺丰等多家知名邮政快递企业。

整合了上下行消费品、工业品、农资等不同物流资源。星都以自建平台的模式,通过开通运输专线(每日定点、定班、定线发车),将原来分散且重叠的网络进行了整合,提高了车辆利用效率、降低了空驶率、增加了车辆配送的密度、实现了全域无缝覆盖。

5. 以物流促商贸、以商贸带物流,二者融合创新物流运营新模式

星都物流以“城乡驿站”为依托,整合农村销售网点需求,通过分析销售数据,对农村常用的日销品的销量和整个供应链条进行分析,发现了一些销量大、品牌集中度差、中间链条可优化程度高的品类,以“城乡驿站”的名义通过直接对接厂商或寻找更优质的品牌进行替换。通过直接拿到一级代理的价格,减少流通环节、降低成本、保证商品流通环节品质不被破坏,提升货物销售量,服务于广大农村居民的同时也能够为网点销售提供更多的利润,根据系统分析,这部分商品因物流而优化的商贸环节可以降低20%以上的成本。

6. 拓展服务功能、创新管理模式,保障网点可持续竞争力

完善网点功能实现多种经营。星都物流注重乡村节点的物流产业配套增值服务创新,对各服务站点的业务进行整合叠加,增加代买代卖、代缴代存、收发快

递、取款贷款等农业资料、金融服务和农业保险的下乡业务，使其成为农村物流、电商、社区服务的“集成体”。

电商赋能网点增强互利黏性。星都物流投入资金，为每一个“城乡驿站”网点布置了农村电商服务终端，让每一位店主能够通过电商服务村里的居民，帮助店主提高收入。

三、取得成效

(一)促进物流降本增效

整合资源开展共同配送，降低末端配送成本。“城乡驿站”通过整合攸县一半以上的零担专线、多家快递企业、电商企业以及其他商贸流通企业的从县城到乡村的物流业务，通过发定班线路的共同配送方式，降低了从攸县县城到各个自然村的末端配送成本。按每日快递下乡约 1.7 万票，零担货下乡约 200 票(大概超过 3 万件货物)计算，每日为广大农村生产消费降低物流成本约 2.5 万元，折合到年度降低全县物流成本近千万元。持续优化物流网络体系，提高末端配送效率。随着线路优化不断调整，如今，快递下乡相比之前速度优化了超过 60%。

(二)提供普遍服务，提升农民生活品质

产地直通助力优质商品下乡。星都物流从农村消费品入手，以最基本的生活物资开始，通过电商渠道和线下实际洽谈，从原产地进货，一方面直接进货能够降低中间的流通成本从而降低售价，另一方面大规模进货能够保证产品质量降低相关损耗。综合便民服务提升生活品质。星都物流“城乡驿站”农村物流配送项目开展以来，以持续、稳定、低价、便捷的服务已经在攸县及周边几个县接壤的农村地区树立起了良好的品牌形象。

(三)助力精准扶贫，打赢扶贫攻坚战

物流 + 电商助力产业扶贫。为了配合政府精准扶贫的精神，星都物流在湖南省总工会、攸县各级政府和领导的带领下，创新利用“城乡驿站”的自身资源，将物流与电子商务相结合，开展城乡驿站物流 + 电商扶贫项目。通过把“城乡驿站”网点设施覆盖到这些地方，再以技术产业赋能的方式，扶助县内 15 个省级贫困村，

为其农民掌握脱贫致富技能进行统一培训，以达到“一户一产、一村一品”的目的，共参加物流+电商专业培训超过100人次，因地制宜发展种养业，并通过开通线路、铺设网络设施、根植电商网点、设置专职负责农产品销售的人员，负责从产地将这些地区的农产品运输上线为其包装、冷藏、销售，以为脱贫提供有力支撑。

带动农民增收成绩斐然。2016年攸县以湖南星都物流“城乡驿站”项目为契机，推动物流和农村电商融合发展，给农副产品销售创造了前所未有的环境。通过加入“城乡驿站”项目，越来越多的农民发现曾经苦于销路的农产品可以走网上销售渠道，在网上推出其真实的生态养殖图片，得到了消费者的认可，售货渠道畅通，销售额翻了几番，利润也成倍地增长，村民逐渐走出一条产业致富路。

第十五章　广东省农村物流服务品牌

案例 15-1　高州市“电子商务＋农村物流”服务品牌

高州市是茂名市代管县级市，地处粤西桂东之交通要冲，洛湛铁路、包茂高速、汕湛高速、云茂高速、207 国道以及 113、280、283 省道在市域内纵横交汇。高州市充分发挥交通，以服务三农为出发点，依托当地知名品牌和有机产业特色，坚持以搭建综合服务平台为基础，以农村电子商务邮乐购驿站为网络支撑，以健全物流体系为重点，推动实施“电子商务＋农村物流”发展模式。

一、高州市主要做法

1. 建立机制，“一把手”挂帅推进工作

2019 年，在市委市政府和茂名市邮政分公司的高度关注下，茂名市、高州市均成立由“一把手”挂帅的电子商务进农村领导小组，高州市邮政分公司下达《关于成立高州农村电商综合示范县项目推进工作领导小组的通知》，县-镇-村各级邮政抽调精英员工从上至下渗透式工作：县公司从邮务、金融、寄递三个业务部门组建了 8 人农村电商运营团队，再以 31 个镇支局为单位建立一支依托金融从业人员为主的邮助手联络队伍，每日以上门走访，定点打卡的模式，推广微支付、邮掌柜等网络工具，签约农村电商服务站点 233 个。

2. 政府引领，部署农村电商服务体系

市政府印发《高州市国家级电子商务进农村综合示范建设实施方案》的通知，

通过加强高州市的农村流通设施建设，完善农村电子商务公共服务体系，引导电子商务在农村更大范围推广和应用，培育壮大农村电子商务经营主体，促进产销对接，探索数据驱动，构建普惠共享、线上线下融合、工业品下乡和农产品进城畅通的农村现代流通体系。

3. 交邮融合，完善农村物流三级配送网络

在高州市政府的引领下，各行业纷纷加入国家级农村电商的建设工作中。本着"应结合农村发展实际，规划建设好推动农村各项事业发展的交通基础设施，打通高州市三级物流体系建设的最后一公里"建设理念，高州邮政分公司整合了商贸物流快递资源，开展共同配送并与第三方物流公司共同建设完善高州市县、镇、村三级物流配送体系：形成以高州金山邮政大楼为县级中心 + 四大中心镇（石鼓、大井、长坡、分界）为县级副中心 +24 个镇街中心 +220 个村级电子商务服务站点形成的"1 +4 +24 +220"的"县-镇-村"三级物流体系，构建物流配送体系，服务三级物流体系的配送邮运工作，助力农村电商站点扶贫农产品邮件上下行配送服务，整合优化至少 5 条城乡物流配送专线并做到年收派件量 200 万件及以上。

4. 建立标准，坚持统一标准规范运营

县乡村三级物流体系涉及邮政全程全网，统一性、标准性是保证整体网络运行效率和效益的基础，在建设模式、操作流程、节点名称、信息系统、考评指标上建立统一标准，制定统一运营手册指导规范全网运营。同时加强物流配送标准化建设，按照高州邮政要求把车辆标识、规格、管理制度进行规范。配送车辆统一标识、统一规格、统一管理，对整合的车辆实施标准化改造；优先配备使用节能与新能源车辆，适时开展鲜活农产品和冷藏保鲜产品配送；配送中心的货架、装卸工具、包装工具等进行标准化、规范化改造；强化配送车辆、人员信息化管理，优先使用邮政体系的智能物流系统，支持配送车辆、行车路径等都采用信息系统自动调配等先进管理方式。

二、典型企业做法

1. 构建农村电商发展渠道

随着乡村振兴、精准扶贫和市委市政府农村电商示范县等战略深入推进，高州邮政全面升级打造"农户 + 电商 + 寄递 + 金融"融合发展模式，主动对接电子商务进

农村综合示范工作，通过打造电商供应链整合平台，发挥邮政网络资源的优势，以线上线下渠道和邮政客户群体为基础，组织产地特色货源，培训微商电商创业能力，面向内外销售平台供货，并和当地交通部门共同提供优质快递物流服务，为推动高州农村电商示范县建设打下扎实基础。在市政府的政策引领下，高州邮政共建有233个村级电子商务服务站点（含39条省定贫困村全覆盖），28个镇级电子商务服务站和5个标杆式镇级电子商务服务站；镇级电商服务站点实现全覆盖，行政村电商服务站点覆盖100%上，省定贫困村实现全覆盖。2020年，在原县级、镇级电商公共服务中心基础上添加直播设备摄影道具、农产品检测设施等，在原村级电商服务站点添加进销存收音机、村播设备等。高州邮政通过组织专人队伍，走访当地农户，通过采购协议，联合农户和电商实现一件代发，经由企业内部网购平台“极速鲜”“邮乐购”等推广销售，同时提供易邮箱、优惠寄递价、小额贷款、三农贷款等进一步降低电商快递物流价格，加快当地农产品上行的速度，改变了当地传统批发只走线下发货的状态，农产品触电为广大农户提供了更为便捷多样优化的渠道。

2. 交邮物流网建设助力农村电商发展

根据《广东省农村物流建设发展规划（2018—2020年）》的部署，高州邮政充分利用自身资源优势，积极建设、完善市镇村物流配送体系，实现网购商品下行和农村产品上行的双向流通，全市物流配送服务100%覆盖，包裹快件从县级物流配送中心到乡村配送站（点）48小时内完成，物流配送服务能力显著增强。全市共建设了112个村邮站、56个便民服务站、7个智能包裹柜、136个活跃的农村电商邮乐购站点，合计服务网点达548个。

三、取得成效

1. 深耕农商，全方位利民便民富民

目前高州邮政建有200个村级物流服务点，结合26个镇级电子商务服务站，邮政营业网点100%达到星级以上水平，其中四星级窗口1个、三星级窗口6个、二星级窗口13个、一星级窗口7个。同时大力支持社会主义新农村建设，拨出大量资金，增加人员、设备的投入，代发了粮食直补资金、低保金、残疾人保障金、五保供养金等涉农资金；帮助农民朋友“创家业”提供了一条便捷的融资渠道，邮储银行为个体工商户和农村养殖户提供小额贷款服务；目前高州市邮储余额达67.98亿元，年内新增6.83亿元，市场占有率为15.77%。其中收寄荔枝标快邮件

10万件，寄递收352万元。

2. 交邮融合，深度优化农村物流网络

高州邮政通过发挥村级交通班线、网络资源和邮政普遍服务优势，以农村客运班线网络为辐射，外埠邮件可以通过邮政网点接货揽货，再通过客货运班车或邮政班车配送货物至镇固定的分拨场地上邮政货车，直接上高速。高州市城区采用县运输场地建设邮件分拨中心，同城邮件或大宗批发的货品，从镇分拨场地运输到此装卸，形成村-镇-县三级物流配送体系，加快农产品邮件出口。荔枝季节，叠加冷链邮路五条，分别发往广州航站、珠三角、东莞、深圳，实现荔枝省内及省际重点省市次日递，保障了荔枝的新鲜度，还率先独创满载货车冷链直运的模式，将以往需要30元/件的运费降低为15～20元/件，发运路向覆盖2000km以内的省市，获得当地生鲜电商的认可。

3. 政企共建，最大化农村电商品牌效应

通过政府搭台、企业运作的方式，高州邮政一直积极参与或举办各类资源对接活动，为市工商局、电子商务协会等政府部门、社会组织提供场地、直播设施等推动农村电商项目，高州邮政发挥人员布局深层，网点覆盖全面、业务类型多样等优势，协助政府深入基层，挖掘优质产品，整合资源，将农村电商的利好政策和先进理念传达到群众中去，再通过内外部网络将产品信息传递给外地的收购商、媒体、电商平台，真正地做到“强吸收，强输出”，现在高州农产品，特别是荔枝，全市水果种植总面积129万亩，其中荔枝55万亩、年产量20万吨，年年供不应求，名声远扬，这就是优质品牌效应。

案例15-2　从化区“交通运输＋邮政快递融合”服务品牌

从化区位于广东省中部，有“北回归线上的明珠”之称，特色农产品丰富。从化区政府遵循“资源共享、便利高效”的原则，推进邮政公司与从化公汽公司深入融合，共同提高农村物流综合服务水平。

一、从化区主要做法

1. 健全工作体制、理顺协同机制

区政府成立交邮融合领导小组，建立部门协商机制，制定了推进从化区交邮融合发展的实施方案，明确各部门和参与企业的职责分工及相关支持政策，推进日常工作。

2. 科学制定物流布局规划，促进城乡融合发展

根据省、市发展农村物流相关要求和指引，从化区对农村物流重点规划为"1 + 8 + N"的三级物流体系布局。"1"个大型的区级邮件处理中心，8 个镇级（5 个镇 + 3 个街道）的邮件接驳点和派送中心，N 个村级末端服务站点。当前从化邮政已搭建好三级物流体系，各级物流节点的串联正探索"公交运输"等新型方式，进一步整合资源，提升效能。区交通运输局联手区邮政公司，将农村物流服务范围覆盖从化全区所有区域，建制村实现村村通邮，建设了区、镇、村三级物流服务体系。

3. 强化政策支持和资源整合，有效落实"四好农村路"建设

农村物流体系的建设能有效带动农村经济发展，但也存在投入高，回本慢的问题。从化区一方面出台政策文件对物流或电商相关企业进行资金扶持，连续三年每年安排农村电子商务产业发展专项资金 500 万元（每年奖励补贴金额总量不超过 500 万元），以奖励和补贴两种形式，用于扶持从化区农村电子商务产业发展。鼓励相关企业加快发展，加大基础设施建设，提升运营能力；另一方面也牵头搭线，促进公交企业和物流企业的资源共享和深入融合，不断优化物流市场环境，促进农村经济发展，助力乡村振兴。

4. 健全农村基础建设，推进"公交运邮"合作

在加强农村公路管理方面，区交通运输局推动成立农村公路管养组织机构，各部门切实履行养护、路域环境治理和长效管理职责。在农村公路运营方面，从化区共有 48 条公交线路、20 条定线运输与预约运输相结合的中小型客车"村村通"线路、302 台运营车辆（新增 15 台中小型客车）、970 千米运营里程，覆盖服务人口近 60 万人，基本满足不同出行距离、出行强度等多样化的出行需求。依托农村公路，基本搭建完成农村物流"1 + 8 + N"的三级体系布局，在市交通局的牵头指导下，市公交集团和广州邮政公司联手，以从化区为试点，具体由二汽公司从化公汽和从化邮政进行落地实施，启动"公交运邮"合作。

二、典型企业做法

邮政公司（从化邮政）在广州市有力推动"四好农村路"建设的基础上，根据

市邮政公司(广州邮政)的指导和支持,针对农村物流的现状和时代发展的需要,以深化农村物流供给侧改革为主线,遵循“资源共享、便利高效”的原则,与从化公汽公司深入融合,提出推进“123456”基础能力工程,强化交邮融合,共同提高农村物流综合服务水平。

“1”:坚持“以人民为中心”这一基本出发点。

“2”:整合“两方资源”,一个是公交的农村物流班线和站点资源,一个是邮政的农村末端揽投资源。

“3”:探索打造县、镇、村三级农村物流服务网络节点体系,并着力深耕末端服务站点,提升便民服务能力。

“4”:末端站点以农村物流为核心,延伸四项重点服务功能,实现多站合一:农村党报党刊服务站、农村物流服务站、农村政务服务受理点、农村电商服务站。

“5”:重点进行五项标准化建设;一套VI体系、一个固定场所、一套硬件设施、一套管理制度、一个信息系统。

“6”:为适应信息化、智能化时代发展,以共享理念、平台思维,集成六大板块的功能(快递、政务、车务、金融、商务、民生),探索打造共建共治共享信息化服务平台。

(一)配合交通部门,推进“公交运邮”合作

在市交通局、市邮管局的指导下,市公交集团和广州邮政经过多次方案研讨,并联合建立了项目工作组,最终确定以从化为试点进行推进。为确保稳妥推进,双方商定按“三步走”的策略有序开展试点工作。第一步先以团星村和宣星村为试点,理顺操作流程,积累操作经验;第二步逐步放开到其他村,扩大试点范围;第三步叠加包裹类邮件的下行和上行工作,真正促进“工业品下乡”和“农产品进城”的双向流通。目前第一步工作已经在2019年6月3日正式启动,9月19日双方还签订了战略合作协议,项目工作组正总结试点阶段运作经验,并协商第二阶段扩大试点的范围。接下来在总结试点经验的基础上,分步推进,逐步增加开放的村以及增加包裹的下行和上行运输工作,把交邮融合做出实效,进一步为农村居民生活提供便利。

(二)优化区、镇、村三级物流网络节点体系

从化邮政已有相对完善的区、镇两级农村物流网络节点,村级物流服务站点

能力相对较弱,主要是代投报刊、信件等。随着人民群众对物流服务的需求提高以及农村公交客运班线网络能力的增强,从化邮政一方面融合公交客运班线的资源能力,对部分线路直接实现"区——村"的运送,提升运行效率。同时,探索运用公交线路实现邮件从"村"揽收运送到"镇"或者直接到"区",解决农村物流的上行问题;另一方面全面加强末端村级物流服务站点的建设,提升末端农村物流站服务能力,真正搭建和完善好县、镇、村三级节点服务网络,强化三级物流网络能力。

(三)全面加强村级农村物流站点建设和运营

针对村级物流服务能力较弱的这一情况,从化邮政正全面探索加强末端站点的建设和运营力度,补齐短板,让物流服务深入到村到户。

1. 明确村级物流服务站的功能定位

村级物流服务站以农村末端快递物流服务为核心,并在此基础上根据农村居民的需求,叠加其他便民服务,打造综合便民服务平台,具体而言,主要有四大功能:

(1)作为农村末端物流(含各家快递物流公司)服务中心,满足人民群众对高质量快递物流服务的需求。

(2)作为党报党刊和政务图书的发行(收订和投派)站点,及时传递党的声音。

(3)作为农村代办政务服务点。

(4)作为农村电商服务站。

2. 明确农村物流服务站的具体建设内容

根据村级农村物流服务站服务的人群以及业务量和场地情况,将分三类站点进行建设。各类站点主要配置在于硬件设施的不同,其他基本配置包括"五个一":一套 VI 标准体系;一个固定场所;一套硬件设施;一套业务系统;一套管理制度。

3. 明确农村物流服务站的运营模式和推进规划

在运营方面,按照"市场运作,合作共赢"的思路,尽量采取市场化手段进行运营;在建设规划方面,采取"分类实施、分步推进"的策略,因地制宜进行"独立新建一批”和“植入叠加一批”“升级优化一批”，分三年逐步推进。

4.搭建共建共治共享一体化信息平台

末端农村物流服务站在信息技术的应用上，根据广州邮政的统一规划和安排，现已搭建起“智邮行”微信服务号，以共享理念、集成思维，将快递、政务、车务、金融、商务、民生六大功能整合于一体。市民只要扫码关注，即可自助办理各项业务，进一步提升了便民程度。

截至2020年8月底，从化邮政已按照新的标准和功能设计，试点建设村级物流站点25个。2020年荔枝季，从化邮政借助村级物流站点发运荔枝31829件，取得了初步成效。

三、取得成效

1.让农村居民享受更便利的公共服务

习近平总书记在广东调研时强调要提高发展的平衡性和协调性，加快乡村振兴，要下功夫解决广东城乡发展二元结构问题。广州市委市政府在《关于推进乡村振兴战略实施意见》中也明确指出，要提升农村公共服务均等化水平，在资金投入上优先保障，在公共服务上优先安排，并把从化建成全省乃至全国乡村振兴示范区。“公交运输+邮政快递融合”的农村物流服务体系建设和完善，既解决农村物流服务的运输问题，同时以末端服务站为基础和平台，打造农村电商、农村政务的共建共治共享服务平台，让农村居民在服务站内能够享受“一站式服务”，有力地提升了农村公共服务均等化水平。不少居民都表示，现在不仅出门更方便了，不出门也可以享受各种服务，非常方便。累计为村民代投邮件4.2万件，收寄邮件4300多件。

2.“交邮”双方资源深入融合发挥更高效能

乡村要振兴，交通要先行。为落实习近平总书记提出的“四好农村路”要求，市交通局因地制宜，以人为本，组织搭建了与农村经济发展和广大农村居民安全便捷出行相适应的农村公交网络。现在“出门硬化路、抬脚上公交”已覆盖越来越广的范围。“交通运输+邮政快递融合”的农村物流服务体系，与公交线路能够有效地结合起来，实现资源共享和网络共用，用实际行动践行创新、协调、绿色、开放、共享的发展理念，有利于加快建设完善农村物流配送体系，提高农村物流网络节点覆盖率。随着试点的成熟和范围的拓展，将有利于全面推动农村物流高质量发展，助力脱贫攻坚和乡村振兴。

3. 农村电商物流体系的“一公里”问题得到解决

随着移动互联网的发展，农村电商也迎来了蓬勃发展的春天。但在广大的农村地区，物流体系一直是制约农村电商发展的一个束缚。生鲜农产品上市期短，保质期短，采摘后往往需要快速运输至消费者手中。限于农村物流体系的不完善，往往只有种养殖大户才能获得快递物流收发的上门服务或个性化服务，广大小农户生产出来的优质农产品往往难以享受电商带来的红利。农村物流服务站的建设，尤其是和公交线路资源的融合，能够让农民生产出来的农产品快速送达消费者的餐桌，做到原滋原味新鲜送达。

从化是农业大区，特色农产品丰富。2020 年荔枝季，从化邮政仅 25 个试点站就发运 31829 余件荔枝，随着“交通运输 + 邮政快递融合”服务模式的拓展，将能够从源头促进农村电商物流服务体系的发展，为农产品进城搭建一条快速通道，能够有效解决农村电商上行的“最初一公里”和下行的“最后一公里”问题。截至 2020 年 7 月底，从化邮政当年累计发运快递 356 万票，派送快递 227 万票，有力推动了“农产品进城”和“工业品下乡”。

4. 助力乡村振兴入选“学习强国”平台报道

农村物流服务站以物流服务为基础，并将根据当地村民的需求，不断叠加农村电商服务；水电煤气、话费网费的代缴；普惠金融和保险服务；车票代购；农村图书馆服务；政务代办受理等，真正以“人民为中心”打造农村综合服务平台。让当地村民既能通过农村物流服务站来进行创收增收，又能享受到各类便民服务，全面助力构建新型助农服务体系，践行乡村振兴战略实施。2019 年从化农村电商销售交易额 2 亿元，增长 19.76%，在社会经济的发展和农村物流体系不断成熟的推动下，预计 2020 年农村电商的交易额将继续保持高速增长。得益于各项具体便民举措和推动助农服务体系的构建，相关案例还入选了“学习强国”平台报道。

第十六章　广西壮族自治区农村物流服务品牌

案例 16-1　富川瑶族自治县“电子商务 + 特色产业 + 农村物流”服务品牌

富川瑶族自治县(以下简称“富川县”)位于广西壮族自治区东北部,地处桂、粤、湘三省(区)交汇处,具有“三省通衢”的独特区位优势。富川县构建以县城农产品电商产业园和服务中心为核心、乡镇服务站为骨干、农村服务点为支点的三级电商物流综合服务体系,以发展特色农业为突破口,推动“电子商务 + 特色产业”融合发展,有效降低农村电商物流成本,提高物流运作效率,畅通产供销配全产业链,加快实现一体化、规模化运营。

一、富川县主要做法

1. 建立完善“电子商务 + 特色产业 + 农村物流”发展领导组织体系

富川县成立了以县委书记、县长为组长的富川县电商产业发展建设领导小组,县委常委担任领导小组办公室主任。县交通运输局、经贸局、财政局、发改局、农业局、邮政公司等相关部门主要领导为成员的电子商务发展领导小组,领导小组下设办公室,负责电子商务产业的调研、规划和日常工作。组建了正科级事业单位——富川电商发展中心,统筹推进全县电商产业的发展。

2. 发挥交通运输在促进农村物流发展中的基础性作用

（1）加快完善交通基础设施，夯实农村物流发展基础。富川县围绕“富民强县、生态立县”发展思路，以创建全区“四好农村路”示范县、创建广西特色旅游名县和广西全域旅游示范区为契机，结合乡村振兴和脱贫攻坚工作任务，推进全县重点交通项目建设，着力打通省际及县内、外通道，加快实现乡乡通二级公路目标。目前富川县137个建制村已全部通客车，建制村通客车率100%。富川高铁无轨站开通运营。

（2）构建农村物流三级节点体系，强化农村物流发展载体。富川县按照“县级干支衔接、乡镇级集散分拨、村级配送入户”的运输组织基本模式，加快完善依托县乡村三级节点的运输配送线路网络。县级节点重点是整合全县物流企业进驻县级运营服务中心，提供统一仓储服务，商品集中分拣，物流集中转运等配送服务；乡镇级节点主要为县级运营服务中心集中配送转运商品提供仓储服务、商品集中分拣、物流集中转运等配送服务。快递包裹通过在物流中心设立的快递分拨中心，实行统一收寄处理；村级节点则充分利用其作为村里人员、物资、信息等集散地的特点，搭建农村物流村级末端网点，解决物流运输“最后一公里”问题。富川的镇级快递物流覆盖率达100%，行政村快递物流覆盖率达100%，已经实现县域范围内物流节点的全覆盖。

3. 强化电子商务对农村物流发展的带动性作用

（1）引入优质企业，带动电商产业科学化发展。富川县结合本地产业发展实际需要，引入国内知名电商阿里巴巴、中国供销一创等优质企业进驻富川县级电子商务公共服务中心，借助这些先进电商营销管理经验，实现电商产业发展的科学化。

（2）建立完善电商服务体系，实现一体化运营。建立完善以县级农产品电商产业园为核心，镇（乡）级电商物流综合服务站为骨干，广大农村电商物流服务点为支点的电商物流服务一体化网络。充分运用农村电商物流三级网络，实施三级货品发送方案、电商一级配送方案，为富川的脐橙、黄花梨等特色农产品的外销外运提供一体化采购、仓储、运输及售后服务。引导邮政、申通、天天快递等快递配送企业整合各类运输车辆200余台，依托农产品电商平台和电子商务公共服务中心的载体与支点作用，提供一体化运输服务。

（3）注重产品和特色资源，打造优质网销品牌。将富川脐橙作为明星产品重点打造，扶持运营“智慧脐橙园”，形成富川脐橙规模化、科技化、标准化种植示范，同时抓好春芋、夏梨、秋薯的产品补充，形成全年适合电商销售农产品的不间断，凸显富川电商产品原产地的优势。在品牌方面,采用"区域公用品牌+产品品牌""区域公用品牌+企业品牌"的双品牌战略,积极推进乡村旅游和农产品的联合打造,围绕"慢生活""长寿瑶乡"等关键词,打好绿色牌、健康牌。富川特色馆在中国一创的培育下建立起自己的网站(www.chnetr.com),并对产品进行监督认证,使富川的特色产品在中国物流网和供销一创的平台上进行线上线下推广。

(4)提升电商服务集群的供应链管理能力,促进电商物流的降本增效。富川着力打造电商服务集群,依托农产品电商产业园建设,建成展示中心、孵化中心、大数据中心、检疫检测中心等,推动顺丰产地仓和圆通产地仓落地,引导加工企业、销售企业、快递服务业集聚办公,集群发展。充分发挥脐橙协会、电商协会作用,形成产业联盟。

4. 不断改善"电子商务+特色产业+农村物流"发展的软环境

(1)强化电商物流产业发展的人才支撑。一是加大人才的挖掘和引进力度。包括通过微信、微博等时下年轻人密集的社交平台发布人才募集信息;通过与县级移动通信公司合作,实施募集信息短信推送等手段。二是注重开展电商物流专业人才的培训。着眼于全产业链人才培养,从种植端、销售端、服务端入手,注重培训将专业知识转化为生产力,将培训与产品供需、就业用工、创业孵化相关联,由专业培训机构和产业链条上各类企业共同承担培训工作。三是发挥高端人才在电商物流发展中的领军作用。富川县正在积极实施电商产业高端人才发展计划,从电商发展储备人才目录优选36名电商人才配合阿里巴巴开展农村淘宝合伙人计划,开展县乡村三级综合服务体系建设示范性人才培养。

(2)加大对"电子商务+特色产业+农村物流"宣传推广力度。一是人民网2019年11月21日对富川大力发展电商经济,帮助农民脱贫致富进行了专门报道。二是富川在积极吸引优质企业入驻的同时,通过遴选十大农村电子商务代表等方面工作树立典型的企业和个人形象,充分彰显富川电商产业发展的积极形象和在富川经济发展中的引领形象,鼓励引导广大人民群众和干部职工、企事业单位支持电商物流产业的发展。

二、典型企业做法

1. 物流快递企业着力打破乡镇快递"最后一公里"瓶颈

(1)建设运营面向城乡一体化配送的县一级物流中心,充分整合了分拨、仓储、邮政、快递等“多站合一”的功能，有力支撑破解物流“最后一公里”的瓶颈。

(2)引导各类物流企业入驻县一级物流中心和县级集配中心。县一级物流中心着重发挥推动农产品上行的作用，建设县级物流配送基础设施载体，引导鼓励各物流企业入驻并提供相应服务。目前县一级物流中心已与富川县内京茂快递(京东)、晟达物流(菜鸟物流)、韵达快递、圆通快递、远成快运、红楼快递、优速快递等多家物流快递企业开展合作，利用县、乡镇、村三级物流节点体系，开展统一配送。

(3)尝试农村电商物流市场化解决方案。一方面由县一级物流中心整合现有物流资源，降低乡镇级、村级包裹收件成本，给村民提供更优惠的寄件费用；另一方面由乡镇级电商网点往村级网点的配送包裹时，本着双方自愿原则，先取得包裹收件人同意，将包裹配送到村级网点收取一定的费用，收件人同意后再派件，进一步降低了乡镇级电商网点派件的成本，同时收取一定的劳务费，也给村民取件提供了便利。

(4)推进物流快递企业与社区商业的有机融合。富川众多的物流快递企业在与社区商业的融合过程中，加快推进“最后一公里”的整合和升级，将村级电商服务站设立在便利店。在快递配送服务端，强化物流快递企业与商业社区的合作，加快转变了物流快递业务粗放式的运营方式。

2. 农产品电商产业园打造“电子商务+特色产业+农村物流”一体化发展平台

富川农产品电商产业园是由贺州市农业投资集团和东莞信立实业有限公司共同投资的以特色果蔬为基础，发挥富川脐橙的品牌影响力，打造集科研实验、分拣加工、仓储、配送、金融、冷链物流、电商孵化为一体的大型产地农产品集散平台，形成以贺州(富川)为中心的区域农产品流通中心，发展成为桂东北地区最大的产地农产品集散平台。

3. 依托富川电子商务公共服务中心建立电商产业发展政企协同的合作机制

服务中心位于电商产业园区内，能及时掌握各电商物流企业的经营动态和诉求，及时推动政策措施落地。同时对电商产业信息、资源、数据的有效整合，为电商物流领域招商引资，企业科学运营和模式创新提供了重要平台，搭建了一个政府与企业之间良性互动与沟通协同的合作桥梁，是富川“电子商务+特色产业+农村物流”健康发展的有效载体。

三、取得成效

1. 有利于进一步促进电商物流的降本增效

富川在促进电商与农村物流发展上，率先构建以县城农产品电商产业园和服务中心为核心、乡镇服务站为骨干、农村服务点为支点的三级电商物流综合服务体系，将加工、仓储、运输、配送、电商等业务一体化有机衔接起来，充分利用农村物流资源，增强电商服务的供应链能力，使得果蔬、农产品进城和外销“首公里”以及消费品进村“末公里”渠道双向打通，农产品出村和外销物流成本明显降低。例如，依托农产品电商产业园实施电商物流一体化操作，可以使原来脐橙从信息发布、采购、仓储到运送至外地客户手上的时间节约 1 ~2 天左右，物流成本平均降低 20% 以上。

2. 有利于畅通产供销配全产业链条，加快实现一体化、规模化运营

推动电商物流发展是富川脱贫攻坚工作的一项重要内容，重点是通过建设电商农产品供应链体系加快产业培育。充分利用以消费市场的需求倒逼农产品向规模化、集约化、标准化发展。目前富川已培育脐橙种植果场 1600 多家，从事脐橙种植的农户 12000 多户，全县以脐橙为主的水果业从业人员达 40000 多人。

3. 有利于实现特色产业升级，加快拳头产品“富川脐橙”名扬四海

富川推进“电子商务 + 特色产业 + 农村物流”的重要任务之一就是促进脐橙产业产、供、销一体化的发展，推进脐橙产业的规模化运营，不断增加产业收入。目前富川电商物流的快速发展以及供应链体系的进一步完善，大大促进了脐橙产业的发展，2018 年，富川脐橙网络交易额达 6 亿元，占全县农产品网络交易额的 60%，贫困户实现每亩净增收 5000 元。利用交通运输部农村物流服务品牌申报工作的契机，富川将抓住机遇，完善服务体系、创新模式，不断提升电商物流的服务水平，为特色产业升级，加快拳头产品“富川脐橙”走向世界提供有力支撑。

4.“电子商务 + 特色产业 + 农村物流”的创新发展有力助推脱贫攻坚

富川县推进“电子商务 + 特色产业 + 农村物流”的模式创新和快速发展，打通了脐橙、冰淇梨、香芋南瓜、状元芋等农特产品向外走“产销运”瓶颈。同时，富川围绕发动培训、举办活动、产业融合发展三项措施，实施“万名电商扶贫培养计

划”，直接培训各级领导干部、电商从业者、农村青年、建档立卡贫困户等4191人次，其中贫困户1513人次，带动建档立卡贫困人口56694人。

5.“电子商务＋特色产业＋农村物流”的品牌创建有利于人才队伍培育与促进就业

富川政府财政投入免费为电商从业人员提供创业场地，开展电商技能培训，对接各类资源。加大对人才培育的力度。组织实施新媒体致富带头人培训，开展直播销售比武大赛、超级带货达人评比等活动，开展乡村主播培训1615人次，新增直播账号155个，组织乡野直播262场，积极引导支持入驻办公企业多维度、多层次、多方面的进行电商和物流人才的引进与培育工作，激发本地群众投身电商物流产业发展的热情和积极性，促使更多年轻人以各种形式服务于富川电商物流产业的发展，直接和间接带动了数万名群众的就业创业。

第十七章　海南省农村物流服务品牌

案例 17-1　秀英区"特色农业 + 农村物流"服务品牌

海口市秀英区政府与顺丰签订《框架合作协议》，发挥顺丰在智慧物流服务、智慧物流技术以及互联网服务方面的优势，结合本地特色产业，打造"特色农业 + 农村物流"的服务品牌。

一、秀英区主要做法

1. 引入顺丰速运，支持其打造现代服务型产业基地

海口市政府鼓励支持顺丰规划整合集团资源，发挥顺丰在智慧物流服务、智慧物流技术以及互联网服务方面的优势，在海口建设一个以"智慧"物流创新为特色的现代产业服务基地，推动"互联网 +"、智慧物流、生鲜冷链服务于整个生鲜产业链，推动海南的创新发展和产业转型升级。2018 年 11 月，海口市政府与顺丰速运有限公司签订了《框架合作协议》和《顺丰国际生鲜港项目投资协议》，在江东新区临空产业园划定区域，支持顺丰依托全国网络、航空、冷链和商业渠道方面的资源，借助海南生鲜产品的产地优势，全力打造以"智慧冷链"和生鲜交易双轮驱动为特色的现代服务型产业基地，树立海口的自贸港形象，提升海口在国际生鲜冷链领域的国际竞争力。

2. 市政府相关部门发挥各自职能，出台相关支持政策

(1)2019 年 4 月，海口市政府印发海口市贯彻落实《海南省人民政府关于进

一步促进"四好农村路"高质量发展的若干意见》工作方案,引导快递企业下乡进村。到2020年,行政村通快递比例达到100%,具备条件的乡镇有快递服务网点,基本建成覆盖市、镇、村三级的农村物流网络。

(2)海口市邮政局为贯彻落实习近平总书记"4·13"重要讲话和考察施茶村时关于乡村振兴的重要指示精神,持续打响"海口火山荔枝"品牌,2019年4月,印发了《2019年海口火山荔枝月活动寄递服务保障工作方案》。

(3)海口市商务局为全方位、多渠道对"海口火山荔枝"产业发展中的生产、销售、品牌等主题开展宣传推介活动,打响"海口火山荔枝"品牌,扩大"海口火山荔枝"知名度、影响力,拓宽产品销路,利用企业资源帮助推进"海口火山荔枝"营销,市商务局与海南顺丰速运有限公司签订了《2019年海口火山荔枝顺丰推介营销合作协议》。

二、典型企业做法

海南顺丰速运有限公司自2008年成立以来共设立66个网点、2个分拨中心,服务全区域覆盖294个乡镇(含农场),快递乡镇网点覆盖率达100%。顺丰依托完善的速运基础网络、高科技含量的信息技术与设备、持续提升的作业自动化水平,实现对快件产品流转全过程、全环节的信息监控、跟踪、查询及资源调度。结合海南特色产品,海南顺丰开发的"海口火山荔枝"专递产品已成为行业标杆,具体做法如下:

1. 完善城乡配送网络

海南顺丰自成立以来,积极拓展服务网络,整个海南包含下面乡村在内均能够享受顺丰优质的服务。揽收方面,顺丰每年就荔枝季业务高峰期,除了66个传统网点外,均会增加临时服务点,全省以"网点+代理点+服务点+合作便利店"揽收、配送方式,来全面保障寄递服务,满足"荔农"对荔枝输出时效的要求。

2. 保障资源投入

(1)投入荔枝运送专机。从2014年开始,投入荔枝专机,开通航空"海口=深圳"航线,通过增加自有全货机、散航运力、冷运车等一系列措施,为海口火山荔枝品牌的创建、果农增收致富服务。

(2)人员投入。荔枝季前期海南顺丰都会提前储备人员,招聘小时工、兼职人员等应对荔枝季高峰,更好的保障荔枝产品发运。

(3)设备投入。在打包中心试点投放2条生产线,包含开箱机、封箱机、打包机及相关输送线。满足每天5000票的处理量。

(4)制定包装要求。对荔枝包装进行标准要求:

①使用冻结完好的冷媒,禁止使用未冻结或冻结不充分的冷媒;

②根据荔枝的特性,荔枝快件单件包装不得超过5kg;

③包装方案(纸箱+泡沫箱+保鲜袋+冷媒+填充);

④冷媒放入泡沫箱底部,(每箱最少2个);

⑤荔枝件可用荔枝叶/吸水纸作为填充;

⑥盖上泡沫箱盖,并用封箱胶带密封2~4圈,避免水分渗漏。

(5)制定果园直发车辆发运要求如下:

①果园直发车辆遵循一车一车标发运原则;

②车辆标识粘贴,在车辆挡风玻璃或者明显部位粘贴标识,便于识别出荔枝专车和正常营运中转车辆,以便分拨中心优先处理荔枝专车。

(6)制定派件环节操作要求如下:

①优先派送:收派员需提供上门派件服务,不允许采取便利店派送(如客户主动要求放便利店自取,必须提醒客户为荔枝快件,尽快取件)。快件带出分点部前与客户电话预约确认派送时间,并按照主产品派送时效要求优先派送。

②预约派送:快件带出分点部前与客户电话确认派送时间。

③开箱验货:非单标收件人签收务必电话知会单标收件人,并提醒客户该快件为荔枝快件。

三、取得成效

(1)顺丰除了提供优质的快递服务外,还为“荔农”提供稳定的销售平台,如大当家、丰巢、顺丰优选等,拓展合作范畴,为客户提供产品宣传、销售平台,加速农产品流通,实现“以商养运,以运促贸”。

(2)有利于促进地方财政增长,增加就业。顺丰速运现有员工3000余人,荔枝寄递除了直接提供就业岗位外,还与外部公司产生联动,间接带动就业人口。在为政府创收的同时,带动就业,带动产业升级,提高本地特色农产品和商贸流通的市场辐射力和影响力。

第十八章　重庆市农村物流服务品牌

案例 18-1　綦江区“农村物流＋客货同网”服务品牌

綦江区位于重庆市南部，地处四川盆地与云贵高原结合部，东连南川区，南接贵州省遵义市习水县、桐梓县，西临江津区，北靠巴南区。綦江区利用运力资源、场地资源和政策支持，开通街镇公交，对客运车辆进行公交化改造，推广“客货同网”模式，充分利用客运场站资源打造集客货运服务为一体的县、乡、村三级客货服务站，开通“公共物流班车”，定时、定线、定点运行，推进农村物流建设工作。

一、綦江区主要做法

2017 年起，綦江区在国家政策的基础上相继出台了《綦江区深化产业扶贫实施方案》《关于加快农村电子商务发展的实施意见》（綦江府办发〔2017〕27 号）、《重庆市綦江区人民政府办公室关于印发重庆市綦江区“十三五”电子商务发展规划的通知》（綦江府办发〔2017〕29 号）、《关于印发重庆市綦江区电子商务发展扶持办法的通知》（綦江府办发〔2017〕30 号）、《关于印发重庆市綦江区城乡共司配送实施方案的通知》（綦江府办发〔2017〕49 号）、《关于印发重庆市綦江区电子商务企业认定及管理办法（试行）的通知》（綦江府办发〔2017〕78 号）、《关于印发綦江区 2017 年农村电子商务试点工作方案的通知》（綦电商办〔2017〕5 号）系列文件，对农村物流及电子商务发展进行规划，着力推进“农村物流＋客货同网＋网络平台货运”服务品牌建设，并于 2017 年开始在东部新城规划建设临时物流待货市场和城乡物流配送中心，布局綦江区农村物流体系建设。

2020年，区交通局根据《交通运输部国家邮政局中国邮政集团公司关于深化交通运输与邮政快递融合推进农村物流高质量发展的意见》(交运发〔2019〕107号)、《关于深化全市交通运输与邮政快递融合推进农村物流高质量发展的通知》(渝交发〔2019〕36号)文件精神，联合重庆市邮政管理局六分局、邮政集团重庆綦江分公司印发《綦江区交通运输与邮政快递融合推进农村物流高质量发展工作实施方案》，为进一步完善綦江区农村物流体系，促进交通运输与邮政快递融合发展，提升农村物流服务水平，助力脱贫攻坚和乡村振兴工作提出了具体措施。

二、典型企业做法

区道路运输企业充分利用运力资源、场地资源和政策支持，开通街镇公交，对原有街镇至綦江城区的客运车辆进行公交化改造；推广“客货同网”模式，建立县、乡、村三级客货服务站；开通“公共物流班车”，在客运资源不能满足农村物流运输的情况下，开通专业物流班车，定时、定线、定点运行，从而推进农村物流建设工作。

1. 开通街镇公交

从2017年开始，对原有街镇至綦江城区的客运车辆进行公交化改造，已完成12条线路，大大提升了辐射区域老百姓出行水平，为下一步“客货同网”发展奠定了运力基础和积累了经验。

2. 推广“客货同网”模式

充分利用街镇公交、农村客运班线网络和客运站资源，在确保客车行车安全前提下，进一步推广“客货同网”模式，充分利用客运车的行李舱或空驶座位，积极开展客车带货业务，保障小件快递进出农村、农产品进城市的运输。

3. 建设县、乡、村三级客货服务场站

充分利用客运场站资源打造客货运服务为一体的综合服务站。一是在城区建设物流待货市场、城乡物流配送中心与二级车站、一级客运中心、公交首末站，承接重庆市及市外至綦江货物运输，吸纳区内物流快递企业集中经营，实现货物分拣至各街镇和城区；二是利用乡镇客运站打造农村客运、农村物流、邮政、电商、便民服务等为一体的综合运输服务站，承接区级物流，辐射场镇周边，下联村级站点的物流运输；三是在各个建制行政村设立村级综合服务点，承接乡镇综合运输服务站，开展农资运输、农产品销售、快件寄取送达服务，支撑农村地区经济发展。

4. 打造农村物流运输体系

在确保客车行车安全前提下，通过客货兼营班车和街镇公交，进一步推广客车“以客带货”模式，实现城区至街镇、城区至村、街镇至村等物流运输。通过发展物流片区“公共物流班车”，解决农产品进城和大件货物运输。通过乡村“货的”，完成村级综合服务点至客户手中的物流运输。由此完善了县、乡、村三级农村物流体系。

三、取得成效

綦江区“客货同网”的服务模式打通了农产品进城、农村物质下乡的通道，因运输阻碍的农产品销售问题得到一定程度的改善，增加了农民的收入，提升了农村的消费水平，对脱贫攻坚起到了积极的作用；有效利用农村客运站闲置资源实现客货融合发展，缩短了农村物流中转时间，提高了效率，也降低了运输成本，对解决农村物流“最初一公里、最后一公里”问题起到了促进作用；同时也提升了农村电商的服务品质和消费体验，促进了一定的劳动就业。

截至 2020 年 10 月，物流待货市场已达到饱和运营状态，市场每日货物中转量在 150 吨左右（货物主要分为大件零担货、小件快递、建材类货物等），在綦江区已初具影响力，并对城市品质提升起到了积极作用。城乡物流配送中心也吸引了部分物流仓储企业入驻。上述两个地方共计吸引了 30 余家物流仓储企业入驻。区二级汽车站已运营多年，配套设施较为完善，目前客车运输小件货物运营良好。一级客运中心和公交首末站已完成建设，即将投入使用。

綦江区利用客运车辆带货、街镇公交和电商节点中转，推动了电商物流、农村物流的发展。同时也通过“客货融合”等创新模式积累了经验，为打造綦江区“农村物流三级体系”奠定了一定的基础。

第十九章　四川省农村物流服务品牌

案例 19-1　金堂县“电子商务 + 乡村公交”服务品牌

金堂县地处天府之国腹心地带，位于成都东北部，是成渝双城相向发展、成德眉资同城化、成都“东进”战略的重要支点，也是成都辐射大西南、面向大欧亚的重要门户。全县交通基础设施日益完善，境内高速公路四通八达，形成“三横四纵”快速路骨架，为现代农村物流体系建设提供了良好条件。

一、金堂县主要做法

1. 政策支撑，营造产业发展良好氛围

围绕现代物流、现代农业产业体系、电子商务等重点项目，金堂县出台了《金堂县关于促进产业发展的若干政策》《金堂县 2020 年电子商务进农村综合示范建设项目实施方案》《金堂县现代服务业专项扶持政策》等一系列专项政策，编制完成《金堂县物流战略规划》，明确未来全县物流发展方向和目标。统筹财政资金，设立规模为 50 亿元的都市现代农业发展基金，对县级电商公共服务中心、亚蓉欧国际冷链产业园等重点项目给予专项支持，通过市场化方式引导各类社会资金、金融资本，积极培育农村物流主体、优化电子商务发展环境，成功入选国家电子商务进农村综合示范县。

2. 完善网络，建立全域覆盖网点布局

“十三五”期间，以全国“四好农村路”建设为重要抓手，全力推动县内路网建设，全县公路总里程达4279千米，路网密度约3.7千米/平方千米，成为“四好农村路”全国示范县。开展全省乡村客运金通工程首批试点，进一步提升运输服务品质，扩大物流基础设施覆盖面，提升农村物流运输网络通达效率，已建立县级共同配送中心、分拣中心、转运中心，在16个镇（街道）设立“金乡运”服务网点，在村级开设电商综合服务站，形成县、镇、村三级物流网点布局，实现“镇镇有网点、村村通快递”的网点全覆盖，全面夯实农村物流高质量的基层基础。

3. 专业服务，保障物流行业健康发展

成立了金堂县邮政业服务中心，承担邮政业信息化系统的建设、管理、维护及信息统计，为全县邮政业安全发展提供技术支撑。县交通运输局负责行业监管，县邮政业服务中心提供行业技术支撑，以快递“三化”建设为重点，进一步加快市场规范化进程，督促建设标准化寄递物流营业场所，完善经营许可，督促快递企业依法办理许可备案手续，及时准确上报变更信息，助力农村物流产业安全绿色发展。积极完善诚信、安全、绿色邮政体系，探索建立企业“负面清单”和“黑名单”制度，增强监管的针对性和有效性，降低事中事后监管成本，形成以执法检查、行政审批、邮（快）件监控、消费申诉、诚信评价等为一体的邮政管理综合信息平台。

二、典型企业做法

1. 整合分散资源，打造金堂特色“金乡运”模式

2016年，由金堂县内申通、韵达、天天、百世等7家品牌快递公司共同出资成立成都市金乡运企业管理有限公司，集寄递物流和电子商务为一体，着力打造“电子商务＋乡村公交”物流服务模式，负责县域镇（街道）快件的集中揽收、包装、仓储、运输、派送等，实现了县域快递资源的整合，大幅降低县域物流成本。结合县内农村经济发展特点和物流实际需求，大力推动农村物流与交通运输、农产品、电子商务等关联产业融合发展，形成“县级共同配送中心＋城乡末端配送公共站点”的配送网络，打通了电子商务进农村的“最后一公里”。

2. 深化交邮合作，实现网络节点共建共享

作为全省首批“金通工程”试点县，发挥乡村客运网络的“毛细血管”作用，将金通工程“乡村公交＋小黄车”开到淮州新城、天府水城、竹篙新城的产业发展第一线，服务千亿光伏、亚蓉欧物流、食用菌种养加工等产业集群，畅通工业品出城下乡、农

产品出村进城“双向”通道。引导客运企业充分利用农村客运线路优势，开展“定线、定点、定时”的农村客车代运邮件服务，实现运力资源互用互补，解除镇(街)到村物流“最后一公里”瓶颈制约，降低配送成本，增加收益。在全县各客运站实施综合开发，支持邮政、快递、电商等企业入驻镇(街道)运输服务站，增设邮件快件作业区、电商服务区、货物堆存中转区，拓展邮件快件的中转分拣和投递、电商产品展示及代销代购、农村居民缴费代购等服务，实现站场资源集约利用。

3. 融合特色产业，推进“以商养运、以运促贸”

引导物流产业与县内特色果蔬、肉类产品和水产品规模化种养殖产业的融合发展，着力打通“最先一公里”和“最后一公里”，构建双向流通渠道。围绕“金堂姬菇”“金堂脐橙”等基地，整合快递网络资源，加快建设农产品快件优先配舱、优先安检、快速通关“绿色通道”，连通农产品产业链、供应链全部环节，实现农产品物流一体化运作。推进“互联网 + 流通 + 现代农业”行动，建设促进农村电子商务发展的物流基础设施，推动物流、农产品、电子商务的协同合作，助推基于互联网的新型农业产业发展，促进电商企业、物流企业与农业经营主体全面对接融合，实现“以商养运、以运促贸”。已与阿里巴巴旗下“丹鸟”“溪鸟物流”“阿里零售通”等签订战略合作，为大型电子商务企业提供“直投到村、转投到户”服务。2020 年 6 月，金堂县“电子商务 + 乡村公交”农村物流品牌被交通运输部评为全国首批 25 个物流品牌之一。

三、取得成效

经过采取一系列举措，金堂县物流行业发展在降本增效、改善服务品质和消费体验、解决劳动就业、促进安全环保、助力产业开发和脱贫攻坚等方面取得了较为显著的成效。

1. 大幅降低物流成本，提升快件配送效率

“金乡运”服务模式开展以来，农村物流运输成本大幅降低，配送效率大幅提高。三溪镇脐橙等农产品发货价格单票快递费用由 2016 年每千克 12 元/单下降到 5 千克 6 元/单，运单量由约 500 件/日提升到创纪录的 2 万件/日。快递到达金堂县后再至送达收件人由 3 天时间缩短至 1 天之内，车辆装载率由 20% 提升至 80% 以上，快件丢失率由 1% 下降至 0.1‰，快件破损率由 7% 下降至 5‰，极大提高了末端物流运输质量。

2. 改善物流服务品质，提升群众消费体验

通过交邮合作，“金乡运”与全县各镇（街道）车站候车室、村招呼站合作设立代办点，缩短城镇乡村快件投递时间。通过服务网点代销、代购等惠民措施，极大改善农村物流的环境，提高农村居民取件便利性。通过实施共同配送，减少人为延误、运送过程中造成快件遗失和破损等问题，保证农村电子商务收货时间与城市收货时间相同，极大提升广大农村地区居民消费体验和幸福感。

3. 带动农业升级转型，提升乡村振兴发展水平

“农村快递 + 农村电商 + 服务站”的农村电商服务模式，极大地带动了金堂县当地特色农产品发展，引导农业产业升级转型，持续巩固壮大柑桔、食用菌、油橄榄等特色主导产业，大力发展黑山羊、青脆李、小家禽等优新产业，创新打造食用菌、柑桔、粮食等特色产业。推动农产品进城，实现农产品增值，促进农民增收。“十三五”期间，全县农业固定资产投资 22.3 亿元，农业增加值达 65.971 亿元，农村人均可支配收入达 23153 元，实现旅游收入 64.35 亿元，接待乡村旅游人数 946.28 万人次，带动乡村旅游收入 48.26 亿元。

案例 19-2　蓬溪县“客运 + 货运 + 快递融合发展”服务品牌

蓬溪县隶属四川省遂宁市，地处四川盆地中部偏东，涪江中游，是国务院第一批启动的“川渝合作共建成渝经济区试点县”。党的十八大以来，蓬溪县交通运输基本公共服务均等化水平不断提高，深入推进“四好农村公路”建设，农村公路实现畅达目标，全县已形成以达成铁路、成南高速公路、绵遂高速公路、遂广高速公路、遂西高速公路、318 国道以及 350 国道为主轴，县乡道路为支撑，农村公路为基础，江河、水库航道水运为补充的“层次分明、布局科学、网络完善”现代交通格局。

蓬溪县积极探索“交邮、交快”合作，丰富客运站服务功能，盘活农村客运资源，整合物流配送资源，优化农村物流配送体系，畅通农村物流“毛细血管”，依托信息网络平台构建生产生活物资进城下乡“高速运输网络”。

一、蓬溪县主要做法

1. 加强规划引领

加强快递业规划建设。将发展快递业纳入国民经济和社会发展规划，并与综

合交通运输、物流业、现代服务业、电子商务、物流园区等专项规划衔接。将城乡快递服务网点、快件处理中心、智能快件箱(柜)等快递基础设施建设纳入城乡规划、土地利用规划和公共服务设施规划。

加大政策扶持力度。加强财税扶持,政府预算内投资重点支持基础性、公共性、公益性、示范性快递设施建设,将符合条件的快递企业和项目纳入服务业、物流业、电子商务、中小企业发展等专项资金支持范围,对符合新兴先导型服务业的快递项目给予适度支持。对快递企业投资购置并使用节能环保、安全生产专用设备,按照国家有关规定落实税收抵免政策。支持快递企业按现行规定申请增值税汇总缴纳政策。推进新能源快递汽车购置及租赁模式,落实国家补贴政策。快递企业用电、用气、用热价格按照不高于一般工业标准执行。

保障土地供给。蓬溪县在土地利用总体规划和年度用地计划中统筹安排快递物流园区、快件集散中心等设施用地。快递仓储设施用地享受物流仓储用地政策。重大快递业项目经批准可给予城市基础设施配套费减免优惠。盘活闲置厂房、物流仓库用于发展快递业的,可实行继续按原用途和土地权利类型使用土地的过渡期政策。过渡期支持政策以 5 年为限,5 年期满及涉及转让需办理相关用地手续的,可按新用途、新权利类型、市场价,以协议方式处理。

加强行业安全监管。建设寄递渠道安全监管信息平台和安全监管中心,健全安全监管与执法机构,配置专职人员,完善执法装备与设备,并给予必要的经费保障,纳入财政预算。将快递行业安全管理工作纳入社会治安综合治理体系,提升安全监管与应急处置能力。

改进快递车辆管理。落实快递专用车辆便利通行政策,按照依法、高效、环保原则,规范快递车辆管理,逐步统一标志,对快递专用车辆在城区通行和临时停靠作业提供便利,杜绝乱收费、乱罚款及附加额外义务,解决“最后一公里”通行难问题。

2. 强化农村物流基础保障

推进建设物流共配中心。依托蓬溪县客运站,将旁边原 3000 平方米停车场地改建为县级物流中心、快递集散中心。蓬溪客运站通过科学合理布局,使快递货运与旅客运输进出站口分开设置,满足货运及客运内部流通需求,既不影响传统客运服务功能,又实现了交邮合作的有效衔接。项目建成后,分散在县城内所有的快递企业(除邮政外)入驻蓬溪县快递集散处理中心,开通“班线快递”合作试点线路8条，在19个乡镇设立快递超市或快递物流运营中心，形成县乡村三级农村物流网络节点体系，释放客运、货运、邮政、村淘等综合效益，为运输企业年增收近40万元，为客运经营者年增收3万余元，为快递企业节约配送成本将近4万元。

完善农村道路建设。按照“四好农村路”建设目标要求，突出“建好、管好、护好、运营好”四大主题，全力推进以“交通运输+产业发展+脱贫攻坚+美丽新村+乡村旅游”五位一体联动发展的173千米农业产业一体化大环线为基础，建设23个816千米农业小环线，以大环线套小环线，全面推动农村公路高质量发展。2019年成功创建为省级“四好农村路”示范县。

统筹利用既有资源。以农村路网为依托，对客运站进行功能拓展和优化改造，整合道路运输与邮政、快递、供销、商务、电商等农村物流资源，推进农村客货综合服务发展。所有物流企业在全县19个乡镇都设立了快递超市或快递物流运营中心，快递包裹实行统一收寄，提高快递投送能力。通畅“工业品”下乡、“农产品”进城渠道，实现双向互通。

3. 完善农村快递服务网络

加快城乡快递网点建设。将快递城乡末端投递建设纳入城乡配送网点建设体系和配送中心（站点）布局，依托快递服务网络打造集中配送和共同配送体系。大力推进快递服务进机关、进园区、进商场、进学校、进企业、进社区、进农村“七进”工程。支持快递企业或第三方在政府机关、住宅小区设置智能快件箱（柜）。鼓励住宅小区、机关事业单位、院校配套建设或提供适当场所，用于快件末端投递。集合农业、供销、交通、商贸、邮政、快递等公共资源，在现有物流资源和服务网络基础上，加大农村快递物流节点建设扶持资金投入，建设集客货运站点、农资配送点、邮快驿站和快递物流服务站等“多点合一、服务同网”的服务站点（含“网订店取”等合作建设站点），鼓励建设多个与快递品牌企业签订合作协议的快递超市，发展体验经济、社区经济、逆向物流等便民利商新业态。蓬溪县快递物流仓配中心见图19-1。

改造乡镇客运服务站点。为加快完善县、乡、村三级农村物流网络节点体系，推进“客货同网、资源共享、信息互通、便利高效”的农村物流发展新格局的形成，对客流、物流集聚的乡镇客运站进行升级改造，建设集客货运、邮政快递、农产品批发交易及乡镇电商孵化基地于一体的“一站多能”乡镇综合运输服务站。截至

2020 年 9 月,乡镇综合运输服务站已达 10 家,参与农村物流配送的客运车辆达 700 辆。以蓬南镇运输服务站为例,该站辐射三凤、群利等乡镇,服务近 5 万人,每天快件量 3000 多件。物流运营中心见图 19-2。

图 19-1　蓬溪县快递物流仓配中心

图 19-2　农村物流运营中心

布局村级物流服务点。联合邮政、商务部门,优先利用乡村客运招呼站附近的村委办、农家店(超市)、邮快驿站等现有场所,规划布局以“邮政车为主、农村客运辅助、社会化车辆补充”的农村物流服务点,形成“县级物流集散—乡镇中转仓储、分拨配送—村级末端收发货”的三级物流网络节点,构建县、乡、村“一小时物流圈”,打通农村物流“最初一公里”和“最后一公里”,使工业品出城下乡、农产品出村进城顺畅无阻,实现上下行物流有序集散和高效配送。建成以县城为中心的县、乡、村三级农村物流服务体系,全县已实现全部行政村通客车,快递网点实现乡镇全覆盖,行政村通达率 100%。

深入推进“快递下乡”工程。支持快递企业加强与农业、供销、商贸、邮政企业的联盟合作,实施“快递下乡”工程。完善县、乡、村快递物流体系,推进实施“电商进农村”工程,打造“工业品下乡”和“农产品进城”双向流通渠道,研究和探索冷链设施服务,解决生鲜农产品进城难问题,带动农村消费,促进农民增收。开展快递精准扶贫试点,有效对接农产品市场(基地),拓展农产品、农资、农村消费品流通加工、仓储配送等功能,服务产地直销、订单生产等农业生产新模式。推广定时、定点、定线的农村物流“货运班线”模式,鼓励市到县、县到乡客运班车开展客车附搭快件业务。

4. 推进快递业信息化发展

推进农村智慧物流提质增效项目建设。与菜鸟乡村签订农村智慧提质增效项目合作协议,充分发挥当地交通、产业等优势。借助菜鸟乡村网络平台,联合当地快递公司推进建设县级共配中心，打造“统一分拨处理、统一运输配送、统一末端站点、统一服务标准、统一信息系统”的共配模式，通过政策、资源和技术、商业的有效整合，实现物流共配效能升级。下一步，菜鸟网络将协助充分挖掘当地优质农产品资源，通过农村淘宝、直播带货等方式充分打通物流、商流通道，走农村物流的可持续发展之路。

鼓励电商发展。鼓励各类经营主体应用电子商务，引入知名电商在设立运营中心或独立核算机构，建设区域型中转仓，推行“干线物流 + 中转仓 + 快递”模式，促进快递与电商信息沟通、标准对接和业务联动。依托四川电子口岸跨境电商综合服务平台，大力培育跨境电子商务经营主体，加快引进知名跨境电商平台企业，发展直接发货配送的前店后仓、跨境直邮、海外仓等经营模式。

二、典型企业做法

1. 创新“交邮、交快”模式

为盘活农村客运资源、整合快递配送资源，推进交、邮提质增效，蓬溪运输有限公司开展“交邮、交快”合作试点，通过乡镇客车送件到快递超市，到村农客，到邮快驿站，形成县、乡、村三级农村物流网络节点体系，解决了快件投递“最后一公里”的难题，促进了农产品上行和工业品下行的双向流通，减少了传统客运企业经营性亏损，降低了快递企业运营成本，提升了快递物流业运营效率和效益，推动了快递行业健康稳定发展。以蓬溪到宝梵为例，按现有件量每天 200 件左右，每件运费 0.30 元核算，每年能为农客车辆增加 2 万元毛收入，为快递企业节约近 2.5 万元的运输成本。客运车辆搭乘小件快运见图 19-3。

图 19-3　客运车辆搭乘小件快运

2. 改建乡镇运输服务站

除了推进物流共配中心建设,蓬溪运输有限公司还完成了蓬溪客运站的改造,增设物流配送作业区,通过科学合理布局,使旅客运输与快递货运进出站口分开设置,同时满足客运及货运内部流通需求,实现场站共享。

在有条件的乡镇规划建设集客运、货运、邮政、快递及农产品批发交易、乡镇电商孵化基地于一体的乡镇运输综合服务站,提供代销代购、农村居民缴费购票等服务,打造多功能多业态综合性服务站点和脱贫攻坚及乡村振兴的阵地,切实服务于三农。以蓬南镇运输服务站为例,该站辐射三凤、群利、惠民、胜利等乡,服务近 5 万人,每天的快件量 3000 多件、出行人口 6000 人左右,可供村民展示、交易农产品。

3. 整合快递资源

与省内其他快递公司松散的联盟模式不同,蓬溪运输有限公司组建了一个更加组织化、规模化的利益共同体,打通物流通道,不仅能让快递更快下乡,而且也能让农产品顺利进城。同时,蓬溪运输有限公司和蓬溪县客运站牵手,改造空闲客运场站,建设了快件集散处理中心,除同城快递 6 家股东公司外,还吸引了顺丰、京东入驻。

4. 运力资源共享

农村客运班车采取流水发车、公交式运营的模式,利用空闲运能顺路捎送快件包裹,目前已开通 8 个乡镇的试点线路。以宝梵线路为例,每天蓬溪客运站发出的班车约有 15 趟,由蓬溪运输有限公司负责调度整个线路的运输,每天固定拉两趟,零星的急件分配给其他班车驾驶员,做到客运货运两不误。

目前,蓬溪的快递超市已尝试“快递 + 电子商务 + 农产品”的模式,大力包装营销蓬溪县的莲藕、柚子、红苕等本地特产。

三、取得成效

1. 实现资源共享共用

由蓬溪运输公司牵头实施,整合蓬溪县各法人快递企业要素资源,建设县、乡、村快递基础设施,完善县、乡(镇)、村三级快递配送体系;促进汽车客运业和快递业紧密合作、协同发展。通过“交通＋快递”深度合作，推动蓬溪县快递业务快速增长，提高快递配送时效，促进蓬溪县快递市场管理规范化、标准化，实现统一标准、统一服务、统一运营，做到资源共享、优势互补，有效降低客车和快递运营成本，做大客运和快递业务份额，实现经济效益最大化，服务三农，振兴乡村。

2. 解决了乡镇快递件难送、效益差和不可持续的问题

农村居民向城市流动的比例增加，导致乡镇件量较小的乡镇，网点收益尚不能覆盖运营成本，且短期内难以盈利，经营困难，难以生存。通过“交邮合作”农村客运空闲货仓搭乘小件快运，既降低了运送成本，又增加了快件时效性，打通工业品下行和农产品上行双向流通渠道。

3. 解决了快件“最后一公里”的难题

依托国家金通工程的农村客运班车对乡村级的快递固定收取点（邮快驿站）进行镇（乡）—村直接配送，实行一村一站的模式，真正达到县—镇（乡）—村三级快递物流的双向畅通，解决了农村快递“最后一公里”的难题。

案例 19-3　顺庆区“交邮融合＋快递超市＋共同配送”服务品牌

顺庆区位于四川省东北部，嘉陵江中游西岸，是川东北商贸中心、老工业基地，长期以来形成了集农副产品生产、加工、销售为一体的现代特色农业体系，为发展农村物流提供了强大的货源支撑。随着顺庆区“村村通”公交的全面推进和实施，全区 108 个行政村全部通公交，形成了遍布乡镇、四通八达的公交线网，并建设了一批布局合理、功能完善的城乡公交客运站点等基础设施，稍加改造即可建成遍布县乡村的三级物流配送体系，为交通与物流深度融合奠定了坚实的基础。顺庆区充分利用货源充足与节点网络高度覆盖的优势，依托“交邮融合＋快递超市＋共同配送”模式，融合交通、邮政、快递、电商等渠道资源，推动资源整合，叠加拓展功能，实现高效配送，不仅打通了农产品进城和工业品下乡的双向流通渠道，也盘活了交通场站、车辆资源，提升了服务网络的整体质效和稳定性，贯通了县乡村三级寄递物流体系。

一、顺庆区主要做法

2021 年，顺庆区因地制宜，依托县、乡、村三级客运站点建设物流配送中心，利

用遍布城乡的公交网络资源和公交车辆富余装载空间配送物流快递，推动公交运营和物流配送深度融合，积极探索推进“交邮融合 + 快递超市 + 共同配送”创新运营模式。

1. 通过站点结合，实现服务网络规范化

积极与区发改、建设、自规等部门对接，推动物流基础设施建设与全区城乡规划建设、国土空间规划相衔接，形成了以城市为中心，中心乡镇为节点、村社为最后一百米的物流服务大网络。目前，在马市铺汽车客运站正在推进建立县级物流配送中心，在辖区乡镇改造乡镇综合运输服务站 5 个，在全区 108 个行政村选择村邮站、超市、农资服务社、移动营业厅等农村群众聚集点，通过合伙方式设置乡村综合服务站(点)。

2. 通过资源整合，实现配送服务高效化

充分利用农村客运点多面广，公交可达性、服务覆盖率高的优势，有效提升物流配送的效率。物流快递一小时或半日即可到达。与一般物流、快递公司自行运送至乡镇相比，城乡公交物流配送更加集约高效。特别是乡与乡、镇与镇、村与村之间短距离的小件货物运输无须再往返县城，是一般物流快递公司难以完成的。

3. 通过多方融合，实现物流服务一体化

(1)构建全域物流共享网络。引导“四通一达”快递企业参股组建第三方共同配送企业——南充百米快递公司，整合配送资源，通过共建共享、单建共享、同仓共配、服务外包等多种模式，在乡镇、高校、大型楼盘、机关等重点部位建设“快递超市”，全面构建电商快递集约共配网络，解决电商发展和末端配送最前、最后“100 米”问题。

(2)丰富农村电商物流内容。丰富拓展电商物流的内涵和外延，推行“快递超市”叠加农村电商、便利店功能，便利群众的同时彻底解决农村物流运行难问题。三是培育农村电商物流市场。立足于“快递超市”，通过公众号、对接电商、从业人员微商、直播带货等方式，为农户提供销售、包装、寄递“一站式”的解决方案，为应季农产品打开销路，激活农村电商物流的源头活水。

二、取得成效

顺庆区“果州通 + 快递超市”运营模式的实施，促使以县城为中心、乡镇为节点、建制村为网点,遍布农村、连接城乡、纵横交错、多站合一、资源共享、多方合作的多站多网合一融合发展网络初步形成,进一步激发了企业创新驱动发展的活力,为城乡客运发展提供了新的经济增长点,也提升了人民群众满意度和获得感。

1. 农村客运可持续发展动能进一步激发

顺庆乡村三级综合运输服务站(点),为农村群众配送农特产品、快件和日用消费品,形成了覆盖全区所有乡镇及行政村的农村物流配送网络,畅通了农村物流配送"最先一公里"和"最后一公里",打开了农产品进城和工业品进村的双向流通渠道,带动了农民增收脱贫,进一步推动实现"乡村振兴"战略。同时,随着"电子商务+快递超市"运营模式的实施,农村客运实现多级发展,形成了新的经济增长点,提升了城乡公交的吸引力,拉动了城乡公交客流的回升。

2. 农村群众获得感进一步增强

顺庆区整合城乡公交、物流快递、邮政、农村电商等各方面资源,采取市场化经营模式,完善了县、乡、村三级物流节点网络体系,规范整治了分散的物流配送资源。截至2021年,该模式已拓展至嘉陵区、高坪区、营山县、蓬安县,主要主体平台快递企业(百米快递、小兵驿站)体系下已建成高校快递超市8个、小区快递驿站185个、乡镇快递超市73个,开通货运班线14条,日均收派快件9.83万件,带动就业620余人,取得了良好的社会效果。今年以来,通过快递超市渠道帮助农民售卖滞销李子47吨,发送柑橘、土鸡蛋、柠檬、腊肉、红薯等本地农特产品235.8万件,累计带动农特产品销售1.31亿元,有效帮助农民致富增收、助力乡村振兴。

3. 农村闲置场站资源利用率进一步提升

顺庆城乡公交客运场站建设完备,随着城乡客运市场的不景气,出现了一部分农村客运场站闲置的情况。通过"电子商务+快递超市"运营模式的实施,将一部分闲置客运站予以改造升级,作为"电子商务+快递超市"运营模式的经营场所,既盘活了闲置资源,也为客运企业提供了便利,实现了双赢。

4. "交通+"的服务理念进一步深化

随着"电子商务+快递超市"运营模式的成功实践,激发了顺庆客运行业不断拓展延伸服务项目的动力,持续拉长了"公交+"产业链条,打造了"车站+公交+电商+旅游+物流配送+劳务输出+"服务模式,使企业可持续发展能力显著增强,既实现了整体运营水平质量的提升,也进一步增强了人民群众的获得感、幸福感、安全感。

到2025年前，顺庆区将通过“快递超市+共同配送”模式，建成覆盖城乡、集约共享、高效便捷、双向通畅、普惠均等的县乡村三级寄递物流和交通运输服务体系，实现县级有集散、乡镇有网点、村村有服务，全面提升农村快递服务质效，实现“快递下乡12小时，快递进村24小时”，助力乡村振兴，提升群众生活品质。

案例19-4 盐边县“聚优购+交通运输+邮政快递融合”服务品牌

盐边县地处攀枝花市北部，具有“中国最美县域”美誉，是四川省县域经济重点开发区县、省级现代农业产业基地强县、省级现代畜牧业重点建设县。近年来，县政府高度重视“三农”发展，特别是围绕国家乡村振兴战略，积极扶持农村物流企业发展，调动各部门在用地、规划、财政、技术、人才培养等方面，给予资金和政策支持，形成良好的政策环境，同时也为农村物流企业向快向好发展提供可靠的保障体系。物流企业抓住发展机遇，坚持从多方面、多层次着手，以普遍服务、方便群众、服务新农村建设为抓手，着力交通运输网络与邮政服务网络的有效衔接，构建县、乡、村三级农村物流网络节点，加快推进发展农村物流运输业务，在降低运营成本、提高道路运输效率、提升服务水平、助力精准扶贫等方面进行了积极探索和尝试，使交邮合作已逐渐成为农民增收、邮政普惠、客运企业多元发展的潜力渠道。

攀枝花聚优购电子商务有限公司（以下简称“聚优购公司”）由延边县客运龙头企业——攀枝花运业有限公司与中通、圆通、申通、韵达等四家快递企业合股组建，是一家集物流、仓储、电子商务为一体的综合性电子商务物流运输企业。通过物流资源的整合、门市合并、合并运送，以及与邮政公司的有效对接，农村客车承担主要邮路和乡村级邮件快件寄递、党政报刊投递，降低了配送成本，达到开源节流的目的，提升市场竞争力，壮大了服务品牌。

一、主要经验做法

1.“客运+货运两网合一”

攀枝花具有得天独厚的自然资源，水果和特优农产品资源丰富。不过，城郊公共交通和农村客运班线覆盖面广、频次多、密度大，车辆空驶率高，优质农产品外运困难。为了破解农村物流“各自为政”的困境，充分整合配送资源，培育畅通高效的农村物流市场，聚优购公司发挥农村班线网络资源和邮政普遍服务优势，推广“邮乐购”平台，以农村客运班线网络为辐射，通过邮政网点接货揽货，再通过客货运班车将货物送达各级城市或经销商。同时，推动“快递下乡”，实现快递与医药农村（社区）落地配业务，既满足了农村用邮需求，又带动了当地经济的发展，实现了农村物流服务“最后一公里”的提质增效。

2.“交通运输＋邮政快递融合”

因山地众多，交通不便，邮政网点建得起、立不住。自2015年始，聚优购公司积极加强与攀枝花市邮政管理部门和邮政公司的沟通协作，本着“长期合作、互利互惠、务实有效、实现双赢”的原则搭建合作关系，按照“资源共享、多站合一、功能集约、便利高效”的思路，依托乡村商服超市、食杂店等组建农村物流网络节点，由邮政进行业务培训，承接邮政函件、报纸、分销、集邮、寄递等业务。

3.“电子商务、特色产业＋农村物流”

聚优购公司依托物流节点开展电子商务及生活缴费等基本邮政业务和代售客票、代缴交通罚款等业务，并大力挖掘推广农村地区农特产品资源，叠加农副土特产品的定向、定制、订单输出业务，实现“以商养运、以运促贸”的良性发展。

4.着眼长远，战略发展

目前，在攀枝花的交邮合作项目中，县、乡（镇）、村农村物流网络节点建设雏形已初显，“1＋1＞2”的效应正在显现。聚优购公司将利用自身优势，在现有的交邮合作基础上稳步推进以下几方面工作：

（1）拓展合作网络，着力组建县、乡、村三级农村物流网点。充分发挥运输站场资源和邮政普遍服务优势，在不影响现有客运站场功能的前提下“请邮进站、站邮合一”，创建物流集散中心，实现仓储、运输、物流的高效衔接。拟组建27个乡（镇）及社区物流网络节点和32个村级物流节点，搭建起农村（社区）“足不出户、一体解决”物流综合服务平台。

（2）拓展合作领域，促进冷链运输。对接省内外运输平台，建立攀枝花农村物流联盟运营体。

（3）叠加业务范围。大力促进特优农副产品的定向、定制、订单输出业务，为精准扶贫助力。

(4)深化交邮合作。进一步开展与邮政银行的金融合作,为邮政银行纳储,为企业发展融资。

(5)强化安全监管,确保运输安全。充分利用省联盛投揽件平台加大邮件安全监管力度,包括三项安全制度、揽投检记录、中转记录等,让每一个包裹都在路上留下“足迹”,全力确保运输安全。

5. 交邮融合,行以致远

(1)因地制宜,积极构建“最后一公里”服务体系。紧紧依托交通、邮政、快递、医药等,依照“有偿、互惠、共赢”的原则,建立交通、邮政、快递三方合作平台。攀枝花运业有限公司与聚优购公司进行股份制合作,由攀枝花运业有限公司占股30%,积极构建常态化合作企业、合作机制,明确发展方向,优化运营模式,确保交邮合作“下得去、立得住、走得远”。

(2)在政策的支持下,大力发展农村物流运输。以邮件、快递、包裹、报纸杂志、农副农资产品运销为抓手,深挖“道路运输 + 脱贫攻坚”潜能,与邮政网点、快递及医药企业深度融合,打造“农户 + 电商 + 运输”的农村物流运输新模式,用心服务于“三农”。并结合实际,规范企业在安全许可的前提下,沿线发展客车搭载小件快运业务,引导“交邮结合”的线上线下联盟发展,提升经营附加值。

(3)创新思维,突破政策,先行先试。借助政策将站场建设、邮路优惠(包括高速通行优惠等)等移植予企业,实现优惠共享,大力推动运输通道和接驳站场建设,盐边县交邮合作示范点乡村快递电商物流配送中心(位于渔门汽车站旁)建设正在积极推进中,确保物流网络节点“建得起、立得住、行得远”。

二、取得成效

自交邮合作开展以来,双方在运输需求大的地区开行专线运输,在需求较小的地区则通过客运车辆附搭小件运输,降低了企业的经营成本,提高了运输效率,提升了物流服务品质,提高了市场竞争力,特别是解决了老、少、边、穷地区的农产品“愁销不愁种”,而城市又买不到特色和原生态农副产品的难题,有效搭建供需平台,助力脱贫攻坚。

截至2019年底,已合作开通攀枝花至米易、攀枝花至渔门两条邮路专线,每月发送邮件12600余件，累计发送邮件315600余件，促进了农产品流通，拓宽了农产品销售市场，使农产品更加快捷地从田间地头走向城市的超市、餐桌，减少了中转环节，降低了流通成本，极大地活跃了城乡市场。同时，与医药公司合作，搭载医药配送业务，累计配送医药达13000件；已建成鳡鱼、红宝、格萨拉、温泉、箐河、新九、麻陇等乡村物流网络节点，累计运送邮件70万余件；实现快递农村落地配累计达69万余件。通过交邮合作，方便了零担货物和快递物品的托运，降低了客运企业车辆行李仓空驶率，减少了运输成本。邮政部门利用交通运输平台发展以非邮政运输力为补充的运邮运力，使得邮件投递更加快捷高效。此举，促进了快递单价的大幅度降低，共节约运输成本30.78万元，成本费用下降率达43.80%。

案例19-5　通川区"依托城乡共配和电商示范项目，打造城乡一体化物流体系"服务品牌

通川区位于四川东北部、达州市中部，地处川、渝、陕结合部，位于"渝广达经济走廊"的核心地带，是东西对流、南北对接的临界点，川东地区的交通枢纽以及川陕鄂渝结合部的物资集散中心，具备得天独厚的空间区位优势。通川区依托四川省首批城乡配送试点示范、四川省首批电子商务脱贫攻坚等既有示范优势，通过整合示范项目、示范资金、示范企业等资源要素，强化标准化和信息化支撑，促进产业间联动，创新推进乡村节点共建共享，开通农村物流班线，发展乡村共同配送，成功搭建了城乡一体的物流配送体系。

一、通川区主要做法

1.依托既有示范项目，加强农村物流体系建设

(1)依托四川省电子商务脱贫奔康示范县，加强区、乡镇、村三级物流配送体系建设。2017年8月，达州市通川区出台了《达州市通川区电子商务脱贫奔康示范县项目实施方案》，其中提出加强农村电子商务服务站体系建设和农村电子商务物流配送体系建设。截至2020年底，建成了2500余平方米的区级电子商务公共服务中心。用"站点+专合社"促进农产品上行、"站点+村级阵地"优化便民服务等多种模式，建成了乡镇级电商服务站10个、旅游景区服务站1个、村级电

商服务点52个(提供代购代销、代收代发、直配直销、便民缴费、车票预订、小微金融、创业指导等综合服务),改造完成了区级物流配送中心和乡镇、村级物流配送站点,初步构建起县乡村三级物流网络。

(2)依托四川省城乡配送试点示范工作,加强区、乡镇、村三级物流配送体系建设。由通川区口岸与物流中心牵头,整合辖区多家重点商贸物流企业资源,按照“政府搭台、企业参与、商业运作”的基本思路,整合快消品、日用百货、快递小件、农副产品、农资、家居建材、医药、冷链、干线运输等九大行业,共计100多家物流企业、300余家商户,参与体系建设,打造了8个一级配送中心、24个二级配送中心、200余个三级配送站点。通过搭建1个信息平台、形成2个品牌(同城速递、城乡速配)和2套运输服务网络,实现主城区1小时、乡(镇)2小时快速配送,为主城区及乡(镇)居民提供便利、快捷、廉价的物流配送服务。通川区根据乡镇规模、地理分布、商贸发展及交通规划情况,以商贸发达、交通便利的乡镇为节点,布局建设罗江、魏兴、碑庙、管村、石桥、涌兴、河市、白节、三汇、江阳、亭子、福善、麻柳、大树等24个乡镇配送中心和100个行政村共同配送网(站)点,形成了三级配送物流体系。

2. 强化资金支持,引导资源整合

针对原有体系下各自为政,终端网点资源整合利用率不高,运力、人力、办公作业场地等资源浪费明显的问题,通川区政府列支500万元财政资金,支持现有农村物流典型企业(达州源美冷链物流集团有限公司、达州乐达物流有限公司)与农村电商典型企业(四川省好一新电子商务有限公司)、综合快递企业(达州市农富源供应链管理有限公司)探索融合发展机制,通过终端合作经营、股份占比、收益占比等多种方式整合各乡镇、行政村现有配送网点、电商网点及快递汇网点,打造终端网点综合服务功能。

3. 推行标准化管理,提升物流服务

(1)统一参与共同配送车辆、停车泊位,以及共同配送网络节点和企业门店的共同配送标识。共计完成新建和扩建仓储中心34010m^2;完成整合标准配送车辆162台,统一标识156辆;完成统一配送门店标识104个。

(2)重新统一终端网点服务内容、服务标准、价格标准及业务系统,做到一套班子。

(3)完成试点仓库升级改造,并对配置使用集装化单元、自动化分拣设备、标准化托盘公用系统、专用或特种（托盘式、阁楼式、移动式、重力式等）货架等物流现代技术设施设备的企业给予财政补助。

（4）推进配送试点企业购置和使用标准化冷链配送车辆和纯电动、液化天然气（LNG）等新能源、环保节能配送车辆56辆，制定共同配送车辆共用协调机制和利益分配机制，"统一管理、统一调度、共享使用"。

4. 加大产业联动，促进物流与产业融合发展

（1）强化农产品上行，实现商贸与物流双促进。通川区举办了"首届中国·达州（通川）环凤脆李网购季"活动，拍摄了《生态通川·脆李之源》网络宣传片，在主城区建设了通川农货O2O展示展销中心（线下体验店），在成都建设了通川区农产品特色体验店，大大提升了"环凤脆李"品牌形象和知名度。通过天猫、苏宁易购达州馆、天农网等线上渠道促进产品销售，带动群众增收。2018年，全区通过线上线下共销售青脆李170万斤。

（2）以磐石都市农业体验区、青宁·云门天寨农旅综合项目为基础，试点示范打造农村电商物流磐石、青宁·云门天寨特色农产品综合物流服务中心。

（3）聚焦"3+3"产业集群，结合水果、花卉、中药材、蔬菜、畜禽、水产等产业种养殖基地以及农产品加工集中区，试点打造农业物流基地，利用电商销售渠道优势，将农产品流通加工后，低成本、高效率地运出去。

（4）针对农村振兴工作的不断推进，不断提升终端网点服务规模和服务水平。

二、典型企业做法

1. 加强资源整合，开设农村物流班车

达州源美冷链物流集团有限公司、达州乐达物流有限公司与四川省好一新电子商务有限公司以源美冷链配送中心、乐达城乡配送中心、好一新电商物流中心为总站，采用城市货运公交循环班线模式，集聚进出农村电商产品、生活物资及快递件，开通4条"五定"农村物流货运班列，连接17个乡镇配送站点，打造放射性"网状"服务网络。

2. 快递集约发展，推进共同配送

农富源供应链管理有限公司整合了四通一达等民营快递企业的快递资源，集中开办站场，实现乡镇站点全覆盖（每个乡镇都建有专职的快递物流站点）。另一

方面,通过整合快递企业干线资源,形成了固定线路,推进统一共同配送。

3. 以商养运,运贸结合

农富源供应链管理有限公司在发展农村物流的同时,积极拓展农产品销售业务,增加利润来源,实现以商养运,做到商贸和物流相互支撑。公司大力推广“通川土货”,促进当地特色农产品上行销售至城市居民手中。利用乡镇站点采购和集聚农村地区特色农副产品,利用城乡共同配送车辆将特色农产品带回城区,通过设置在城市社区的门店推广销售农村地区特色农副产品,形成购、运、销的完整链条。同时,以市场需求倒推指导农副产品合作社的生产种植,形成完整的供应链体系。

4. 建立物流信息平台,提升物流服务水平

达州源美冷链物流集团有限公司在公司所在地建立了物流信息中心,与仓储配送中心和各乡镇网点、配送车辆 GPS 有效无缝对接,实现网上订单、交易结算、信息查询等功能在线完成。同时,与全国冷链物流监控平台对接,实现货源信息共享。

达州乐达物流有限公司搭建达州城乡共同配送公共信息平台,与传化物流合作,运用云计算、云仓、卫星定位等信息技术共建城乡配送服务平台,实现了全信息化闭环作业。

达州市农富源供应链管理有限公司依托“熊猫快收”专业强大的 App 后台大数据管理软件系统,集聚快递企业线上数据,建设供应链物流信息平台,整合乡镇各快递网点,组建 4 条线路的专业配送车队,降低了乡镇快递网点综合运行成本,提高了乡镇快递服务水平,使乡镇快递网点整体盈利能力和市场竞争力得到了提升,实现了经营自主和全面盈利,为百姓提供更加安全、便捷、高效的快递服务。

5. 搭建物流联盟,促进资源共享和共赢

达州乐达物流有限公司成功搭建了“乐达物流联盟”。联盟初期选择了大竹、渠县、开江、宣汉、万源等 5 家具备各县(市)城区及重点乡镇覆盖能力的区域级“小霸王”物流企业进行合作。具体措施有:①联合推广提升品牌形象影响力。联盟成员享用统一的“乐达物流”对外形象、标识和标志,建立统一的业务操作网络平台,共享车辆、仓库、分拨、配送、信息等资源。②共同升级顾客服务水平。共同制定、认可物流服务价格体系标准、客户服务规范、物流过程作业规范,升级服务

价值，让客户在联盟内享受到一站式贴心物流服务，提升客户忠诚度。③完善业务范围，提升核心竞争力。乐达物流积极发展“总部业务”，并将符合联盟成员经营范围的业务分包给成员负责。

三、取得成效

1. 有效促进农村物流降本增效

通川区城乡共同配送体系建成以来，配送成本大幅度降低，配送时效得到提升，所有车辆实现盈利。以前的商家自主联系货车改变为统一调配车源，平均每吨降低成本约 10～20 元。实施共同配送后，由控制中心统一调度，就近派车，大幅减少商户等待时间，保证了商户的货物及时、快捷送达。工商、农业企业自有车辆原本因信息不畅通、装载率低，70% 车辆处于亏损状况。实行共配后，车辆平均装载量提高了 63.7%，车辆数量减少了 53.1%，已有 95% 左右的配送车辆实现了盈利。通过信息化集成作业与调度，配送效率提升超 20%，降低物流成本近 30%。

2. 直接容纳大量劳动就业人员

依托农村物流终端网点和配送中心等物流场所，总计直接解决就业岗位约 1200 个，带动相关驾驶员、装备搬运人员、配送员等人员就业近 2000 人。

3. 有效保障农村物流安全环保

通川区所有车辆均由企业执行《中华人民共和国道路运输条例》《道路货物运输及站场管理规定》《道路货物运输冷藏车辆营业技术规范》《道路运输企业质量信誉考核办法》等相关法律法规及办法，从源头规避了在途运输安全。经阶段数据统计，实施共同配送后 2 年时间，已累计节约柴油 2401 升，二氧化碳排放量减少了 6.2 吨。

4. 有效助力产业开发，助推脱贫攻坚

2015 年以前，通川区各类特色农产品对外销售额不足 1000 万元。自通过整合城乡配送试点示范和电子商务脱贫攻坚等既有示范，搭建城乡一体的物流配送体系后，2018 年特色农产品对外销售额超 1.5 亿元，带动全区所有农村人口人均收入增收 640 元，直接带动 7317 人脱贫。

第二十章　贵州省农村物流服务品牌

案例 20-1　雷山县"电子商务 + 农村物流"服务品牌

雷山县位于贵州省黔东南苗族侗族自治州西南部，东临台江、剑河、榕江县，南抵黔南布依族苗族自治州的三都水族自治县，西连丹寨县，北与凯里市接壤。雷山县运用互联网、大数据、人工智能技术，精准对接农村客运需求和社会运输能力，建设"通村村"新农村综合生活服务开放生态平台，解决了农村交通运输的堵点，农民出行及农产品运输的难点，安全运营监管的痛点，有效解决农村物流"最后一公里"的难题。

一、雷山县主要做法

雷山县利用"通村村"新农村综合生活服务开放生态平台（以下简称"通村村"平台）有效解决农村物流"最后一公里"的难题。2017 年 7 月"通村村"应用程序在雷山正式上线，"通村村"是全国首个运用互联网、大数据、人工智能技术，精准对接农村客运需求和社会运输能力，解决了农村交通运输的堵点，农民出行及农产品运输的难点，安全运营监管的痛点，回应了精准脱贫社会关切的热点的综合开放生态平台。"通村村"平台通过系统平台和村服务站的建设，构建乡村出行物流基础设施骨干网络和末端服务网点，整合商贸、电商、快递、物流、出行、邮政等形成乡村共同服务体系，将县乡村、村与村连接起来，通过整合运力和需求，以人、车、货匹配为切入点，以数据服务为核心，以运输服务为纽带，实现人畅其行，物畅其流。平台通过大数据将人、货、车三者供需高效调配，一方面降低了农村客运运营成本，便捷了农村群众出行，另一方面打通了农村物流最后一公里，畅通了经济发展的毛细血管，对电商下乡、黔货出山提供了坚实的基础保障，为脱贫攻坚提供了新的模式。

（1）物流资源实现村村直达。“通村村”通过利用农村客运车辆实时带货的方式，打通县、乡、村物流通道，既有效解决了农村小件物流送达难、农村特产运输难的问题，又增加了客运车辆的运营收入。目前，通过农村出行服务平台，小件物流已通达全县90%以上的行政村。同时，把全县物流资源统筹整合起来，与申通、中通、圆通、韵达等快递公司及安能物流、德邦物流签订了整合发展协议，建立了“通村村”物流信息调配站，每日由快递公司将发往农村的物流信息发送至“通村村”农村出行服务平台，由平台调配属地客运车辆当日运输物资，极大地提升快递覆盖率，现在一个快件包裹出村、入村比原来缩短至少2天时间。针对大宗货运特别是大批件的农特产品，平台接入了县内货运车辆数据，实现农特产品的及时运输。截至2019年10月底，进村的小件快递运送达50万件次，成交量达102.5万余元。

（2）电商资源实现村村受益。围绕农村信息不通、农产品销路不畅、农民增收难等问题，充分发挥“通村村”平台覆盖面广、成本低、班次多、速度快、配送及时等优势，已将全县140余个村级电商服务点（其中有48个贫困村服务点）纳入平台进行统筹，形成电商“供货”、平台为电商“跑腿”的资源互补模式，“通村村”平台运行前，特色农产品出货少、出货速度慢，在路上“逗留”时间长，特别是新鲜农产品送到客户手中容易出现变质情况。现在只需在平台“电商”选购下单，县内半日即可送达，县外24小时至48小时均可送达，有效解决特色农产品销售难题，带动了农村经济发展。

二、典型企业做法

为有效解决物流到村“最后一公里”的问题，雷山县通过公开招投标，将雷山智通企业管理有限责任公司作为三级物流体系的运营服务企业。雷山智通公司是县交通局下属的国有独资企业，其依托县通村客运车辆，整合圆通、中通、申通、韵达、百世、天天等9家物流品牌以及汽车站传统的小件运送服务，将物流及仓储服务的代理点设在村级电商服务站，与雷山县80个村级电商服务站形成资源共享与合作。目前雷山智通公司共有员工 30 人,物流服务车辆 9 辆,包裹派送车 21 辆。

在物流服务方面雷山县实现了物流资源整合、物流服务线上化、物流服务与村级电商站点有效整合的新突破。首先,在原有“通村村”应用程序客运服务功能的基础上,增加物流服务功能,并将“通村村”平台的服务功能整合进县域电商平台,建立物流智慧调度服务中心,实现了物流服务的线上化,平台实现了物流需求发布、自动匹配车辆、物流信息查询、后台数据查询与管理等功能,切实实现了物流智慧化调度,为物流服务提供了更加便利的操作。其次,雷山县有效整合多家物流企业到乡镇、行政村的上下行需求,通过需求的整合,降低了物流成本,提高了运送效率。再者,雷山县将物流服务与村级电商服务站点有效地整合,不仅增加了电商服务站点的服务功能,而且实现了电商服务与物流服务的有效整合。

雷山县整合县域现有物流、快递资源,组建县物流快递行业协会,成立物流配送联盟,建设物联网,实现资源共享共用,节约成本,提高效率。实行“1 + N”模式,建成以雷山县“通村村”电商物流分拨中心为载体,整合“四通一达”等多家快递企业、由智通企业管理有限公司负责第三方物流快递的电子商务进农村物流派送服务。在县域内实现物流“同一路线统一配送”,统一平台、统一信息管理,最终构建统一配发和统一收集的科学合理配送体系。截至 2019 年 7 月,雷山县已整合“四通一达”等多家快递企业,实现同仓共配建有物流快递分拨中心和配送中心,将全县快递包裹进行统一分拨,实现县、乡、村快递统一分解、统一派送,降低物流派送成本,极大地方便了农村老百姓生产生活需要。

三、取得成效

雷山县构建了“1 + 8 + 154”的农村物流网,按照一个县级“通村村”快递分拨,8 个乡镇,154 个村级“通村村”服务网点,编织一张物流运输网。通过整合资源,做到物流专车下行有快递包裹、百货、农资产品,上行有各村的农特产品,做到减少物流车辆运输成本,最终解决农村物流派送成本高、派送难的实际问题,同时帮助农村村民把农产品变商品,助力农村产业发展及农产品销售。最终实现通村运、通村买、通村卖,促进了农产品变商品,农村资源变资产,传统农民变新型职业农民,打造一个新农村脱贫攻坚乡村振兴综合生活服务开放生态平台。

“通村村”物流网络平台建设,实现物流、快递进村零的突破,同时增加农村客运驾驶员和村级电商代理点捎带、代派村级快递包裹收入。平台通过农村客运车辆行李空间捎带小件快递,全县所有村组已实现物流全覆盖,配送时间由原来3至5天缩短到1天,配送成本由原来的每件5~10元降低至每件2元,每年可为村民减少物流成本600万元,真正让农村群众体验到足不出户、服务上门。在“通村村”平台的带动下,农村物流从业人员由12人增加到183人,截至2019年10月底,小件快递运送达50万件次,平台物流覆盖全县90%村寨。

案例20-2 习水县“交邮融合+新零售”服务品牌

习水县位于贵州省北部,背靠遵义贵阳,地处黔北川南渝西结合部枢纽地带,是遵义联接成渝经济带的桥头堡,是贵州襟川渝、通江达海的前沿窗口。习水县抢抓历史机遇,按照“政府统筹、市场主导”的原则,通过组织化、体系化、集约化、品牌化“四化”方式,积极探索创新“交邮融合+新零售”发展模式,有力服务快递进村和农产品进城。

一、习水县主要做法

习水县以构建“县为中心、镇为支点、村为终端”城乡一体化三级农村物流服务网络为目标,通过组织化、体系化、集约化、品牌化“四化”推动“交邮融合+新零售”发展,努力打通“工业品下乡”和“农产品进城”双向流通渠道。

1.组织化推动

按照“政府统筹、市场主导”原则,将“交邮融合+”改革发展作为巩固提升县“四好农村路全国示范县”、加快全县物流体系建设和“黔货出山”的重要抓手,不断创新产销模式,整合现有交通运输资源,创新交通与邮递的融合模式,在全市率先推行了“交邮融合”改革发展试点。在市、县前期制定出台《遵义市2020年供给侧结构性改革工作实施方案》(遵供改办〔2020〕1号)、《遵义市人民政府关于促进快递业加快发展的实施意见》(遵府发〔2018〕6号)等相关支持政策的基础上,成立了由市交通运输局分管负责同志任顾问指导组组长、市交通运输局和市邮政管理局相关业务科室负责人为成员,县人民政府分管负责同志任工作领导小组组长,县交通、经贸(商务)、市监、发改、财政、各乡镇(街道)等相关单位以及县邮政公司、县快递企业协会为成员的交邮融合改革发展工作组织领导体系，组建了机构，加强了组织领导，并相继制定了《习水县交邮融合改革发展试点工作方案》和《习水县深化“交邮融合+”改革发展实施方案》，通过组织化推动，对交邮融合改革创新发展在用地用能、财税、金融、人才队伍建设等方面予以政策支持，保障交邮融合改革发展工作推进中的困难能够得到及时解决。

2. 体系化建网

依托全县物流体系整体规划，按照“资源共享、多站合一、功能集约、便利高效”思路，整合县、乡两级交通客运场站、通村村服务站、户户达服务站、商超、农村便利店等基层服务站点，采取体系化建网，着力构建“县为中心、镇为支点、村为终端”的分层级、广覆盖的城乡一体化三级物流服务网络。

3. 集约化运输

积极整合交通运输、邮政、快递企业运力资源，探索“集约统一、客货同载”的城乡物流运营模式，开展客、货、邮同仓共配运输服务。通过“同车、同网、同仓、同配送”方式，寄递企业与部分客运公司合作签订委托运输合同，客运车辆承接县城到乡镇、村的快递运输业务，交通场站及运力资源优势得到凸显，同时极大方便了农村群众用递取件和农产品进城运输需求。

4. 品牌化运营

由“四通一达”快递企业发起成立快递协会，快递协会会员企业按照各进出件量比重出资持股，在习水新注册组建成立贵州荣创电子商贸有限公司作为“交邮融合+新零售”项目具体实施的市场主体，整合交通客运场站、客货运车辆、邮递资源、商超流通和电商销售渠道等优势，探索实施“交邮融合+新零售”服务品牌“初心快超”，并作为农产品“上行”和工业品“下行”的末端服务载体。同时，拓展农特产品代购代销、直供直销等服务，通过整合“快递+超市”线下配送和线上电商销售，使农产品上行流通成本降低约32%，有效解决农特产品内销、外销问题。

二、典型企业做法

整合电商、邮政、快递、交通运输、超市等关联资源，通过“抱团取暖、跨界增值，品牌运营、统一服务”拓宽市场空间，提升服务能力，增强市场竞争力。

1. 抱团取暖、跨界增值

以“人无我有、人有我新、人新我优、人优我特”运营理念，根据“交邮融合＋新零售”运营需要，成立了涵盖区域内邮政、“四通一达”等多家企业在内的快递协会，由协会会员企业按照各进、出港件量比重出资持股，在习水新注册组建贵州荣创电子商贸有限公司（以下简称荣创公司）作为“交邮融合＋新零售”项目具体实施的市场主体。总投资5000万元用于该项目的运营，打造集快递、电商、超市为一体的“交邮融合＋新零售”服务品牌“初心快超”。同时打破电商、快递、超市行业发展壁垒，引导寄递企业与交通运输企业、超市在服务站点、运力资源、人力资源和品牌打造方面互补短板，开展深度合作，提升了线上线下综合服务能力，拓展了市场发展空间，实现了产业的跨界增值。

2. 品牌运营、统一服务

对“交邮融合＋新零售”项目实行全链条协调、全流程管理、全方位帮扶“三全运营”和信息化、标准化、产业化“三化管理”，对“初心快超”制定统一服务标准，实行统一设计、统一装修、统一配置、统一管理，统一收支“五个统一”服务，实现管理的规范化和服务的标准化，增强了市场竞争力。

三、取得成效

习水县通过“交邮融合＋新零售”改革创新发展，“工业品下乡”和“农产品进城”双向流通渠道逐步畅通，有效盘活了交通闲置资源，推动了农村物流发展，促进了企业降本增效增收，达到了便民利民惠民目的，实现了县域经济效益和社会效益的“双丰收”，为巩固拓展脱贫攻坚成果，助力乡村振兴，促进农村经济社会发展提供了坚实的交通运输服务保障。

1. 盘活闲置资源

一是激活交通闲置站场设施。习水县城西客运站提升改造为县级综合快递物流共配中心后，城西客运站每年可增加可场地及房屋租赁费近70万元，扭转了客运场站亏损运营局面。同时，将乡镇客运站改造提升为客货物流集散中心后，获得客货运“双丰收”。二是用活客运车辆闲置空间。通过整合邮政、快递、交通运输企业运力资源，探索客货邮统仓配送，推行城乡物流集约化运输，降低企业物流成本，增加运营车辆收益，交通场站及运力资源优势得到凸显。

2. 促进企业增收

一是促进降本增效。各寄递企业通过“同仓、同车、同网、同配”后，年度可节约场地租赁费、运费、人力费用近300万元，运营成本降低约25%，经营效益大幅提升。二是加快转型升级。各寄递企业整合成立股份制营运公司，制定“初心快超”服务规范，经营模式由“作坊式”逐步向“法人化”转变，实现了企业经营的集约化和治理的现代化。同时，引进电商运营、企业管理等高层次人才30余人，增强了企业发展内生动力，激发了企业发展活动。三是推动聚合发展。通过线上线下融合模式，带动了县域及周边电商发展，促进了本地豆制品等农特产品的网络销售，仅习水县良村镇大安村的豆制品日均网上销售约400单。同时，各寄递企业的集聚发展吸引了县内多家电商企业的入驻，推动了“直播带货”电商新业态发展，使城西客运站逐步成为集快递、物流、客流、电商、农产品展销、购物等为一体的综合服务平台。

3. 助力乡村振兴

一是推进邮件快件进村。通过健全完善三级农村快递物流服务网络，统一服务标准，共配县乡邮件快件，县域快递末端服务站点覆盖率提升了30%，快递运送时效大幅提升，村级末端取件二次收费问题得到有效解决，城乡用递取件服务差距逐步缩小。二是帮助群众增收致富。通过推进客货邮集约化发展，有效解决农特产品，特别是农村散户农产品销售问题，还减低农特产品出山进城流通成本，助力农村地区群众增收致富。三是促进社会消费。通过交邮融合快递商超模式，促进了习水麻羊、红稗羹、苕丝糖、豆腐干等农特产品和群众零散农副产品的流通，带动了社会消费，巩固拓展了脱贫攻坚成果，有效助力了乡村振兴，促进了农村经济社会发展。

第二十一章　云南省农村物流服务品牌

案例21-1　固东镇“交通运输+邮政快递融合”服务品牌

固东镇，隶属于云南省保山市腾冲市。腾冲位于云南省西部，是中国陆路通向南亚、东南亚的重要门户，是中缅贸易的重要前沿。党的十八大以来，腾冲市积极响应国家号召，按照“资源共享、多站合一、功能集约、便利高效”的原则，积极推动交通运输、商贸物流、邮政寄递、农资供销等农村物流网络设施有机整合，整合客运站临街铺面，统一规范指导建设、统一安全生产制度、统一运输。同时，按照“统一标准、互联互通、强化应用”的思路，推进乡镇农村物流服务站、村级农村物流服务点的信息化建设。探索“交邮结合+邮政快递融合”服务模式，实现快递服务辐射末端，发挥“快递+客运+电商”优势促进本地土特产品和外地轻工业产品流通，促进农村经济发展。

一、主要经验做法

(一)加强行业规划引领，强化政策资金支持

先后出台了《关于加快电子商务发展的实施意见》《关于印发腾冲市加快推进现代物流业发展实施方案的通知》等文件，健全工作制度，落实责任分工，协同解决农村物流网络节点体系建设中的规划、土地、投资、运营等问题，统筹推进网络

节点建设与发展。

另外,腾冲市加大对农村物流网络节点体系建设的资金支持力度。2018 年组织全市寄递物流企业业主开展寄递物流从业人员培训,费用 47864.08 元;2019 年拨付腾冲市猴桥镇快递综合服务站补助资金 10000 元、腾冲市快递物流电商固东综合服务中心补助资金 20000 元、腾冲市物流中转站建设补助资金 20000 元、腾冲市滇滩镇物流快递电商建设补助资金 10000 元,共计 107864.08 元。

(二)完善站场功能,提升综合服务水平

腾冲市按照"资源共享、多站合一、功能集约、便利高效"的原则,积极推动交通运输、商贸物流、邮政寄递、农资供销等农村物流网络设施有机整合,整合客运站临街铺面,统一规范指导建设、统一安全生产制度、统一运输,改造建成固东镇客运综合服务站,具备快递收寄、电商服务、便民服务、短时保管和接取送达等综合功能。同时,探索"交邮结合 + 邮政快递融合"服务模式,积极利用农村客运资源,加载快递便民服务站,设立快递公司代理网点及仓储场所,充分利用乡镇客运汽车网络,打造快件邮件快捷配送,在农产品进城运输、分销商品捎带等方面进行合作。

(三)注重"交邮融合"模式创新,提升农村客运运营效益

固东镇客运综合服务站通过快递加超市、快递加广告、快递加线上商城的模式增加人流量,利用服务站仓储、物流车等优势,做线上生活用品超市,以低价提供给乡镇客户优质的产品。同时广泛推行"小件快运",充分利用班线运力班次密度大,便捷、快速的优势,积极推进小件快运业务与客运班线的有机结合,依托农村客运车辆及驾驶员开展上门收取件服务,有效承接各物流寄递公司县城到乡镇再到村民的部分货物转运分发,更好地体现了"交邮融合"理念。目前农村客运进村派件占进港量的 50%,每件收益 5 角钱;由农村客运替群众代寄的邮件占出港量 20%,每件农村客运收益 5 元。年收入大约在 22 万元,平均每辆车增加年收入 900 元。

(四)加强信息化建设,实现互联互通,提升运营效益

腾冲市按照"统一标准、互联互通、强化应用"的思路,推进乡镇农村物流服务站、村级农村物流服务点的信息化建设,已在农村地区建成 183 个"邮乐购"站的

电子商务综合服务平台，借助中国邮政“邮乐网”平台，基于“邮掌柜”系统，完成全市百余款农特产品的上线和销量的提升，解决了部分农产品滞销问题，也顺利帮助农民创业增收。目前正依托乡镇、村级快递物流综合服务点搭建完善农村物流信息处理平台——好邻村，快递仓储系统、信息储存系统、快递收发系统、自动出库设备及自动出库系统等已全部上线使用，一个平台多种功能，提升客户快递收发体验。

二、取得成效

（一）整合快递资源

通过整合快递资源，降低了企业的经营成本、提升服务质量、规范管理、减少恶性竞争。在末端派送领域实现整合，共用资源、降低成本，同时各企业之间按实结算、诚信合作，采取与客运车辆合作，市级公司自支运费、派费的方式，杜绝了农村网点向用户“二次收费”的现象。为“村村通”工程奠定了基础。

（二）满足乡村群众寄递需求

通过农村客运将包裹集中快速送到群众手中，方便群众生产生活。部分乡村实现快递投递到户和上门取件服务，使农村消费者能够享受和城市消费者同等的服务，逐步满足乡村群众寄递需求，切实便民惠民。

（三）实现快递经营新模式

乡村快递网点的整合是在快递末端建设基础上一次创新，切合了国家快递末端网点发展的总体要求，乡镇一级的综合服务中心逐步建立村级的服务站，实现快递服务辐射末端。同时，发挥“快递+客运+电商”优势促进本地土特产品和外地轻工业产品流通，促进乡村经济发展。

（四）保障末端渠道安全

乡镇级多个寄递品牌整合使行业自律水平得到提升，公示收费标准及服务要求，自觉接受用户监督，大大提高了行业监管效率，更全面地督促企业落实行业安全管理要求、严格落实“四项制度”，确保寄递渠道安全畅通。

(五)助力精准扶贫

农村快递物流综合服务站点不仅方便了城乡居民的生活,同时带动了区域经济的整体发展。农业产品通过综合服务站点外销,实现了生鲜产品的城乡互通,一方面拓宽了销售渠道,解决了销路问题,另一方面极大节约了农民运输成本,实现收益最大化,有效推动特色产业持续稳定发展,为精准扶贫注入了新的动力。

案例 21-2 楚雄市“农村客运+乡村物流”服务品牌

楚雄市是省会昆明通往滇西 8 州市和进入东南亚、南亚国际大通道的重要承接点和物流集散地,素有“省垣门户,迤西咽喉”之称。近年来,楚雄市全面推进乡村振兴战略和四好农村路建设工作,聚焦补短板、降成本、提效率、优环境,以构建现代商贸物流体系、便利群众衣食住行消费为重点,建设城乡物流高效配送网络,整合配送资源,优化配送路径,提高配送效率、降低配送成本、便利群众生活。建立起“市、乡、村、组”四级闭环性物流运输系统,打通了“工业品下乡最后一公里、农产品进城最初一公里”和“快递分拣服务进村入户”通道,有效助推了楚雄市脱贫攻坚工作。

一、楚雄市主要做法

1. 出台政策文件

楚雄市结合《云南省加快推进现代物流产业发展 10 条措施》和《加快推进现代物流产业发展的实施意见》等文件精神,聚焦补短板、降成本、提效率、优环境,有效解决制约我市现代物流产业发展的突出矛盾和问题,加快推进现代物流产业发展,促进产业结构转型升级,出台了《加快推进现代物流产业发展的实施意见》《关于印发楚雄州促进快递业发展实施方案的通知》等,明确工作机制、目标任务。

2. 合理规划整合资源

(1)加快陆上通道和楚雄机场建设步伐,建设园区间高速通道,形成与周边互联互通、快速、便捷的城市配送、城际配送和农村配送有效衔接的物流体系。

(2)加快建设云甸工业园区配套基础设施,重点建设楚雄国际物流基地、楚雄商贸物流园区等物流节点。建成楚雄快递物流产业园、楚雄粮食农产品物流产业园。

(3)建设县乡物流集散中心,实现市级物流分拨中心、乡镇物流配送中心,村级、社区物流服务点覆盖50%的行政村和5000人以上小区。

(4)建设城乡物流高效配送网络,整合配送资源,优化配送路径,提高配送效率、降低配送成本、便利群众生活。

(5)以农产品流通为重点,建设中农联楚雄国际农产品交易中心,支撑物流业发展。

(6)以保障生鲜农产品质量、提升生鲜农产品附加值为目标,针对冷链物流基础设施短板,加强冷链物流基础设施建设,基本满足高原特色农产品冷链物流需求。

3.保障措施

成立楚雄市推进现代物流产业发展领导小组,建立部门联席会议制度,研究解决物流业发展中的重大问题,把物流业纳入年度综合绩效考核。加大财政投入力度,保障物流产业支持政策得以全面落实。各有关部门要高度重视,采取有力措施,加快现代物流业发展。

二、典型企业做法

1.顺势而为建立物流机构

太阳女集团主动适应"互联网+"模式、客运转型升级以及市场发展需要,发挥长期积累的客运站场点多、运营网络健全、覆盖范围广泛以及农村客运在广大群众当中的信任度和依赖度,依托楚雄市15个乡镇客运站及客运、公交运营网络优势,分别成立楚雄乡村物流集散中心以及楚雄太阳女城乡通物流有限公司。

2.借势而进延伸物流网点至村组

楚雄太阳女城乡通物流有限公司在市区三家塘客运站设立了物流集散中心,在客运网络覆盖的乡镇、村、组选择有条件的商铺签订代理合同增设物流收(取)分站,构建了市、乡、村、组四级物流运输和中转业务网络,构建完整的客运物流深度融合发展平台,形成楚雄市乡镇的客运网络和物流网络双线并行格局,改变了单一的客运经营模式,走出了多项目抱团优势互补合作共赢的格局,为公路客运转型升级探索出一条有市场发展前景经营模式。

3. 造势而起快递代收转运兴电商

楚雄太阳女城乡通物流有限公司开展快递代收转运业务，突出“集”“散”功能，发展“互联网+”，打造智慧客货同网平台。为打造方便、快捷、高效的交通运输平台，真正为群众提供优质服务，以三家塘客运站楚雄乡村物流集散中心为核心，按照“城乡统筹、以城带乡、城乡一体、客货并举、运邮结合”思路，大力发展微信平台售票、货物托运预约、快递代收转运等业务，健全适合农村快递需求的末端网络，发展随车代运邮件、代运小件货物等物流业务。通过客运站物流中心集中统一收发货，抓住源头管控、落实制度和规范管理等关键环节，满足客户个性化需求，确保货物托运价格合理，收发货物方便，托运人不需等候，节省时间。同时，发挥客运站200余辆覆盖楚雄市100%乡（镇）村班线客车和建立起的县、乡、村、组四级农村客运物流网络的优势，使客货资源集中得起来，发散得出去，保障托运货物的时效性、安全性，托运量逐年稳步增长。实现了“工业品下乡最后一公里”和“农产品进城最初一公里”的有序集散和高效配送，真正成为了楚雄市“工业品下乡、农产品进城”坚强、可靠的物流载体。

4. 乘势而上农副产品上行销全国

主动适应农村经济发展特点，努力保障农副产品上游配送。太阳女集团物流集散（电子商务）中心已形成方便快捷的楚雄市山区乡镇客运物流网络，有效解决农产品数量少、品种多样、季节和产地没有一定的规模、产品非标准、货值低、单位物流成本高、很难持续运作和获利的难题，通过客运物流网络保证了农特产品上行的快速流通，给农特产流向城市提供了潜力巨大的发展机遇。

5. 着力打造四级运输网络，实现客货同网双线并行

2004年以来，组织企业先后投资8500万元建设了楚雄市14个农村客运站和三家塘、上章村两个二级客运站；并按照城乡公交一体化、坝区客运公交化、农村客运区域化的原则，因地制宜发展农村客运班线、城乡公交一体化、赶集车队、区域性农村客运和城市公交等多种新型运营模式；实现了以赶集车队和农村客运连接乡镇与村委会及村组，满足具有民族和地区特色的赶集物资交流和人员往来需求；以城乡公交和农村客运连接城区与乡镇，满足农村群众出行和物资交流需求。

太阳女集团充分利用客运网络基础，着力打造“市、乡、村、组”四级旅客和物

流运输网络,实现电商、快递进村目标,切实解决山区乡镇村委会老百姓货物收发时间不确定难题。从 2018 年起,公司在山区乡镇村委会发展有条件的商铺签订代理合同,增设物流收(取)货点。公司已在 8 个山区乡镇所有村委会设立了物流收(取)货点,形成楚雄市乡镇的客运网络和物流网络双线并行格局。一方面,方便群众购物取货,减少时间成本和取件成本;另一方面,为山区优质、绿色的生态农产品进城销售,为群众所需的生产生活物品下行搭建平台,增加群众收入,实现了旅客和物流运输的有效衔接,助力脱贫攻坚。

6. 发展"互联网 +",完善智慧交通物流平台

太阳女集团于 2017 年开通"楚雄太交集团"微信公众号,目前已有 3 万多粉丝关注,公众号实现了购票、网约接送旅客、网约上门取货、网约送货上门、公交查询等特色服务项目,依托"楚雄太交集团"微信公众号,在特色服务中增设"楚雄农特产品销售"微店,通过对接到乡镇村委会物流点,以实体店展销和电商销售形式,形成集农产品采购、销售、配送、信息服务为一体的生态农产品到餐桌的供应链服务,打造生态农产品线上、线下运作,利用乡村物流运输、销售网络体系,及时将下游农村时鲜蔬菜、农特产品、水果、米面粮油等农特产品上架进行销售,第一时间方便、快捷地实现物流配送,减少生鲜产品中间流通环节,确保生鲜产品的新鲜度。将原生态、无公害、高营养的绿色农产品配送至终端客户,服务好最初一公里和最后一公里,实现供应链终端服务。搭建农特产品物流平台,将下游的农副产品往上游进行配送。

7. 打通"最后一公里"物流末梢,服务电商快递下乡

随着互联网的普及和电子商务的快速发展,人们的消费理念和方式发生了巨大变化,网上购物及快递运输的便捷、高效逐渐深入农村。但在 2020 年 6 月以前,只有部分快递公司在乡镇设点、大多数快递公司只能送到楚雄城区,山区乡镇快递收件人只能到乡镇或到楚雄取件,不仅延长了收件时间,而且增加了取件成本,导致"最后一公里"运输成本居高不下,制约了山区乡镇农村电商的发展。为进一步落实"快递进村"工程,助力实现全面小康,带动乡村经济发展,企业乡村物流集散中心从 2017 年成立起,就吸引了多家快递公司主动洽谈合作,开展代收代运直达业务,通过客车直接将快递送达村委会或自然村,老百姓收货快、收货方便、收货成本低,真正改变乡村网购的"方便不便、快递不快"的现状,打通了快递派件的"最后一公里",为边远山区村民解决了寄件难、取件难的问题,实现了"村

村通快递、人人得实惠”,也实现了各家快递公司的融合发展,为城乡快递行业持续发展探出了一条新路子,此举获得了山区群众大量好评和称赞,确确实实体现农村客运便民、利民、惠民的初衷。目前,企业物流运输业务已由成立初期的日均30余件发展到1000余件,收入6000余元。

三、取得成效

1. 降低了物流成本,取得良好的社会效益

楚雄乡村物流集散中心未成立前,楚雄市山区乡镇货物运输主要依靠货运车,普遍存在运输时间不固定、运输价格高、收货不方便易发生货损货差等许多问题。货车运输普通小件货物运费均价在20~30元,快递每个封包在30~60元。按照目前物流中心每日平均托运货物250件、快递200包(每包快递40小件左右)。托运的小件货物运输价格平均每件降低5~10元,快递每件降低2~10元,使派件成本降低20%,寄件成本降低50%以上,每年至少为合作公司及群众节约运输费用600万余元,实现了多赢的格局,取得了良好的社会效益。

2. 助力脱贫攻坚、乡村振兴和经济社会高质量发展

太阳女集团通过发挥传统道路客运、城乡公交、客运站和乡村物流等资源优势,较好实现了农村客运与乡村物流、电商、仓储、乡村旅游和新能源推广应用等统一协调发展,发展潜力巨大,具有地区民族特色和较好的示范效应,为推动楚雄市及各乡镇社会经济发展起到积极的促进作用,助力脱贫攻坚和乡村振兴。

3. 带动了群众就业,促进了群众增收

通过“客运+乡村物流”运营模式,集团乡村物流集散中心建设了覆盖全市所有乡镇和村委会的客货同网网络,为200余名群众提供了就业机会;同时,为工业品下乡和山区农特产品流向城市提供了潜力巨大的发展机遇,不仅更好的服务乡村经济发展,并且增加群众收入。

4. 扩大了品牌影响力,强化了引领示范效应

太阳女集团构建的楚雄市乡村物流体系为乡村振兴奠定了流通基础,积累了经验。对大力发展城乡物流,落实中共中央、国务院印发《乡村振兴战略规划(2018-2022年)》明确提出的“加快构建农村物流基础设施骨干网络,鼓励商贸、

邮政、快递、供销、运输等企业加大在农村地区的设施网络布局”政策具有较好示范效应。截至2020年底，楚雄乡村物流已覆盖100%的乡村，乡村物流的品牌已深入到千家万户，楚雄市乡镇的客运网络和物流网络双线并行格局已经形成，农民购物不出村、农产品网上销售增值的愿望已成现实。真正打通了“客货同网”的物流运输，在实现“工业品下乡”物流服务的同时，也保障了“农产品进城”高效畅通。

第二十二章　陕西省农村物流服务品牌

案例 22-1　白河县“特色产业＋农村物流”服务品牌

白河县位于陕西省安康地区东南部，大巴山北麓，汉水横贯东西，东南北三面与湖北省接壤，是沟通陕、鄂、川、渝的中转站，古有“镇秦雍，控荆襄，秦头楚尾”之称。十天高速贯穿全境，襄渝铁路联通全国大部分城市，穿行而过的国道 316、省道 316 已直接与高速、铁路、港口相通，构成了四通八达的交通网络。

白河县统筹利用各部门的支持政策、促进各方资源整合、优势互补、融合发展，不断拓展农村物流服务领域、创新服务产品，以“特色产业＋农村物流”模式着力解决农村物流体系不完善，“货难到、效益差、不持续”的问题，为发展现代农业产业一体化供应链，服务乡村振兴，助力打赢脱贫攻坚战提供了有力支撑。

一、白河县主要做法

1. 加强顶层设计

县政府出台了《白河县三级物流整合方案》《白河县电子商务农村综合示范项目实施方案》等文件，以物流整合、共享配送为突破口，促进资源整合、业态融合，构建城乡商品流通网络，拓宽特色农产品上行渠道，有效促进了全县电子商务和县域农村物流业的协同发展。

2. 有效整合资源

白河县以邮政快递为基础，通过股权收购、现金入股、资产折合等方式，将县境内中通、申通、圆通、百世、韵达、恒通等7家快递物流企业进行整合,成立白河县物流有限公司,全县快递物流实行统一管理、统一运营,统一结算,有效降低企业在运输、仓储、人员等环节成本,提高了运营质量和效益。

3. 实行城乡统一配送

全县按线路方向,采用定车、定人、定时、定线的"四定模式",开通物流班线5条、支线122条,投入大小运营车辆100余台,县配送中心每天将货件配送至镇级和较大村级站,镇级物流服务站二次分发至村级服务点,配送网络覆盖全县11个镇、122个村(社区)。

4. 畅通上行快递渠道

各镇和县城快递超市等站点负责本区域内上行货品收集,定时由班线物流运回县城物流配送中心,再统一分发至全国各地进行销售。班线物流车辆增加农特产品拉运、再生资源回收、便民服务等运输业务,提升物流企业扩大流通和服务"三农"的水平,也增加了企业经营收入。

二、典型企业做法

白河县物流有限公司为农村物流龙头企业,有效整合农村物流市场各类要素,加强特色产品经销企业、电商企业、物流企业等市场主体业务协同,不断延伸产业链,打通"最后一公里"。

1. 创新农特产品寄递模式

以特色农产品走出去战略为切入点,大力发掘当地特色产品和产业,积极对接当地特色产业龙头企业,培育特色品牌,通过现场培训、送训下乡、"微课堂"等活动,拓展农特产品营销渠道;创新农户微营销直寄项目,完善推广包裹预收寄系统,提供农产品封装指导、驻点收寄、专线趟车、线路推介等服务,逐步建立和完善农产品寄递绿色通道和三级电商物流配送体系。

2. 建设综合运输服务站

一是完善县级配送中心功能。建成集分拨、配送、仓储、办公于一体,占地6000余平方米的县级城乡物流配送中心,引进现代化的分拣设备3套,实现了一套人马、一批车辆、一片场地、一套系统的资源共享、风险共担、多方共赢的物流配送运营模式；二是补齐镇村配送短板。为便于收件投递，在县城新建连锁网点20个，镇级物流服务站11个，同122个村级服务点建立物流代办关系，切实打通物流配送“最后一公里”；三是拓展服务功能和延伸业务，主动承接农村寄递或销售量少的农产品业务，尊重农户自主选择寄递企业，依托大宗农特产品交易平台，适时向农产品供应商提供销售信息等服务。同时，加强与农村电商业务的融合发展，开展邮储客户优惠购、积分兑换，实现金融与电商的双引流、双提升。

三、取得成效

白河县属于农业发展大县，农业经济发展逐年呈上涨趋势，通过现代物流体系构建扶风县“电商引领＋精准扶贫”服务品牌，能够拓宽农业市场范围，有效解决农产品运输问题；对于消费者来讲，通过农产品物流使得获取所需农产品更加便捷，一定程度上节约了农产品销售时间，有效提升了农业发展效率。

（1）促进物流降本增效，进一步改善了物流服务品质和消费体验。白河县物流有限公司分别与国内电商知名企业阿里巴巴和国内知名物流企业壹米滴答·卓昊物流建立长期合作关系，借助其平台近百万个服务网点，实现“货发全国、全国到货”，通过优化合作方式，打破传统用工关系，降本增效，降低物流费用，让利客户。大宗货物运输采用轻资产运营模式，整合现有资源，实施资源再分配，实现“专业人做专业事”，有效降低同类物品1/3物流价格，乡村“最后一公里”实行无偿服务。

（2）解决了一批劳动力稳定就业，助力乡村实施乡村振兴战略和打赢脱贫攻坚战。目前，白河县物流从业人员已达到200余人，对于具有劳动能力的贫困人口优先予以提供搬运、分拣、配送等岗位，吸纳贫困人口就业，带动贫困人口增收。

（3）助推苏陕扶贫协作深入开展。相继在溧阳开设“江苏金瓜子电商园-白河特色产品电商馆”“溧阳市天目湖特色农品馆-白河专柜”“江苏苏浙皖边界市场-苏陕协作-白河特色农产品展示馆”3家白河特色产品展销中心，稳定长效的产销衔接渠道，极大促进了订单进山、产品出山，取得了实实在在的效应。

案例22-2　扶风县“电子商务＋共同配送”服务品牌

扶风县地处关中平原西部，是宝鸡的东大门，先后荣获国家农产品质量安全县、中国县域旅游竞争力百强县等。扶风县交通发达，铁路、高铁、高速公路和国省干线等9条线穿境而过，为农村物流业务的开展奠定了坚实的基础。扶风县是西北地区最大的果蔬苗木和元宝枫苗木基地，丰富的农副产品供应也促进了农村物流的发展壮大。扶风县人民政府抢抓机遇，乘势而上，通过政策引导、资金支持，在全县先后建成陕西新贸迅达物流、陕西果业集团扶风产业基地、红果集团等多个城乡物流产业园集散地，形成了以县城为中心、辐射镇村、联系全国各地的物流网络体系。

一、扶风县主要做法

近年来，扶风县政府抢抓"一带一路"政策机遇，相继出台相关措施办法，支持扶助农村物流健康快速发展。在鼓励发展中大力帮扶脱颖而出的优秀物流企业做大做强，借助"国家电子商务进农村综合示范县"平台，支持新贸集团迅达物流公司整合已有的县级配送中心，镇村超市，村组商品配送，上行农产品采购等节点和运力资源，搭建了农村三级物流服务体系，打通了农村地区农产品的上行和工业品的下行。优先对推动扶风县乃至周边县区农村物流健康发展，助力脱贫攻坚起到了积极的示范引领作用。优先特批六条物流货运配送专线6条186公里；争取在县域新区城市总体规划中优先考虑项目用地审批，在县域新区南大街提供用地不少于200亩，积极指导省级重点建设项目新贸现代物流园(一级汽车货运场站)项目建设；专业指导企业组建宝鸡友云电子商务公司、陕西蜗居乐购电子商务公司、电子商务进农村迅达物流快递分拣中心等，不断创新"交通+实体+电商+特色产业+精准扶贫"模式，不断完善运营机制，挖掘市场潜力，提升品牌效应，示范引领农村物流县乡村三级物流服务网络节点新潮流。

二、典型企业做法

扶风迅达农村物流有限公司依托集团及其友云电子、蜗居乐购公司在连锁超市、电子商务、农产品市场、企事业餐饮配送等领域的资源优势，借助"国家电子商务进农村综合示范县"的项目优势，整合既有的县级配送中心、镇村超市、下行商品配送、上行农产品采购等节点和运力资源，搭建了农村物流三级物流服务体系，打通了农产品上行和工业品下行的农村物流业务的最后一环。公司探索的"交通+实体+电商+特色产业+精准扶贫”模式，对推动扶风县农村物流健康发展，助力脱贫攻坚起到了积极的示范引领作用。主要做法有以下几点。

(1)依托资源优势，构建农村物流三级配送体系。在县乡村物流节点方面，扶风迅达农村物流有限公司将集团在镇村地区开办的连锁超市(包括镇级直营超市、村级直营超市、村级加盟超市)发展为镇级和村级的物流节点，同时在扶风县城建设现代物流园作为县级物流服务中心，由此构建了县乡村三级物流节点；在运输组织方面，在为镇村商超日常配送的同时，扶风迅达农村物流有限公司紧跟形势，积极联合申通、韵达、天天等部分快递企业开展合作，开通辐射全县邮路5条，通过农村物流车辆配送专线将快递一并送至镇村物流节点，镇村地区的快件通过回程车辆揽回县城物流服务中心。至此，扶风迅达农村物流有限公司县乡村农村物流三级网络循环体系已经形成。农村物流配送车辆如图22-1所示。

图22-1 农村物流配送车辆

(2)搭建电商平台，打通农产品上行和工业品下行“双通道”。为了充分发挥资源优势，有效减少空载率，2015年，集团创建了宝鸡友云电子商务有限公司，搭建全县农商互联电商平台“印象扶风”，如图22-2所示。平台涵盖工业消费品、农特产品两大类8300个单品，授权设立“印象扶风”镇村网购体验店151家，2017年组建“蜗居乐购”电子商务公司，采用手机App运营模式，开启扶风一站式网购商城，同城一小时快捷配送。通过电商平台，一方面各商超可以进行农村地区日用商品的采购，另一方面城区消费者可以购买扶风当地的特色农产品等。公司通过电商平台，利用农村物流专线车辆实现了农村地区工业品的下行和农产品的上行的畅通无阻，同时有效降低了车辆的空载率，最终节约了农村物流的配送成本。

(3)统一标准，提升农村物流业务服务水平。扶风迅达农村物流有限公司配置了车辆定位监控系统和即时呼叫系统，实现了农村物流安全顺畅、全程监控等一条龙服务；坚持统一门牌、统一采购、统一价格、统一核算、统一售后的“五统一”原则；达到有资金、有场地、有设施、有商品、有市场、有客户的“六有标准”；将工作人员工作职责、工作标准、一牌一图等制度上墙公示，接受社会各界监督。

图 22-2　印象扶风网

(4)拓展整合物流新业务，实现农村物流可持续发展。扶风迅达农村物流有限公司在不断完善农村物流三级网络节点体系的同时，依靠集团的影响力不断拓展物流相关业务，连续五年承担了宝鸡市政府冬春蔬菜储备应急任务 12680 吨；连续六年竞标取得扶风县 32 所中小学学生“营养餐”专项供应配送业务；承揽了全县行政事业单位职工灶食材菜品采供配送；通过政府采购竞标取得全县机关事业单位办公用品、耗材的供应工作；承担了 12 户涉农企业本地农特产品收购、储存、外销的全部运输业务。通过不断拓展物流业务，公司在获取新的利润点的同时，增加了货源，提高了农村物流三级体系的利用率，降低了单位物流成本。

(5)积极争取国家资金补助，不断丰富完善农村物流体系。扶风县作为国家电子商务进农村综合示范县，获得商务部 1500 万元中央财政资金补助，其中 300 万元用于支持农村物流体系建设，县交通局、商信局先后出台了《扶风县“十三五”交通规划》《扶风县电商集中销售活动物流奖励暂行办法》《扶风县农产品上行物流补贴办法》等奖扶措施，采取以奖代补、专项补助等形式，加大对示范企业及建设项目的扶持。争取交通部门农村物流服务站点建设项目补贴 295 万元，用以提高物流节点硬件配备水平，资金的注入有效地降低了农村物流运营成本。

(6)发展不忘初心，彰显帮扶情怀。近年来，在政府的倡导下，公司先后与 9 个贫困村确立了结对帮扶关系，累计帮扶贫困户 1036 户 2590 人。通过托管法门、天度、城关 3 镇街 384 户贫困户实施“托管贷”，目前已为参与的贫困户累计兑现收益 553.9 万元。通过在全县 20 个贫困村网点试点开发“1 + 1”帮扶活动，在公司的镇村网点以代收代卖的方式解决“卖难”问题等方式，逐步实现帮扶由“输血”向“造血”扶贫的转变。截至 2019 年 12 月底,累计投入帮扶资金 1740 万元,帮助 546 户 1315 名贫困户脱贫摘帽。

(7)面对疫情,慷慨解囊,彰显物流人情怀。今年面对突如其来的新冠肺炎疫情,集团公司高度重视,结合企业的优势,严格按照县委、县政府“外防输入,内防扩散”部署,认真落实“六保、六稳”任务,勇于担当,周密安排,要求物流配送中心及几个超市备足备齐全县城乡居民、农村群众的粮食及蔬菜和其他生活用品,同时也想尽一切办法采购急需的防毒、消毒用品和其他防疫需求。严格遵循防疫规范操作流程,创新防疫期间的采购、供货模式,采取电话预约、微信平台宣传、网上下单送货上门等形式,保障了城乡居民的生活需求,稳定了民心,维护了社会稳定,同时集团公司利用物流优势,多方采购防疫物资,在疫情期间向天度镇村民、城关街道办南宫村等其他各村组防控一线队员,县敬老院、市场监管局及一线防疫人员捐赠生活日用品及消毒用品总价 40 多万元,为城乡居民生活和防疫提供了保障,也充分体现了物流行业优势。

三、取得成效

农村物流试点项目在我县开展以来,收效良好、社会效应彰显,曾受到部、省、市各级交通运输部门的充分肯定,也深受群众称赞。项目的特点主要表现在:一是解决了城乡之间、村组之间物品流通方式单一、时间缓慢、费用居高不下的老大难问题。二是织密筑牢了农村与城市之间互通有无的县乡村三级物流网络节点和快捷、高效的满足农村生产生活必需品的保障体系。三是有利于促进县域农村经济发展水平,解决小规模种植“量少、卖难”的突出问题,拉动下游产业链,使“三农”成果与经济发展共享。四是促进运输安全,装备安全,应急救援和食品安全、绿色环保协调发展,着力打造网络覆盖健全,资源整合高效,运营服务规范,产业支撑明显的农村物流服务品牌。

通过这一系列的措施,扶风县物流网络由点到面覆盖率得到进一步提升,相关企业运营规范便捷,现代化管理手段全面升级,三级物流网络设施和运力资源明显得到改善,特别是围绕农村、农业和农民开辟的物流市场,为“电子商务 + 农村物流”发展奠定了坚实的基础,以此推进农村物流发展的体制和机制更加顺畅,市场环境不断优化、产业融合、脱贫攻坚支撑能力明显增强。也探索出了新形势下农村物流壮大发展的成功经验。

案例22-3　鄠邑区“特色产业+电商快递”服务品牌

鄠邑区位于关中平原中部,南依秦岭、北临渭水,既是千年古都长安京畿之地,又是西安国际化大都市3个副中心城市之一,是远近闻名的中国现代民间绘画之乡、中华诗词之乡、中国鼓舞之乡、中国围棋之乡、全国文明城市、国家卫生城市。鄠邑区位交通优势明显,距咸阳国际机场48公里,经高速10分钟可达西安主城区,西成客专、西汉高速、西咸北环线纵贯全境,环山旅游路横穿东西,西宝、西户、咸户等国省道,“九纵九横”的县乡道路四通八达,是全省唯一的全国交通综合示范区。

一、政府政策引导

1. 顶层设计

(1)出台支持政策。成立物流业电子商务扶贫工作领导小组,先后制定出台了《鄠邑区电商扶贫工作实施方案》《西安市鄠邑区农村物流网络建设规划》《鄠邑区城乡物流网络建设信息管理制度》等文件。

(2)加强统筹规划。建立工作机制,明确部门工作职责,加大组织协调力度,从农村物流工作目标、试点内容、实施步骤、时间安排、保障措施等五个方面,进行了全面、系统的安排部署,为电商扶贫工作保驾护航,支持城乡物流发展上档升级。同时,紧盯国家、省市关于物流扶持相关政策,积极争取上级各部门补助资金,全力配合物流企业开展全省物流试点项目创建工作,结合行政效能革命工作开展,为企业创建工作提供“清单式”服务,给予电商扶贫工作262万元资金支持,争取补助资金500余万元,鼓励扶持全省首批农村货运物流试点企业——西安崇信物流示范公司做大做强。

(3)出台标准规范。坚持物流发展系统观点,注重整体效应,实现物流建设分拨中心“三统一”。一方面是基本功能统一,统筹交通运输、仓储保管、分拣配送、信息咨询服务等功能和设施,有效整合交通、运力优势资源,实现了农村物流的集中储运及中转和配送。第二方面是网络体系统一,按照物流业务发展需要,形成了以城区通村仓储配送为中心,五竹、玉蝉、余下、蒋村等11个镇街185个村级站点的三级化网络覆盖体系。第三方面是形象标识统一,在物流车辆箱体、货物包装、道路节点设立物流形象标识,提升物流业对外形象。

(4)推进资源整合。一方面,围绕乡村振兴战略,不断推进"互联网+农村物流"建设,将"协会+农户""企业+协会+农户"的模式纳入农村物流网络体系,创设订单式农村物流,并加强邮政、供销、农资等部门间合作,实现行业优势互补,达到充分运用资源、节约运输成本的功效。另一方面,围绕脱贫攻坚,我区结合实际,按照"建好产业路、发展物流业、服务贫困村"的原则,把加快贫困村产业路建设作为助推脱贫攻坚和经济发展的重要突破,为我区特色产业户太葡萄、同兴西瓜销售创造了良好的交通条件,促进了地方产业的快速发展。

2. 政策扶持

(1)农村物流节点方面,点面结合,推进三级物流"全覆盖"。近年来,依托"四好农村路"建设,积极推进"互联网+农村物流",目前,全区共设立镇、村级物流服务站点200余个,形成了区、镇、村三级全覆盖的农村物流服务体系。同时,扶持电商企业150余户,完成35个电商扶贫重点村建设,大幅度拓宽了农产品销售渠道。2020年6月,我区"特色产业+电商快递"项目入选交通运输部首批农村物流服务品牌名单。

(2)农村公路建设方面。近年来,在省市交通运输部门的大力支持下,我区紧抓"四好农村路"建设机遇,加快推进农村物流快速发展。目前,全区农村公路总里程突破1655公里,路网结构呈现"九纵九横",2009年实现村村通水泥路的目标,2010年在全市率先实现村村通客车,实现了区域内通村公路与客运班车的全覆盖,为农村物流发展奠定了坚实的基础。

二、典型企业做法

鄠邑区本土企业西安崇信物流有限公司依靠工业物流发展基础,以工促农制定了具有本地特色运营方案:"特色产业+电商快递"。公司以信息化平台为载体,按照区、镇、村三级发送,以区级仓储为中心,镇、村为节点,建成车辆GPS及作业站场远程监控互联网信息平台,采取区域资源整合、节能增效、便利快捷的原则,进行高效农村物流发、送作业模式覆盖全区镇村,具体做法如下。

1. 网络节点共建共享

建立全面的物流运输格局,加强多元化物流服务。坚持准确切入、灵活服务、全面保障，加强邮政、供销、农资等部门间合作，依托中铁快运、零担汽运、整车汽运、航空运输、快递运输等全方位的运输服务，实现各个环节无缝衔接，行业优势互补，以最小的综合成本，达到充分运用资源、节约运输成本的功效，以工业物流为支撑保障通村物流正常运行。

2. 运力资源互补互用

(1)联合本地物流、商贸、工厂、农村合作社等各行各业优秀企业成立西安市鄠邑区商贸物流商会，由崇信物流、电商协会、商贸物流商会、鄠邑区邮政局、中铁快运及西安周边20余家汽运专线物流、咸阳机场货运结成物流联盟，运用多式联运方式，为客户提供多元化服务，打通货品出入通道，进行资源整合实现资源互补共享、共仓共配，节能增效共赢发展。解决农副产品销售运输难题，增加了产品市场竞争力，直接有效提升10%产品的销售额，有效降低支柱性农业葡萄零散运输费用40%。

(2)崇信物流与葡萄产业协会结盟，成立鄠邑区户县葡萄物流快递交易中心助力农产品通过电子商务快递销售、外地批量批发、本地配送等多元化运输方式。统一包装打通农产品进城绿色通道。解决产品运输销售难题。为鄠邑支柱性农产品葡萄及其他农副产品、农资、工业品、日用品解决零散及批量运输和仓储难题，运输成本费用降低15%～30%。

(3)制定农村物流服务标准，促进农村物流服务规范化。结合鄠邑区农村物流三级配送体系建设运营实践，公司制定了《农村物流三级货品安全管理》《农村物流三级仓配、发送运营管理方案》《村级物流综合服务站服务条例》等标准，有力推进农村物流健康快速发展。小件快递入户，网购便捷便民。积极顺应农村物流大发展的必然趋势，有效整合"三通一达"快递公司，设立镇村快递投放点，方便群众熟悉网购业务及快递发送，主要以农副产品供销、商品配送、小件快捷运输为主的农村物流业务网络全面实现。结合实际需求，在农副产品丰收季节，适时开展"货运一站通"便捷叫车服务、小件采购、授权结算、货品专递等衍生服务项目，提升农村物流水平，满足农村群众物流需求。

(4)运用农村物流三级网络，统一分流、配送组织工业品下乡、农产品进城，以工带农，增强农村物流发展的延续性，降低生产成本6%，增加销售收入10%。农村三级物流体系如图22-3所示。

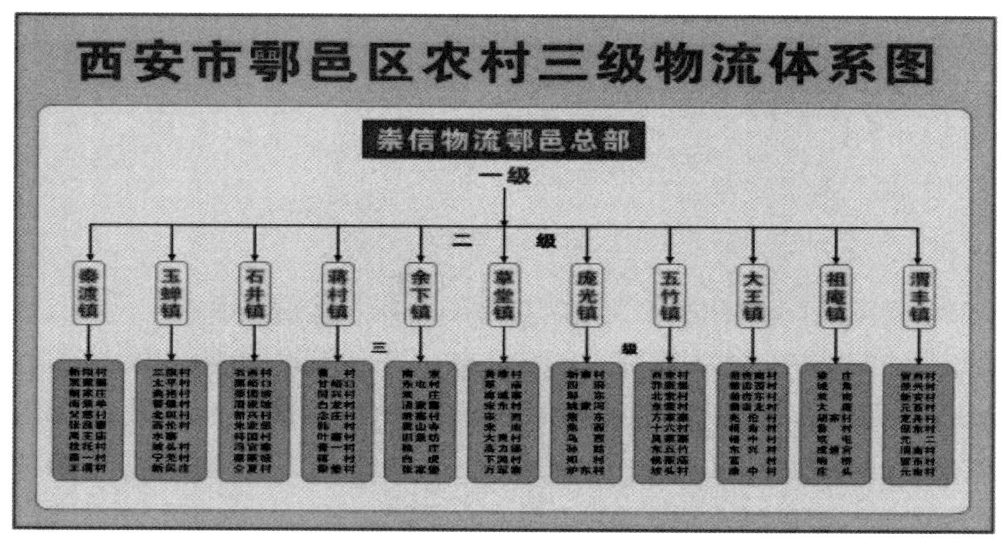

图 22-3 农村三级物流体系图

3. 多方融合发展

资源共享,实现共赢发展。公司联合八家本地优秀企业成立西安市鄠邑区商贸物流商会,由鄠邑崇信物流、区邮政局、中铁快运及西安 20 余家汽运专线物流、咸阳机场货运结成物流联盟,进行资源整合实现资源互补共享、节能增效。

三、取得成效

鄠邑区通过“特色产业 + 电商快递”模式,以区级仓储配送中心为核心,建成辐射 11 个镇街服务中心及 185 个村级物流服务站点的农村三级物流体系,物流快递覆盖率达到 95% ,实现运输成本费用降低 15% ~30% ,直接有效提升 10% 的产品销售额。助力脱贫攻坚,在降低农村物流成本、支撑农产品销售的同时,为辖区群众促进就业创业也提供了广阔空间。打通工业品下乡、农产品进城、电商进村、快递入户“最后一公里”。农村物流的集中储运及中转、配送需要得到基本满足,城乡物流系统互为促进和相互依存的关系进一步凸显,区域经济发展得到显著推进和带动,区域物流中心枢纽展现雏形。

第二十三章　甘肃省农村物流服务品牌

案例 23-1　成县“电商脱贫＋农村物流”服务品牌

成县隶属甘肃省陇南市，位于甘肃省东南部，是全国 100 个“千年古县”之一。近年来，在县委、县政府的坚强领导下，成县扎实推进交通突破行动，全县公路总里程突破 1500 公里，特别是机场、十天、成武高速的开通，以及村村通水泥路，全县交通条件发生飞跃性改善，为全县电商及物流业的发展带来了前所未有的发展机遇。

一、主要经验做法

(1) 建立畅通工作协调机制。成立电子商务扶贫工作领导小组，明确部门工作职责，加大组织协调力度。制定《农村物流网络建设规划》，统筹辖区内物流资源，科学布局节点设施。

(2) 统一服务标准规范。制定《农村物流三级货品安全管理》《农村物流三级仓配、发送运营管理方案》《村级物流综合服务站服务条例》等标准，规范农村物流经营行为，提升农村物流服务品质。

(3) 促进电商与物流协同发展。整合县域内三通一达等快递物流企业，成立成县顺通物流有限公司，实行统一管理、运营、结算，有效降低企业在运输仓储等环节成本，提高运营效益。鼓励农村商贸流通企业、供销合作社整合分散的货源，外包物流业务，加强探索适应农批对接、农超对接、直供直销等物流服务新模式。

(4)构建三级网络节点体系。顺通物流有限公司在园区内设立农村配购中心,以三方物流的身份,利用全县物流快递企业入园区的特有优势,将县内所有物流、快递企业进农村的货物进行整合,将全县17个乡镇分为“东、西、南、北、中”五条线路,以农村货运班车的形式,每天定时、定点到达各乡镇的配送、米购站,再由各站将货物送到村级的配购点上,形成一个完善的县、乡、村三级物流配送和收购体系。

目前已建设完成了县乡村三级物流节点体系,其中县级物流服务中心仓储场所3400m^2(含货架),投入使用26辆物流车;在全县17个乡镇设立16个乡级物流服务站,在全县245个行政村中电子商务发展较快或人口达到800人的行政村设立“村级物流服务点”。县乡村三级物流体系的建设,搭建接连省市、承建全国、辐射周边县区、服务全市的电商公共物流服务平台,引导物流、快递资源集约化发展。

二、取得成效

成县顺通电子商务物流园项目建成后,园区的建成和运营,将成为货运站场枢纽功能的综合服务型物流园区,有效解决电子商务产业发展中出现的运输、配送、仓储、货源组织的问题,为陇南物流与全国市场互联互通搭建平台。同时,园区可入驻200家物流、商贸企业,为其提供培训就业基地和共享的创业保障平台,年可培训物流方面人才1000多人,直接(间接)带动2000多人就业,促进成县和周边地区第一产业和第二产业劳动力人才向第三产业转移。将成为成县乃至陇南市内工业主导产品、农特产品向外销售,市外生产生活元素向市内流动的“加速器”,有力地推动陇南工业主导产业、农业特色产业和商贸流通产业的快速发展,成为陇南市特别是成县农村贫困群众脱贫致富的重要途径,为电子商务物流业发展奠定坚实的基础。

第二十四章　青海省农村物流服务品牌

案例 24-1　共和县"电子商务+县乡村物流集群"服务品牌

共和县位于海南藏族自治州背部，东隔日月山与湟源县相邻，西与兴海县相邻，南与贵南县、贵德县相邻，北隔青海湖与海北州相望。共和县利用邮政企业三流合一优势，以"农产品进城，工业品下乡"为中心，通过建设"一站、一馆、一平台、一中心"四个一工程，促进农村电子商务发展。

一、共和县主要做法

1. 顶层设计

——县人民政府出台的文件及内容、支持政策

2015 年青海省商务厅、省财政厅等发起了"电子商务进农村"工程，以建设村级电商服务网点为基础，为农村居民提供网络代购、农产品销售等服务，让农村居民享受城市的消费待遇，提高农产品流通效率。2015 年，共和县被确认为国家级电子商务进农村综合示范县，2016 年 3 月，共和县人民政府组织招标，中国邮政集团公司海南州分公司做了全面准备，最终全段中标，负责该项目实施。

——建立的工作机制

中国邮政集团公司青海省分公司从全省抽调 6 名电商专业人员，招聘 8 名电

商专业大学生组成14人电商运营团队，并成立了中国邮政集团公司海南州分公司电子商务服务中心，负责全县农村电商的发展。

——县乡物流体系建设

以建成的三级站点为依托，合理规划物流线路，开通7条邮路，48小时内包裹直送至村。通过三级物流体系建设，有效压降了成本，提高了乡邮投递员的工作效率。在此基础上，整合县域内快递物流资源，开展邮快合作，以乡镇、村级站点为物流交换点，一是投递其他快递企业的邮件，为站点带来流量和人气，二是所有电商包裹退件全部由邮政收寄，为企业带来了收益。通过县乡村物流集群发展，增加了站点的黏性，提高了企业的收入，真正实现了“最后一公里”的双向流通，实现了包裹快递市场良性发展。

——推进资源整合

(1)坚持整合资源、协同推进，统筹多方资源，加强协同配合，发挥政府、企业、村级组织等各方优势，形成工作合力，共建共享基础设施和网络渠道。在保证邮政普遍服务和特殊服务质量的前提下，加强农村邮政基础设施和服务网络共享，发挥邮政网络节点的重要作用。

(2)坚持以开放共赢的理念，积极引入外部优质资源和专业能力，结合邮政特色资源优势，在产品、服务、品牌、运营等方面深化合作，实现优势互补，打造平台生态。积极对接乡村振兴、军民融合等国家战略，积极承接政务便民服务，积极推进邮快合作、交邮合作，积极拓展异业合作，深度融入地方经济文化发展。

(3)坚持科技赋能、创新引领，积极应用互联网、物联网新技术，深入推动模式创新、技术创新、管理创新，以科技引领和支撑三级物流体系建设，打造智能化、自动化、信息化程度高的三级物流体系。

(4)坚持统一标准、规范运营，统一性、标准性是保证整体网络运行效率和效益的基础，要在建设模式、操作流程、节点名称、信息系统、考评指标上建立统一标准，制定统一运营手册指导规范全网运营。

2. 扶持政策

共和县电子商务服务中心在站点选址方面优先选择客流量大、地理位置较优的商超，为站点免费装修门头及商超，配备常用办公设施。累计建成三级电子商务服务站点103处，其中，县级电商服务中心1处，建设龙羊峡电商加旅游示范站点1处，乡镇级电子商务服务站11处，覆盖率100%，村级服务点90处。根据线路延伸及企业运营实际，及时更新乡邮车、更新信息反馈终端等设备。

二、典型企业做法

“共和模式”：依托邮政企业三流合一优势，以“农产品进城，工业品下乡”为中心，通过建设“一站、一馆、一平台、一中心”四个一工程，促进农村电子商务发展。将实现“购物不出村、金融不出村、寄递不出村、销售不出村、创业不出村、生活不出村”六不出村，让村民足不出户就能享受到便捷服务。

1. 网络节点共建共享

海南州营业局积极与各快递公司洽谈合作，利用邮政建制村通邮和电商三级站点的便利优势，将快递公司邮件转寄投送至乡镇村一级，通过运营目前形成了“邮政主导、民营快递参与”的“邮快 +”模式，共计合作 8 家（顺丰、韵达、极兔、中通、申通、百世、圆通、京东）快递公司。2021 年月均投送快递公司邮件 1.71 万件，合作量达 22.15 万件，2021 年月均配送电商包裹达到 4.46 万件，累计合作量达 31.78 万件。同时于 2019 年在城北新区建成电商分拣中心，功能分区有快递分拣区、洽谈区、冷链区、快递收寄区、报刊处理区。

2. 运力资源相互补充

为了打通电商快件配送“最后一公里”问题，海南州营业局结合建制村通邮和乡镇邮件投送实际情况，优化整合乡镇投递线路，邮件投送线路由 5 条调整为 7 条，缩短了邮件运输时限，农村电商邮件可实现 48 小时送达，全面提高了当地农牧民群众的用邮体验，提高了邮政的品牌形象。

3. 多方融合发展

共和电商借助综合便民服务站寄递客户流量资源，打造“站点 +”促进各专业协同发展。村级站点是三级物流体系的末端节点，邮件接收、代收代投自提为其核心基础功能，叠加邮乐购、代办政务便民服务、代办邮政业务、普惠金融、惠农项目等功能。同时开展邮储卡优惠等活动，搭建金融客维平台，打造金融生态圈场景，实现金融客户源头获客和资产提升。叠加批销、分销商品销售，通过惠农项目、邮乐优鲜社区团购平台打通“农产品进城销售”渠道，助力农民合作社实现增量增收。通过村级站点客户引流，推进“工业品下乡”，全面助力乡村振兴国家战略。

2021 年,海南州营业局积极探索新发展模式,通过“邮政 + 电商 + ”模式,无限拓展叠加业务、代办业务,平台实现多元化运营,资源共享。与海南州联通公司合作,合理整合利用乡镇网点资源,在江西沟邮政所开办邮政联通合作营业厅,叠加宽带电话卡业务,为当地农牧民群众带来了极大的便利,实现了“邮政 + 电商 + 合作运营”模式。龙羊峡邮政所根据实际情况,在原有邮政业务的基础上,将电子商务和商超零售叠加起来,实现了“邮政网点 + 电子商务 + 商超”的特色运营模式。石乃亥乡邮政所通过与基层供销社合作,融合发展,达成初步的合作意向,打造“邮政 + 电商 + 供销社”的运营模式,此项工作正在积极推进中。

三、取得成效

1. 依托普遍服务,推进站点建设

海南州分公司依托邮政普遍服务,在电子商务进农村综合示范项目的推动下,在共和县内建设县乡村三级服务站点。电商站点的建成,推动了海南邮政建制村通邮。站点建设按照“县乡村”规划,在 2016 年完成了县级服务中心及乡镇服务站的建设,2016—2020 年,陆续完成了村级站点的建设,实现了电子商务全覆盖。在站点建设中,主要采用以点带面,突出特色的模式,选择人口流动性强、密集度较高、特色鲜明、交通便利的行政村,利用现有供销社基层网点及万村千乡加盟店的基础设施和人力资源,建设具有配送服务、农产品网络销售服务、便民服务、农村青年创业服务、农村基础生活用品网上购买、货物收发、代缴费用、电子支付及农村金融等各类服务功能的标准化村级电子商务服务点。站点安排专人维护,每周三次下乡进村,进行站点人员业务培训,提高站点黏性。

2. 合理谋划作业,完善物流体系

完善的物流体系是“农产品上行、工业品下行”的保证。根据包裹量的变化,原先的 5 条邮路已无法满足包裹配送需求,海南州邮政公司根据实际情况,重新规划 7 条邮路,自 7 条邮路开通以来,配送件数从原先日均的 17 件增长到日均 435 件,同比增长 2458%。收件数从原来日均 0.5 件增加到日均 8 件,同比增长 1500%,形成了物流包裹 48 小时内配送到村的物流网,打通了物流配送双向渠道,彻底解决了物流“最后一公里”问题。电商中心线上农产品上行活动的举办,成功增加包裹收入。

3. 加大产品孵化，构建销售渠道

2016 年中国邮政集团有限公司海南州分公司电子商务服务中心开业，自开业后即在邮乐网、微店、拼多多等平台开店销售海南州农特产品，通过农特产品造包，激活上行物流体系，增加包裹收入。2016 年至今，实现线上销售额 3681 万元，其中上行 3556 万元，下行 125 万元。累计制造包裹 41 万余元。

4. 强化电商培训，注重人才培养

截至 2020 年 8 月，累计举办各类培训班 54 期，受培训 4895 人(次)。培训面向对象丰富，培训内容多样，主要采取一对一手把手培训、请教师培训、实操培训、现场交流、茶话会等形式开展。为解决村民贷款办理困难，培训掌柜办理“掌柜贷”业务。已有 80 名掌柜具有“掌柜贷”资格，并有 4 位已经成功办理助农贷款 6 笔，贷款金额 5.9 万元。经过电商中心培训，本地电商从业人员达 100 余人，营造了全民参与电商的浓厚氛围。同时为方便农户耕种，实现农资化肥网上订购，实现配送 28.7 吨。

5. 树立品牌意识，加强宣传推广

为提高共和县农特产品的知名度，树立共和县农产品品牌，海南州邮政分公司抢先注册“恰不恰”商标，开放给县域内符合要求的企业和合作社使用，线上以团队参观或节日为切入点进行宣传，主要为重大事项公布及重要团队考察信息。线下一是以“感受电商精彩，共舞和谐生活”为主题广泛开展线下宣传活动，通过悬挂横幅、宣传彩页等形式进行宣传，为群众详细讲解电商中心、基层站点功能并对接相关企业。在一定程度上起到了宣传共和电商的作用。二是以“网购天下、邮送到家”“精准扶贫、电商助力”为主题制作塔体亮化广告、墙体广告、宣传车等进行宣传。通过抱团发展，实现造包。

6. 巩固站点建设，开拓批销渠道

自三级物流体系开通以来，所有邮路均有序运行，下行邮路主要以投递进口包裹和报纸为主。2016 年 7 月开通了进货批发通道，将站点所需的快消品在网上进行销售，一是激活了邮掌柜系统，二是方便了人民群众的生活。掌柜积极在邮掌柜批销平台下单，邮政三级物流体系免费送货上门，赢得了群众的一致好评。通过不断维护，累计形成批销下单 90.9 万元，2020 年批销销售额列收，累计完成分销收入 14.5 万元。

第二十五章　宁夏回族自治区农村物流服务品牌

案例25-1　灵武市"电子商务+邮快合作"服务品牌

灵武市是宁夏回族自治区辖县级市,位于宁夏平原中部、黄河东岸。东与盐池县相连,南与吴忠市利通区和红寺堡区接壤,西与永宁县隔河相望,北以明长城为界与内蒙古自治区鄂托克前旗毗邻。灵武市建立"县、乡、村"的三级物流体系,联合民营快递企业,通过优化整合调整各类资源,借助邮乐网、邮政便民服务站、"邮掌柜"系统、京东等邮政快递企业自有电商平台,推动灵武当地经济发展,全力打造"电子商务+交邮合作"服务品牌。

一、灵武市主要做法

(1)灵武市坚持把电子商务作为推动扶贫攻坚、促进农民增收致富、实现产业转型升级的重要举措,抢抓国家实施第三批电子商务进农村综合示范县项目机遇,以电商公共服务中心运营服务为引擎,建立本地电商公共服务体系,大力开展农产品电子商务应用、电子商务与物流快递协同发展等工作,取得了良好的效果,为推动灵武经济发展注入了强劲动力。

截至2020年10月,共建设村级电商服务站点60家,其中以企业为村级站点的有6家,以合作社为村级站点的有6家,以医务室为村级服务站点的有3家,与商店合作建设的服务站点有45家。以医务室为站点的不仅帮助农民看病,而且在生活中还给村民提供存取款、代收代发包裹、代购商品、代销农产品等服务；与商店合作建设的服务站点代收代发包裹每天到件量均在120件左右，帮助周围村民代购商品月均5000元，代销农产品月均1500元，帮助周围村民代缴电费、话费、医疗、养老保险等900余笔（金额20余万元），帮助村民存取款220余笔（金额44余万元）。

（2）灵武市工业信息化和商务局与中国邮政集团公司银川市分公司签订《灵武市农村电商物流配送服务合作协议》，明确双方权利义务。灵武市工业信息化和商务局负责以下四项。

一是在灵武市育才街灵武市创业孵化园G6号、G7号、G8号三栋库房内建设一处市级仓储物流分拨中心，作为灵武电商物流转运服务、公共仓储服务的主要场所，建设规划面积3390m^2。

二是在灵武市辖区的乡镇根据业务量设置乡镇级物流中转中心，用于农村电子商务综合服务站的货物中转。乡镇级物流中转中心的选址优先选择遍布城乡的村委会或邮政支局所等邮件物流中转点。

三是在灵武市辖区内按照灵武电子商务进农村综合示范项目要求选择适合的电商企业、村委会、商店等，建立农村电子商务综合服务站，主要用于帮助村民实现互联网购物、特色农产品线上销售、便民缴费、代收代投邮件等功能。

四是在灵武农村电商物流体系建设项目运营过程中，通过对邮政公司在农村电商农产品加工存储（含冷链）和农产品销售上行邮件及各电商服务站上下行邮件物流费用方面进行补贴，降低物流成本，解决灵武农村电商“农产品上行、工业品下乡最后一公里”问题，确保满足邮件下行投递到村到站，提升灵武农村电商整体物流服务水平。具体补贴标准为：对上行的揽收邮件快件，每件按4.00元进行补贴；对下行的投递邮件快件，每件按2.00元进行补贴；对邮件投递邮路千米数按照0.6元/km的标准进行补贴。

（3）灵武市农业农村局全面贯彻落实2020年中央一号文件精神和各级农业农村工作会议总体部署，围绕市委、市政府创新驱动、生态立市、乡村振兴和脱贫富民战略行动计划，紧紧围绕“三大”优势主导产业和“五大基地建设工作”，创新发展思路，转变发展方式，更新发展模式，加大培训力度，促使全市新型农业经营主体在规模扩大、品牌培育、技术创新、示范引领等方面都取得了显著成效。

一是抓示范引领，率先垂范，服务能力快速提升。围绕“一村一品”“一乡一业”,在全市建设20个现代农业特色产业示范园、10个田园综合体;白土岗养殖基地建设规模养殖场76家;建设“五优”水稻基地2万亩、“五优”蔬菜基地1万亩,签定水稻订单生产8万亩;建设蔬菜绿色高产高效示范点4个、设施蔬菜新技术试验研究与示范点1个;三大粮食作物综合机械化率达97%;发展长枣基地面积6.8万亩,设施长枣面积占1160亩。

二是抓品牌建设,拓展市场,效益实现倍增。实施品牌倍增工程,加大农业品牌培育力度,进一步增强“兴唐、昊王、金双禾”等为代表的优质大米品牌、“尚品上滩、灵桐绿叶、莎妃密瓜、沙坝头西瓜”等为代表的瓜菜品牌、“灵武长枣、宁六宝”等为代表的果品品牌、“灵武山草羊”等为代表的肉羊品牌竞争力,努力发挥品牌优势。

二、典型企业做法

中国邮政集团公司银川市分公司按照灵武市工业信息化和商务局与中国邮政集团公司银川市分公司签订的《灵武市农村电商物流配送服务合作协议》,履行协议规定责任,推动灵武市农村电商物流建设。

1. 加强物流体系建设

(1)建立灵武市“县、乡、村”的三级物流体系,设置市级仓储物流园、乡镇级物流中转站及村级农村电子商务综合服务站,调整现有农村电商物流配送邮路网络,提高农村物流配送时效,全面提升灵武近郊以及偏远贫困乡村的物流服务水平。

(2)在灵武市工业信息化和商务局设置的农村电子商务综合服务站点上设置邮件代揽投服务站,以确保灵武农村电商邮件的物流服务能够深入到各村邮站点。联合民营快递企业,通过优化整合调整各类资源,借助邮乐网、邮政便民服务站、“邮掌柜”系统、京东等邮政快递企业自有电商平台,推动灵武当地经济发展,全力打造集“网络代购+农产品进城+公共服务+普惠金融+物流配送”为一体的灵武农村电子商务体系。

(3)针对灵武农村电商的主要农产品是生鲜类农产品的特点,通过整合本地部分冷链企业建立灵武电商冷链仓储库,根据季节变化及农产品存储需求为农户提供优质便捷的冷链仓储服务,做好库存管理,降低农产品的电商销售物流成本。

(4)整合灵武市现有社会物流快递企业资源,提供统一的物流配送服务,下调农产品上行邮件的资费标准,为农产品销售企业提供最优惠的物流资费政策,降低物流成本。2018 年以来,邮政公司整合灵武市百世、京东、圆通、德邦、韵达、顺丰、申通及中通 8 家快递公司,通过签订《民营快递代投协议》,实现了灵武农村电商邮件快件抱团寄递。

2."电子商务+精准扶贫"发展特色农业

"邮乐农品网-灵武馆"是银川市邮政分公司依托中国邮政"邮乐网"电商平台开发的地方线上交易平台。借助"邮乐农品"灵武馆运作,银川市邮政分公司积极探索"互联网+"发展模式,活跃当地农村电子商务气氛,搭建"灵武长枣"品牌宣传平台。在灵武市政府政策的引导下,银川市邮政分公司积极打造"灵武长枣"爆款产品,提升灵武馆销量,充分利用邮政综合服务平台优势,形成线下向线上导流,线上拉动线下销售的互动格局,帮助政府促进当地农产品进城和农业企业产业结构优化调整,实现农业增效、农民增收,使"灵武长枣"通过"邮乐网""邮乐农品网"等渠道走出宁夏,推向全国。

3."农村物流+特色服务"提升物流服务品牌

银川市邮政分公司为满足灵武农特产品寄递需求,以标准快递"极速鲜"为主要产品形式,以服务灵武特色产品客户、自营线上微商城和运作外省预售项目为抓手,深度挖掘灵武特色产品寄递市场,打造邮政精品原产地产品寄递品牌,统一组织、统一资费、统一管控,突出重点线路、盯紧空白区域,做大做强灵武农特产品寄递项目,实现物流扶贫快速发展。

(1)专项组织统一网运组织。银川市邮政分公司统一安排、使用和调度人员和车辆,统一组织车辆运输、网运和市区盘驳。当运能不足时,由支撑保障组协调各分公司资源,及时支援,提供支撑。为保证运能充足,增加区内盘驳车辆,扩大处理分拣场地,加大车辆、人员和设备配备,提高邮件分拣处理、转运效率,确保邮件寄递时限。各配套作业环节紧密衔接,及时接卸,确保邮件运输全程可控。根据极速鲜邮件的发运需求,揽收人员收寄的长枣项目邮件在完成收寄、发运流程后,根据邮件收寄卡点时间,当日赶发南京集散中心和银川有效航班。陆运产品按照项目组指定的方式发运。

(2)专项组织统一售后客服。银川市邮政分公司成立灵武农特产品邮件主动客服小组,对发出的邮件进行全程实时监控,及时做好客户咨询、邮件催投、问题邮件处理和投诉处理等工作。妥善安排好客服值班人员和工作时间，确保客服力量到位，保证业务高峰时段电话的接入量和服务质量。服务质量部根据相关规定统一制定灵武农特产品售后理赔工作细则，依据细则判责，明确赔偿责任主体。出现邮件丢失、破损时，收寄单位及时响应客户，无特殊情况时，第一时间启动快速理赔，完成赔付和理赔服务。

（3）专项组织统一服务体验。为确保邮件质量，邮件处理中心在进行长枣邮件分拣封发、转运处理时，轻拿轻放、严禁抛摔。灵武农特产品邮件上车装载时单独堆放，不与其他邮件混放，尽量避免邮件挤压，并要求各环节不得发生违规操作、积压延误等问题，以减少客户申诉投诉事件。

三、取得成效

1. 构建完善的物流体系，打造地方物流服务品牌

针对灵武市地域覆盖面积广、物流服务基础差的特点，灵武市通过充分发挥当地供销社、邮政网点、邮政便民服务点及电商综合站点等点多面广的特点，成功建立了县乡村三级物流配送体系，构建了完善的农村物流配送网络。通过物流分拨中心优化配送路线，集合乡镇服务中心及村级帮帮站功能，提高配送效率，降低物流配送成本。通过成功打造灵武市农村物流特色服务品牌，为农商户提供了最为快捷优惠的物流配送服务，助力地方特色产业发展。

2. “电子商务＋精准扶贫”助力地方精准扶贫

充分利用中国邮政“邮乐网”、京东、农村淘宝等电商服务平台，打造“邮乐农品网-灵武馆”，在线上大力销售灵武特色农产品，帮助政府促进当地农产品进城和农业企业产业结构优化调整，实现农业增效、农民增收，“灵武长枣”通过“邮乐网”“邮乐农品网”、京东、农村淘宝等渠道走出宁夏，销往全国，助力地方精准扶贫。

3. “农村物流＋特色服务”提升物流服务水平

在灵武“长枣节”和“牛羊肉”极速鲜等特色农产品寄递旺季，以邮政公司为主的寄递企业大力提升网运、车辆及服务，通过全方位的特色服务，提高寄递服务水平，助力地方特色产业发展。

第二十六章　新疆维吾尔自治区农村物流服务品牌

案例 26-1　昌吉市“客货邮供 + 电子商务”服务品牌

昌吉市是昌吉回族自治州州府所在地，位于乌昌石城市群，是新疆东联西出重要通道。昌吉市为解决农村物流运输“最后一公里”问题，构建了县、乡、村三级物流网络体系，通过整合市域快递、农村客运、供销、电商及相关物流资源，打通“商品下乡，农产品上行”双向流通渠道。

一、昌吉市主要做法

1. 强化顶层设计，打通农村物流上行通道

为全面深化城乡建设，大力推进现代物流、农村物流发展，昌吉市出台了《昌吉市现代物流发展规划》《昌吉市乡村振兴战略行动计划 2018—2022》《昌吉市乡村振兴战略实施方案》《新疆（昌吉）亚欧国际物流园区发展规划》等，制定完善县、乡、村三级农村物流网络节点体系的工作方案，主动加强交通与农业、商务、供销、邮政等部门的联动协同。同时，昌吉市利用公铁联运、综合仓储的特色物流园区服务功能，与中疆物流、汇通物流等大型物流企业加强合作，大力推进农村淘宝等电商平台发展，将新疆仓麦园有限责任公司、益海（昌吉）粮油工业有限公司等农副产品深加工企业的公铁联运网络与农村物流配送网络相联通、农户农副产品

与深加工企业对外运输相衔接,推动农副产品上行,促进了农村地区经济发展。对从事农村物流服务的冷链运输车辆、电子商务平台以及规模化农村物流企业给予支持。通过大型物流企业的带动,农村交通物流服务示范点陆续投入使用,开通了农村零担货运配送专线,网货下村,土货进城,农村物流服务逐步补齐短板,形成了有序、高效、可靠的运转体制。

2. 加强政策落地执行力度,优化农村物流发展环境

在农村物流节点方面,昌吉市进一步完善县城、乡镇、农村三级物流网络,并深入探索创新顶层设计、建设模式、合作模式和品牌效应,搭建农村地区“足不出户、一体解决”物流综合服务平台,实现农村“零距离、门到门”公共服务。一是成立村邮政服务站,通过实施村邮站和交通物流共建方式,积极推动交通运输与邮政基础设施共建共享,促进邮政与快递业务相互融合。二是打造乡镇为农服务中心。以供销社为依托,按照“供销社 + 企业 + 联合社 + 基层社 + 农民专业合作社 + 基地 + 农户”的工作模式,以种业联盟、农产品产销联盟、农资联盟为组织方式,打造“供、种、管、收、产、销”一条龙、一站式为农社会化服务中心。三是完善县级物流场站。建立以道路牵“龙头”、“龙头”带基地、基地带效益的一体化发展机制,促进昌吉火车站与乌鲁木齐西站功能组合,壮大物流产业联盟,建成全疆首个物流示范园区“新疆亚欧国际物流园”。

在农村公路建设方面,以“美丽乡村”建设为抓手,以农村物流发展为切入点,农村公路建设计划向特色乡镇、中心村改造、牧民定居倾斜,建设整村推进示范点,使农村公路乡镇通达率 100%、通畅率 100%,建制村通达率 100%、通畅率 100%。目前已实现农村道路村村通、新农村示范乡镇户户通、乡镇干线道路网络化、农村客运公交化,农村路网整体连通,从而使农村物流运输能力得到全面提升。

在农村货运班线运营补贴方面,一是积极盘活乡镇客运站资源,由公交公司进行合理利用配置,以推进农村物流发展作为基础保障。二是将公交车作为农村物流的运输载体,加入到物流体系,形成“邮政 + 公交”模式,以降低公交运营成本,从根本上解决农村物流发展的资金来源问题。三是市政府投资 400 余万元打造公交信息化平台,为农村公交物流网络搭建信息化桥梁,更好地服务昌吉市各族群众,保障配送效率。四是每年投入 1000 余万元,加大农村公路养护力度,使农村公路养护里程达 2072.59km,农村公路列养率达 100%,优良率达 85% 以上,

保障了农村公路道路通行效率，提升了物流运输效率。

在装备技术方面，加大场站服务一体化建设，完善客运配套服务设施，改善城市及农村候车环境，共建成四级客运站 11 个、三级客运站 2 个、一级客运站 1 个，（改）建雨棚式农村公交停靠站 130 个，改造提升城郊客运站 2 个，建成农村公交首末站 2 个、公交停车场 4 个，公共交通服务水平显著提高。

同时，以“互联信息平台 + 物流金融”为依托，采取线上线下融合互动的网络化平台模式，搭建交通物流公共信息平台，提升物流效率，降低物流行业成本，改善投资软环境。2017 年，新疆汇通互联信息科技公司投资 3 亿元的“新疆交通运输物流公共信息服务平台”投入使用，年物流运输交易资金达 10 亿元。通过政府积极协调，邮政快递业安检机配置和补贴工作全面推进，购置安检机获得 50%（约 61.6 万元）政府专项补贴，41 家快递企业累计配备 46 台 X 光安检机。

二、典型企业做法

昌吉市以供销社作为农业物流集转中心，以邮政公司作为农村快递配送聚集点，以汇通物流信息为平台，通过建设一批农村社会化服务中心、铺设一张快递直达网、搭建一个中央信息平台、建造多个示范物流园等措施，整合昌吉市物流、邮政快递、电商、农资、农业等资源，使农村快递物流服务覆盖全市 8 镇 2 乡 63 个行政村，形成了农村“客运 + 货运”两网合一、“邮政 + 快递”同步融合、“电商 + 农资”全面合体的运营模式。促进多业态融合发展，激发物流企业活力，优化资源配置，降低物流成本，提高运行效率，推进农村物流高质量发展，形成了集约、高效、绿色、智能的县城、乡镇、农村三级农村物流配送服务体系。

昌吉州邮政分公司积极与昌吉市公交集团公司携手合作，围绕服务乡村振兴，以资源共享、运邮结合、融合发展为原则，依托城乡交通运输一体化，推进农村客运、邮政快递融合发展，打造昌吉市范围内的“交邮合作”三级物流体系。通过双方合作，打通陆路运输的网络节点，盘活交通场站资源，使交邮双方共享村公交、村邮站等资源。双方携手发挥综合运输体系的整体效能，充分发挥邮政的网络优势、品牌优势，推进昌吉农村物流体系建设发展。实现交通运输行业与邮政行业深度融合发展、密切合作共赢，有效解决邮件投递“最后一公里”问题。

1. 完善三级物流体系建设，实现网络节点共建共享

（1）由政府主导，积极推动交通运输与邮政基础设施共建共享，加快实施县级

公路客货运站拓展邮政服务功能，将相关行业间货运物流资源有效整合，合理规划布局、完善基础设施，为邮政、快递企业提供邮件快件的中转装卸、运输配送等服务。其中，昌吉客运站是集公路交通、城乡交通、轨道交通等多种运输方式于一体的客运场站综合体，初步实现“一点多能、深度融合”。同时，以发挥路网作用为依托，积极推动县域内规模较大的快递企业加强投入，成立物流联盟，充分利用客运站、各大快递分拣场所、电子商务物流配送中心、农资配送中心等资源，打造功能集约、服务高效、资源整合的县级农村物流节点。

（2）以供销社为依托，按照“供销社＋企业＋联合社＋基层社＋农民专业合作社＋基地＋农户”的工作模式，以种业联盟、农产品产销联盟、农资联盟为组织方式，打造“供、种、管、收、产、销”一条龙、一站式，集涉农企业、合作社、金融保险、物资流通等为一体的乡镇级为农社会化服务中心。同时，通过产销结合的农村物流发展模式，依托乡镇客运站、服务中心，深度融合电商服务、货物堆存中转及收投、电商产品展示及代销代购、农村居民缴费购票等服务功能，提高乡镇客运站综合利用效益。

（3）通过实施村邮站和交通物流共建方式，进一步完善县城、乡镇、农村三级物流网络，并深入探索创新顶层设计、建设模式、合作模式和品牌效应，搭建农村地区“足不出户、一体解决”物流综合服务平台，实现农村“零距离、门到门”公共服务。

2. 运力资源互补互用，提升农村物流综合运输能力

（1）坚持顶层设计与地方探索相结合。引进新疆汇通互联信息科技有限责任公司，紧紧围绕“互联网＋高效物流”，打造集运输配载、运力交易、跟踪追溯、库存监控、资源调剂等功能为一体的物流信息平台。研发“新疆交通运输物流公共信息平台”“新疆无车承运人省级平台”“汽车电子健康档案”在全疆应用与交通运输部相关部门对接，同时开发“安全监管平台”“结算平台”“继续教育平台”等项目。

（2）实现农村电商与快递业有机融合。在邮政及快递业发展中，政府积极开展邮政业服务农村电商调研，争取多项推进快递业服务农村电商工作的政策支持，通过乡镇物流服务站与乡镇邮政所进行整合，将电商示范点叠加到乡镇邮政局所中，整合交通运输和邮政在网络、车辆、站点、配送等方面的优势资源，使其叠加物流快递收寄、中转、信息收集和发布、产品展示、代销代购、农产品收储、代购、

便民服务等功能，并承担农村交通物流服务点的管理职能，实现农村电商与快递业的有机融合。

（3）开发销售平台，拓宽农产品流通新渠道。以构建现代电子商务物流平台为依托，在昌吉市供销社主导下，联合新疆农易宝网络科技有限公司、丝路特产电子商务产业园区、亚中 e 淘电商网络有限公司，打造社区、村级电商服务站 73 个。组建“昌吉市名优特农产品产销联盟”，通过会员经销网络，在内地打造“昌吉农品”外销平台销售店 50 余家。利用“抖音”“快手”直播带货等新零售方式，将农产品销往北京、福建、广州、河南以及东南亚等地市场，全面拓宽销路、助力乡村增收。

3. 优化农业供销模式，开辟“多元合一”物流新途径

昌吉市以青湖蔬菜专业合作社、供销社联创物流公司、农易宝等为代表的合作社、企业，在农产品流通领域形成了企业、经纪人、供销合作社为主和农民专业合作社及其他流通主体为辅的流通格局，农产品批发市场为主、超市等其他渠道为辅的流通渠道，衍生出传统集市贸易、超市、加盟店、特许经营店、直营店、配送中心、电子拍卖等多种流通业态。“批零对接”“农超对接”“农社对接”“农企对接”“农校对接”“直营销售”等多种营销模式辐射到各社区、乡镇，促进区域内农副产品加快流通，打通工业品下乡“最后一公里”和农产品进城“最初一公里”。

三、取得成效

1. 增加乡村地区就业，打造农产品品牌

在物联网平台的带动下，农村物流从业人员每年以 8% 递增。截至 2021 年 9 月底，农副产品快递运送量达 4 万件，平台物流覆盖全县 100% 乡村。通过全产业融合，打造物流 + N 全产业链发展模式，昌吉市培育了“天山”面粉、“麦趣尔”乳品、“吉美健”马鹿、“大漠戈壁”葡萄酒、“天格尔”葡萄酒等精品农产品品牌，带动农业增收 1260 万元以上。

2. 促进农产品的上行，增加乡村居民收入

通过农村物流三级体系和电商平台及相关业务，截至 2021 年 9 月企业代收代卖农户分散种植的葡萄、奶制品、牛羊肉等农副产品业务收入高达 400 余万元，解决了群众销售难的问题，拉动就业人数 500 多人，有效增加了居民收入。

3. 提高物流服务水平,降低物流成本

电子商务和快递融合发展优化了乡镇快递网点的单一服务,物流功能不断提升,不同快递物流环节功能不断整合,快件下乡成本降低,物流运行时效更加稳定,快件积压问题得到有效解决。农村物流服务效率和水平大幅提升,电子商务运营成本不断降低,农产品进入外地市场的渠道日趋通畅。昌吉市所有村组已基本实现物流全覆盖,配送时间由原来 2 ~3 天缩短到 1 天,配送成本由原来的每件 4 ~6 元降低至每件 2 元,每年可为村民减少物流成本 60 万元,真正让群众享受到足不出户、服务上门的便捷体验。